U0488893

中国通典

（下部）

［法］格鲁贤　编著

张　放　张丹彤　译

中原出版传媒集团
中原传媒股份公司

大象出版社
·郑州·

下部

卷 一

中国政府

第一章　统治权力

中国的政体让我们想起族长式政体。族长们对于各自家族的权威，就如同中国皇帝面对他的子民们所拥有的完全权威。所有迹象表明，族长式政体从其最广的意义上讲，就是君主政体的源头，当我们谈到中国的时候，就应当如此地看待它。

地球上没有任何一个宗主可以堪比这个统治众多民族的君主，拥有如此无限的权力。所有的权力集中在他身上，并且只在他一人身上。他是他的子民们生与死的不容置疑的裁判。不过在日常情况下，他只是在维护他们的安全时才使用这个权力。任何一个法庭宣判的死刑，没有他的许可都不能够执行：对于一个地域如此广袤的、人口如此众多的帝国，这是非凡的关照，也是必要的关注，以此迫使法庭自我监督。在中国，极少有法庭会轻率地进行如此严重的宣判。

那些民事判决也受制于同样的审核。任何一个判决在得到君主确认之前都没有效力。与其相反，任何一个判决在得到君主确认之后都会被立即执行。君主发出的每一个政令，对于整个帝国来说都是神圣的谕旨，没有抗议，它们会被立即归档和公布。君主从来不会被怀疑压迫自己的子民。在这个帝国里，首领的这种绝对权力好像与其帝国的历史一样久远。这是帝国最重要的根本法之一。

君主独自拥有国家的所有职权；他根据自己的意愿来任命、更换或解职总督和巡抚。任何职位都不能在中国买卖，职位几乎总是来源于功绩，地位也因此由职位决定。一个儿子，只因为其父亲的特殊地位，没有任何权利得到相应的职务，他必须显示出自己的才能。他将会被更多地考察其能力，甚于其血统之来源。

在其他国家，甚至在欧洲，君主有时会在其年幼的孩子当中挑选继承人，因而造成对本应自然继承其位的长子的伤害，但是这种权威的实行至少预先会被国家的统治者们察觉到。而中国的君主却不需要这种预先的准备。他有权选择一个继承人,不管是在其儿子中间,还是在其家族的范围之内,甚至在其他的臣民之中。大臣舜就是被君主尧选为继承人的,其后舜成了一个伟大的君主。

被君主选中的继承人有时也会远离他本应服从的命运,或者显现出某些先前未表现出来的重大缺陷。这时那只将他推向皇位的手,就会将他推下来。另一个继承人将会被选中,而第一个继承人将会被完全忘记。康熙是中国历史上最近的,也是最负盛名的君主之一,其长子就遭受到了这种不幸。他被其父亲永远排除了继承皇位的可能,而他起先被指定为继承人。

在中国,皇族的地位受到尊重,尽管这也取决于君主需要防止他们来取代他:那些有地位的皇族,既没有力量,也没有威望;他们享有与其地位相符的收入;他们都拥有一个府邸、一群官吏、几乎一个宫廷;只比最高级官员的权威少些。

官员们,或文官或武官,恰好组成了所谓的贵族。在中国只有两个社会等级:贵族和庶民。但是第一个等级绝不是世袭的,而是由君主来授予或者延续它。官员们享有一个宝贵的特权,就是在需要的情况下,以个人或者集体的形式,就君主有可能对帝国利益造成不利的某个行动或者疏忽,向君主诤谏的权利。这些诤谏很少会被恶劣地对待,而君主有权肯定它们。

我们因此看到,君主的权威没有任何边界,但是在他的广大的权力范围之内,也同样有不滥用权力的坚实理由。他的利益与国家的利益融合在一起,没有什么能够分开它们。中国人将他们的王朝看作一个大家庭,君主就是父亲,也应该像父亲一样治理。君主本人在同样的原则下得到培养。这个国家从没有产生过不道德的君主,这个国家从没有产生过如此众多的俊杰。这都是他们所获得的教育的结果,这也同样是他们特有的局势所引发的效应。一个不受争议的权力很少被滥用,一个家长更少会毁坏自己的家庭。此外,君主对于他的明智的子民们总是保持尊重。中国拥有大约一万五千名文官,更多的民众有着类似的教育。道德有着强大的影响,几乎所有法律的力量都来自道德。这些法律不仅对人民有更大的约束力,对君主本人也同样。这种道德的影响具有强大的力量,因为它战胜了已经征服中原的鞑靼人。他们服从法律、习俗,甚至可以说遵从刚刚被他们征服的人民的性格。这个由鞑靼人建立的新王朝的前五位皇帝,已经可以被列为中国历史上最杰出的君主之列,其中康熙的名字将会光辉地永远载入他们的史册。

第二章 文官

任何事物都有缺陷。文人为中国带来很大的荣誉,如同前面所提到的,他们影响着政府的仁慈和公正,但是天平可能有些太向他们倾斜了。一名武官很少能够得到一名文官所获得的尊重,在高级武官行列里很少有竞争。我们在其他地方再谈这个问题。这里先讲文官。

为了到达这个级别,首先需要跨越其他几个级别,比如秀才、举人(Kiu-gin)和进士(Tſing-ſsëe)。有时出于恩惠,只需要通过前两个级别,但是拥有第三个级别,可以首先获得一个二级或三级城市的管辖权。以下就是如何进行这种选举的方式。

若几个职位有了空缺,皇帝得到通知后指示朝廷在候选名单中择取相应名额。有空缺的城市名单被高高地放置在一个人手能够得到的盒子里面。每个候选人依次抽签,抽到的城市就归他管辖。

我们在前面提到过,任何职位在中国都不能买卖,这仅仅意味着没有一个职务被赋予一个价格。这个民族和其他民族一样,懂得给一个没有价格的东西开价。

中国有八个品级的文官[①]。第一品级的叫作阁老(Calao),他们的数目不固定,取决于君主的意愿。大臣(Miniſtres)、尚书(Préſidents des Cours ſouveraines)和领侍卫内大臣(Officiers de la milice)就从他们当中选出。这个品级的首领叫作首相(Cheou-ſiang)。他同时是皇帝的首席军机大臣(Chef du Conſeil de l'Empereur),拥有皇帝的全部信任。

从第二品级的文官当中会选出总督和每个省份的巡抚(Préſidents des Tribunaux ſupérieurs)。所有这个等级的文官叫作大学士(Te-hioſe),意思就是能力出众的人。

---

① 这部分描述文官体制的段落十分混乱,错讹众多,与清朝时期的情况并不完全符合。清朝时官制沿袭九品十八级制度。文中大部分官职是根据原文音译。——译注

第三品级的文官被称为中枢(Tchong-chueo),意思是文官学校。他们其中的一个主要职责是辅助皇帝处理政务。

其他的每个等级都有各自的称谓。第四品级的叫作驿传道(Y-tchuen-tao),他们在没有特别管理或者法庭事务的时候,在各自辖区负责属于皇帝的大门、行宫和游船的维护。第五品级叫作兵备道(Ping-pi-tao),负责督查军队。第六品级屯田道(Tun-tien-tao)负责主要道路。第七品级负责河流,叫作河道(Ho-tao)。第八品级海道(Hai-tao)负责海岸。总而言之,中国的全部行政都交给了文官。

他们当中会被选出各省的巡抚,各个一、二、三级城镇的长官,各个衙署的长官和成员。优待和特权对于他们来说是被禁止的。人民对所有在位官员的崇敬几乎与对皇帝的一样。在中国,人们认为皇帝如同是帝国的父亲,各个巡抚如同各省的父亲,各个城镇的长官如同各个城镇的父亲。这种思想导致尊敬和服从。中国人很少会有违例的。文官的数量再多也不影响他们所受到的崇敬,他们很少会低于一万四千人。人民对他们的敬仰总是一样的。

第三章 武官

百姓们对于武官的尊敬程度相对较低。他们从不被赋予哪怕一点儿国家的管理权。甚至如同我们看到的,军队的督查都由文官负责。尽管如此,为了成为武官,也必须像文官那样,通过三个等级,武秀才(Bachelier)、武举人(Licencié)和武进士(Docteur)。体力、身体的灵活度,获得军事才学的能力,都是他们必须拥有的,也是让他们接受各个考试的目的。前两个级别的考试在各个省的首府举行。

武官们自己的法庭是由他们中的重要成员所组成的,其中有亲王、公爵和伯爵。如同法兰西一样,在中国也有这些爵位。

这些官署①中最重要的位于北京,并且分为五类。第一类属于后卫军官,叫作后府(Heou-fou)。第二类属于左翼军官,叫作左府(Tʃa-fou)。第三类属于右翼军官,叫作右府(Yeou-fou)。第四类属于前锋军团官员,叫作中府(Téhong-fou)。第五类属于前卫,叫作前府(Tʃien-fou)。

这五个机构受制于同样位于北京的最高军事机构。它的名字叫作将军府(Jong-tching-fou)。其首领由帝国中最重要的贵族之一担任,统领军队的所有军官和士兵,就如同我们以前的元帅。像他们一样,他有可能因此使皇帝感到害怕,但是中国的政体预料到了这种不便。这个军事首领还有一个文官助手,其职务是军队的大总管,并有权听取二位由皇帝任命的监察官的意见。这还不是全部;即使这四个人在一个问题上意见统一时,他们的决定还要受到第四个官署——完全民事的、名叫兵部(Ping-pou)的审查。我们可能很奇怪一个民事官署会负责纯粹的军事事务,但这就是权力的猜忌:兵部

---

① 清朝军队主要分八旗和绿营两个系统。 八旗又分京营和驻防两部分,京营中侍卫皇帝的称为亲军,由侍卫处(领侍卫府)领侍卫内大臣和御前大臣分掌,而御前大臣掌乾清门侍卫和皇帝出行随扈,权位尤重。 其他守卫京师的有骁骑营、前锋营、护军营、步兵营、健锐营、火器营、神机营、虎枪营、善扑营等。 骁骑营由八旗都统直辖;前锋营、护军营、步兵营各设统领管辖;健锐营、火器营、神机营由于都是特种兵,设掌印总统大臣或管理大臣管辖;虎枪营专任扈从、围猎等,设总统管辖;善扑营则专门练习摔跤。 ——译注

有权管理帝国的所有卫队（milice）。

武官中的第一等是将军，他在战场上的权力相当于我们的将军。他的属下有一些军官，有中将（Lieutenants-Généraux）、上校（Colonel）、上尉（Capitaine）、中尉（Lieutenant）和少尉（Sous-Lieutenant）。

军官的数量大概有一万八千人到两万人。他们虽然比文官的数量多，但是文官所拥有的地位使得他们被看作国家最重要的群体。重视文人，轻视军人，汉族人的这种双重标准的弱点使得鞑靼人统治了中国，而鞑靼人并没有改变它。

第四章　武装力量、军纪、各种武器和堡垒

这个帝国的军队数量超过七十万人。这个数量让我们想起尼努斯(Ninus)、塞米拉米斯(Sémiramis),再往后薛西斯(Xerxés)和大流士(Darius)的军队。可是对于中国这么大的国土和其众多的人口来说并不令人吃惊。但是可以这样描述中国军队,就像我们还丝毫没有提及的古亚述(Aſſyrie)的军队:没有比他们穿戴更好的,薪水更高的,还有相对于其战斗方式,武装更好的了。其他方面,可指出的是他们没有比欧洲的现代军队更有纪律,也没有比他们更勇敢。

此外这些部队自鞑靼人入侵以来,就没有什么操练的机会了。如同杜赫德①神甫(P. Du Halde)所指出的那样,他们已经不是以前的他们。国家教育起了相当作用。年轻人的面前只有伦理书籍,他们只谈论法理和政治。军事事务到哪里也得不到重视,即使有人对此感兴趣也不过是因为他们无力做出别的选择。他们在任何领域都缺少进步的要素:竞争。

中国士兵的薪水是每天五分纯银币和一份大米。有些人拿双倍。骑兵比普通步兵的收入高五倍。皇帝提供马匹,而骑兵们每天收到二份豆料喂养它们。在法兰西所做的清账工作,在中国每三个月就做一次,这个期限过后,部队从来不会遭到拖欠。

帝国中最优秀的士兵来自北部的三个省份。其他省份的士兵几乎从不出省,他们与自己的家庭在一起生活,薪水足够养家糊口。他们几乎不需要想起自己是士兵,除非是为了平息一个骚乱,为了陪同巡抚,或者是为了一次检阅。

在检阅的时候,我们可以看到他们的武器。骑兵的武器,不管是进攻型

---

① 杜赫德,Jean-Baptiste Du Halde(1674—1743),法国耶稣会传教士,对中国文化与历史青睐有加。经过多年努力,根据其他去过中国的耶稣会传教士的报告,于1735年完成了四卷本的《中华帝国全志》(*Description géographique, historique, chronologique, politique et physique de l'empire de la Chine et de la Tartarie Chinoisie*, Paris: P. G. Le Mercier, 1735)。——译注

的还是防守型的,都配备有一顶头盔、一套铠甲、一支长枪和一把宽刀。步兵配备有一支长矛、一把砍刀,一些人配有火枪,一些人配有弓箭和箭筒。如果其中任何一件武器的维护情况不佳,如果被发现哪怕一点锈迹,这种疏忽会立即受到惩罚:如果是汉族人就罚三十或四十军棍,如果是鞑靼人就罚同样数量的鞭笞。

这些部队的行进一般比较杂乱,但是在机动中并不缺乏机智和灵活。骑兵们组成大队,在号角和喇叭声中轻松地相互冲撞,相互混合。中国的士兵,一般很会运用砍刀,而且射箭技术不错。

我们在前一章中标明了这些部队的不同首领,这里还要加上鞑靼人设立的二十四个上尉、将军和同样数量的营长。这些人的作用就如同汉族军队中指挥官的监察员。

来看看炮兵。尽管有些证据使我们相信,火炮在中国很早就有了使用,可是好像自17世纪就完全消失了。在南京(Nan-king)的城门前还能看到三四个射炮,但是没有一个汉族人会使用它们。当1621年澳门总督送给皇帝三门大炮作礼物之时,还得同时派出三名炮手去操作它们。

汉族人因此感到火炮可以用来有效对付已经到了长城脚下的鞑靼人。那三门澳门送的火炮很快就将鞑靼人驱散了。他们威胁还要回来。军官们一致认为火炮是最佳的对付野蛮人的武器,但是如何得到它们呢?中国人还不太会瞄准和开炮,更别提铸造火炮了。是耶稣会传教士汤若望神甫(P. Adam Schaal)为他们提供了这个重要的服务。其后,另一个传教士南怀仁神甫(P. Verbleſt)受到皇帝的谕旨,建造了一个新的熔炉,并使中国军队的大炮数量达到了三百二十门。他还教军队在我们先进的建筑规范下,如何强化军事要塞,如何建造新的堡垒,如何建造其他的建筑。耶稣会并不满足于向中国派遣忠诚的传教士,忠诚还必须和技能相结合。这个聪明的措施使得这些传教士进入了以前外国人一直无法达到的帝国的中心。

中国有超过两千座兵营,分为六个不同级别:六百个一级的,五百多个二级的,三百多个三级的,三百多个四级的,一百五十个五级的和三百六级的。除此以外还要加上分布在全帝国的差不多三千座城楼或城堡,各自拥有驻军。这些城堡有两个作用:抵抗敌人的进攻和预防子民们的暴动或造反。永久性和持续性的看护使得一旦有骚乱出现,距离其地点最近的城楼上就会发出信号。这个信号在白天由旗帜显示,在夜晚由火把显示。由此附近的驻军就可向需要平息骚乱之处开进。

那些军事要塞,包括那些外围的,一般都选在险要之地。它们都由壁垒、砖砌的城墙、几个城楼和护城河组成。如此的一座古代城市,在没有更好的防守手段的情况下,抵抗过十年的围攻。中国的邻国长久以来就没有真正有效的进攻方式。

至于这个幅员辽阔的帝国的边界,大自然给予了它们足够的眷顾。六个省份临海,可是海岸附近的海水是如此之浅,以至于任何大型战船都无法靠近。西部布满了难以攀登的高山。帝国的其他部分有长城保护。

与这个奇迹般的建筑相比,我们所有已知的巨大和宏伟的古代建筑都微不足道。埃及的金字塔与这个环绕三个省份、蜿蜒500法里①、墙头之宽度能够允许六个骑士并行的长城相比不算什么。这座神奇的长城是举世无双的。在它的上面,每隔二箭地距离就有一座用于监视和防守的碉楼。中国三分之一的强壮男性被征用来建造它,而且每一块石头底部都不允许有能够插入刀剑的缝隙,否则将面临死刑。这个措施使得这个两千年前的建筑直到今日还很结实。秦朝的第一个皇帝设计并建造了它。

这个惊人的壁垒自汉族人和鞑靼人合并之后就变得几乎没有什么用了。鞑靼人并没有强攻这道壁垒,而是被引入到中国内部,用以驱逐篡夺皇位者李自成②(Licong-tʃe):他被打败、驱逐并永远消失了,而胜利者鞑靼人取代了他的位子。

如同上面提到的,这些鞑靼人可能丧失了一些他们最初的精力,但是依然是这个帝国最勇敢的卫队。所有出生于普通阶层的鞑靼人在襁褓里就入

---

① 这里的500法里约为2000公里。 ——译注
② 李自成,原名鸿基。 ——译注

伍了,所有到了持刀年龄的鞑靼人必须在战争的第一时间参战,并准备接受战斗指挥。皇帝的儿子们与每一个鞑靼贵族及八旗军的低级军官一样,都必须会骑马、射箭和至少了解艺术的基础演变。习文所带来的崇高荣誉丝毫没有阻止这些住在中原的鞑靼人更喜欢习武。这些磨炼似乎是专门为他们准备的。他们模仿我们以前的法兰克人(Francs),让被征服的高卢人(Gaulois)去耕种土地,自己只负责防卫。

第五章　高级官署^①(Tribunaux ſupérieurs)

它们当中位列第一的是议政王大臣会议(Grand-Conſeil de l'Empereur)，由所有的国务大臣(Miniſtres d'Etat)、我们将要讲到的六个部的尚书和侍郎(premiers Préſidents & Aſſeſſeurs de ſix Cours ſouveraines)，以及其他三个官署(Tribunaux)的大臣组成。这个议政王大臣会议只在最重要的时刻才召集，在其他情况下由军机处(Conſeil privé de l'Empereur)替代。

中国的其他六个部(Tribunaux ſupérieurs)也像前面几个驻扎在北京。它们的名称叫作六部(Leou-pou)。第一个部的名字是吏部(Lij-pou)。它向帝国的所有省份提供官员，监督他们的行为，记录他们所作所为的好坏。皇帝根据吏部的报告惩罚或者奖励官员。我们看到这个部的功效既微妙又令人可怕：这是一种由健全政策所建立的民事审查所。

这个部往下又分成四个从属司。第一个^②负责选择有学识、有才能、道德良好、能够胜任帝国各种职务的官员。第二个^③考察官员们的行为。第三个^④掌印所有法律文书，任命并授予印信不同级别和工作的官员，核实奏章的印信。第四个^⑤负责检查帝国中权贵的功绩，不论是皇家血统的亲王，还是其他只得到荣誉功勋的人。中国政府的主要秘方就是所有人都受到监督，使人知晓并正确地评价。

户部(Hou-pou)是第二个部(Cour ſouveraine)的名称，此名称的意思是大司库(Grand Tréſorier)，主管国家的所有财税。它是皇家苑林和财宝的保存和守护者，它记录皇帝的收入和支出，支付各个职位的薪资和年金，向帝国中所有官员和藩主发送大米、绸缎和银子。货币的铸造和管理、公库、

---

① 文中交替使用"tribunal"和"cour"，"tribunal ſupérieur"和"cour ſouveraine"，在不同处可分别代表清朝时的"部""司"等机构。为了避免混乱，这里用"官署"代替统称。——译注
② 文选司。——译注
③ 考功司。——译注
④ 验封司。——译注
⑤ 稽勋司。——译注

海关、所有税收,都受到它的监察。最后,它的角色就像所有组成这个辽阔的帝国的家庭一样。这些细节令人难以想象,为了辅助这个部,它在中国的不同省份拥有十四个从属司。

第三个部负责礼仪,名字叫作礼部(Li-pou)。Li 意即礼仪,Pou 就是部(Tribunal)。大家知道礼仪是中国政体的基础。这个部掌考礼仪并使之通达天下,同时还监察科学和艺术。皇帝向其咨询以决定他想要施与的恩典和给予的奖赏。它监管庙宇的维护,安排皇帝每年的祭奠活动,甚至皇帝对外国人或本国子民的赐膳。礼部还负责接见、安排住宿、招待和送别大使,而且它还监察帝国内被允许存在的不同宗教的安宁。它有四个从属司作为辅助。

兵部是第四个全权部门。它的权限包括帝国所有的卫兵,所有的堡垒、兵工厂、军火库、弹药和军粮,进攻型或防守型武器的制造,各个级别军官的选拔。像我们以前所说过的,这个兵部的成员都是由文官组成。它从属的四个司①也同样是全由文官组成。这里需要指出这些从属司与大臣们的官署有许多联系。

第五个部是刑事法庭,或者如果愿意,也可叫作帝国的图尔奈尔②(Tournelle générale)。它的名字是刑部(Hong-pou)。它有十四个从属司作为辅助。

工部(Cong-pou③)是第六个,也是最后一个全权部门。它负责维护皇宫、王府、总督府、各个官署、庙宇、陵墓和所有公共建筑。它还管理街道、公用道路、桥梁、湖泊、河流、船舶、所有用于航运的东西,不管是内河还是外海,最后还有用来保证内部安全的塔楼。它有四个从属司来分担它的负担。第一个④为公共设施设计和绘图;第二个⑤管理帝国不同城市中的所有什物;第三个⑥管理河堤、道路、桥梁、水渠、河流等;第四个⑦负责维护皇宫,耕种御

---

① 兵部下属的四个司分别是武选司、职方司、车驾司、武库司。——译注
② 18 世纪时位于法国巴黎的最高刑事法庭的名称。——译注
③ 意为公共事务部。
④ 营缮司。——译注
⑤ 虞衡司。——译注
⑥ 都水司。——译注
⑦ 屯田司。——译注

花园、菜圃和收获其物产。

所有这些下属司都是汉族人和鞑靼人混合的,每个部的两个尚书之一总是鞑靼人。

这些部对于各个行政分支机构可能有巨大的影响,出于对权力的嫉妒,这促使人们想象了各种对抗它们的方法。它们之中的任何一个在职能上都没有绝对的权力,它们的决定只能在有其他任一,但经常是几个部的协助下才能有效。这里有个例子:第四个部——兵部,指挥帝国的所有军队,但是第二个部主管军饷。武器、帐篷、马车、船只和所有涉及军事行动的器物又取决于第六个部。没有这三个部的配合,任何一个军事行动都无法进行。

可以猜想,它们可以团结起来,甚至反对君主的利益。针对这个问题,有一个措施值得仿效。

每个部都有自己的监察官。这是一名完全被动的官员,不做任何决定,但是观察一切。他参加所有的会议,收看所有文件,一旦发现什么不同寻常的事务,并不向部门提出,而是立即向皇帝报告。他也向皇帝汇报官员们所犯的错误,无论是在国家行政事务上的错误,还是在个人行为上的错误。他有时甚至责备皇帝本人。这些科道①(Co-tao,这是人们给这些刻板的监察官起的名字)在国家的各个阶层都受到尊重,令人畏惧。他们从来只得到升职,命运差些也至少留任。这种职务安全是保证他们勇于揭露违法乱纪现象的基础。

他们的指控就足够启动核查,且一般能够找到证据。不管被指控人是什么高位,随后都会被解职。被解职后会变成什么人呢?一名普通的卫兵或是小军官,差不多与庶民一样。一个值得注意的事情是监察官们的谏书会被传送到受牵连的部门。可是这些部门很少否认监察官们的指控,因为他们自己也害怕被指控。

这还不是全部。这些监察官组成了一个监察整个帝国的特别机构,名叫都察院(Tou-tché-yuen)。对于所有涉及君主或是公众利益的事务,它都有

---

① 清代监察御史分道治事。——译注

权向皇帝净谏。它的监察范围包括文武百官和所有阶层的公民。从道德角度讲,他们是处于君主和官员之间,处于统治者和百姓之间,处于家庭和个人之间。与他们重要的职务相结合的是廉洁正直和不败的勇气。君主可以处死他们,可是许多人宁愿死也不愿违背真相或容忍一个违法行为。廷杖他们中的一个不足以阻止他们,必须廷杖他们所有人,最后那个没受打击的也会追随其他人。任何一个国家的年鉴中都没有显示出有这种机构的例子,而所有国家毫无例外地都应该有它。

同时也不要以为监察官的特权使他可以冒犯君主,或是告知公众他对君主所敢于做出的指责:他会被处以死刑,即使是他将这种指责只告知了其同僚之一。如果他在其谏书中用词稍有不逊和过激,他会被处以死刑。皇帝本人也不能赦免他。全国人都会要求惩罚他。当大家的国父(pere commun)受到冒犯,全国人都觉得遭受了侮辱。人民有理由相信,过多的放肆将会违背那个美好的称谓。

还有一个只在中国才有的官署:宗人府(Tribunal des Princes)。它只由皇亲们组成。几个普通官员作为其下属,书写文卷和其他有关争议问题的文书。从一出生,皇家的所有子弟都在这个部门登记造册。皇帝赐予他们的官爵、封号都在这里登记。这个宗人府是他们唯一的法官。对于所有指控,它可根据自己的意愿处罚或是宽恕他们。

有人指责我们忘记了一个像前两个一样,中国所特有的,但是更加有名的官署:史馆(Tribunal de l'Hiſtoire),又叫翰林院(Han-lin-yvan)。它由帝国中的最佳才子和最博学的文人组成。他们在进入翰林院之前,接受了一个非常严格的考试。皇位继承人的教育,同样还有帝国历史的撰写就由他们承担。这最后一个职能使得皇帝本人都有所惧怕。他们的行为证明,皇帝可以讨好但更多是压迫他们。这不是全部,不管愿不愿意,压迫或是讨好的尝试,都会被写入历史。

阁老或是一级官员,还有部长们,往往是从这个机构中选拔出来的。

第六章　民法①

它们几乎都包含在法典②(Livres canoniques)的准则之中。如同政府一样,孝道构成其基础。皇帝的谕旨,尤其是祖制礼仪,构成法典中的其余部分。总而言之,中国的律例提供了最佳道德伦理之基础。

以下是所有巡抚官员,不管是省级的还是城市级的,都必须每月两次,召集其所辖子民并向其宣教。一条特别的法律指明了宣教的必要内容。在中国,有关律例的传授就如同其他地方传授宗教的神秘、准则和戒律一样。

第一条③:严格执行孝道所规定的义务,以及弟对兄的尊重。这是唯一使得所有人都知道自然所赋予他们的基本职责的方法。

第二条:永远保存一件祖上值得尊敬的纪念物,它将会为家族带来平安和团结。

第三条:村庄中保持团结,是消除争吵和诉讼的方法。④

第四条:耕农和蚕农享有公众的尊重,吃穿不愁。

这个结论是如此的简单但并不平庸。它向我们展示了这个指示的目的和执行它所应得的结果。

第五条:勤俭持家是你们的行为准则。

第六条:注重维护公共学堂,尤其是教授学生们好的道德思想。

第七条:每个人遵守自己所应当承担的职责,并且贯彻执行。

第八条:一旦产生任何邪教,立即严格清除,以绝后患。

第九条:经常向人民灌输政府制定的刑法。粗野和不逊的人只能用恐吓来管束。

---

① 我国历史上民、刑不分,并无"民法"一词,20世纪初才由日本引入此词。——译注
② 疑为泛指《大清律集解附例》[顺治五年(1648)颁布]、《大清律例》[乾隆五年(1740)编成]等法典。——译注
③ 此处列举的十六条即"圣谕十六条"。——译注
④ 这里有许多同义而重复的观点,因为如果一个村庄是团结祥和的,肯定就没有争吵和诉讼。

第十条:完善公民法和诚信教育,这将有助于建立和谐社会。

第十一条:注重儿童和弟弟们的教育。①

第十二条:禁止诽谤。

第十三条:禁止收留和窝藏赃犯,窝藏就变成他们的同伙。

第十四条:准确缴纳君主制定的各种税务,可以避免征税人员的追索和气恼。②

第十五条:每个城镇之街区长要相互配合,这样可以防止偷盗,也使罪犯难以逃跑。

第十六条:控制愤怒,可以避免灾难。

通过这些条款的形式,我们可以看到,中国的君主们在规章中加入了许多训诫和信条。在我们那里,制定法律的事由总是陈述在法律条文本身之前,而在他们那里,法律条文总是在事由之前。

在中国的民事法典当中,礼仪根本不是唯一的组成部分,政府的监督总是无所不在的。我们将会对照其他几条来自不同朝代和针对不同的内务行政的法律。

有关婚姻的法律很广泛。一个中国男人只能有一名正妻,她甚至必须与其丈夫门当户对,年龄相仿。此外,他可以有多名小妾。她们被接到家中,不需要任何手续。但是他应当向她们的父母支付一笔或大或小的费用,并且书面保证好好对待其女儿。

这些作妾的女子完全受正妻支配,她们服从或必须服从她的命令,她们的子女也属于正妻。孩子们称正妻为母亲,也只能称她一人为母亲。当正妻死亡时,他们必须为其守孝三年,放弃考试,离开他们的工作和职务。而当他们的亲生母亲死亡时,却没有这些要求。

鳏夫和寡妇可以再婚,但门当户对和年龄不再是必要条件了。新郎如

---

① 这一条使我们想起,在中国就如同在我们的一些省份一样,弟弟们的权利常常低于长子,尽管长子经常并不配。

② 在中国也存在征税人员的气恼,但是这个辽阔帝国的首领认为,与其向他汇报这些气恼之事,还不如使纳税人纳税更容易。

果愿意,也可以在他的妾当中选一个作为正妻。总之,这个再婚的婚礼程序很简单。

一个有孩子的寡妇绝对变成了女主人,她的父母既不能强迫她守寡,也不能强迫她再嫁。

条件差些的寡妇们,就没有同样的特权了,尤其当她们没有男孩子时。她们前夫的父母可以不经她们同意就将她们嫁出去,甚至都不通知她们。法律允许如此操作,她们以这种方式来补偿前夫迎娶她们时的花费:这就等于是卖掉她们。如果她们当时是怀孕的,交易会被延迟。一旦生下来的是男孩,交易取消。

这条法律仍然存在两个例外:其一,当寡妇的父母给予其女足够的生活费,并且补偿亡夫家足够的费用时;其二,当她出家做尼姑之时。

如同所有古老民族一样,在中国,离婚是允许的,但是不太容易,并且只在某些条件之下,比如通奸、反感、性情不合、粗俗、嫉妒、不顺从、不育和传染疾病。①

在法律确认离婚之前,休妻和卖妻是被禁止的,而且在买妻和卖妻的交易中,买者和卖者都将遭受法律的惩罚。

如果一名妻子——所谓的正妻,从她的丈夫家逃走,而其丈夫诉诸法律,法律将会允许丈夫典卖逃跑的妻子,因为一旦这个女人不再是他的妻子,就变成了他的奴隶。

法律也为被丈夫抛弃的女人们提供帮助。如果丈夫离家三年以上②,妻子可以向政府官员解释其情况。政府官员可以允许她重新再嫁给另一个男人。如果她故意将日期提前,将会受到严厉的惩罚。

在某些情况下,法律禁止婚姻的结合,或者宣布婚姻无效,如以下情况:

1.如果一个女孩已经被许配给一个男孩,而且聘礼也已经由男方父母送

---

① 这七种情况即"七出"。——译注
② 与《大清律例》中之条款并不相符。实际情况是:男方无故超过婚约约定的婚嫁期限五年不娶及未婚夫逃亡三年不归者,女方可以另行择配,但须官府对男方情况予以核实并出具证明。——译注

交女方父母,女孩就不得再嫁给其他的男人。

2.如果给媒婆看到的是个俊俏的人,而婚嫁时用另一个丑陋的人替代,或者如果将一个良家女子嫁给其奴隶,还有如果是某人使自己的奴隶娶一名良家女子,而在其父母面前假称奴隶是其子或亲属。在所有这些假设下,婚姻无效,所有作弊之人都要受到严惩。

3.禁止所有省市的文官总督与当地的任何家族联姻。如果违背此条法律,婚姻无效,并且当事人将遭受严厉的杖刑。

4.所有在守孝期内的青年人都不准结婚,不论是为其父亲还是其母亲守孝。如果婚约在父母死亡之前确定,所有程序即刻停止。未婚夫必须将情况通知其未婚妻父母。未婚妻父母的允诺丝毫不会被解除。他们会等待守孝时间过去后,再向未婚夫写信提醒其婚约。如果他不坚持,女孩重获自由。

如果家庭中发生了某些不幸的事情,比如一名近亲被捕入狱,婚姻也会被推迟,但是如果双方同意,婚礼也可以如期举行。

5.兄弟二人不能娶姊妹二人;鳏夫不能自由地将他娶的寡妇的女儿嫁给他自己的儿子。近亲不得结婚,不论其血缘关系的远近。

这条政策准则在中国这种人口众多的帝国比在其他任何地方都更有必要。其他地方也应该将这个条款看作智慧的结晶。

另一条法律。所有家长都是其子女行为的负责人,甚至其家仆行为的负责人。他有责任预防出现的错误——旦出现,就由他负责。这是一条富有智慧的法律,尤其考虑到在中国,任何父亲或主人对其子女或奴仆而言都拥有绝对的权威。

在中国,任何一位母亲无权立遗嘱。

收养是法律允许的。养子拥有一个真正儿子的所有权利,他随养父的姓,如果养父死了要为其守孝,他是养父的继承人,如果养父有其他孩子,就与他们共同继承遗产。而且,养父有权对其他孩子稍有偏向。

所有孩子,即使是养子,继承父亲的遗产,但是不继承其官爵。只有皇帝才能保留和授予官爵。一个七十高龄的人必须即刻辞去其官爵,但是这最后一条只是一条建议,而不是法律。

法律上说,鉴于儿子有权典卖自身,而他所拥有的权力不能超越其父亲,因此父亲有权典卖其子。一个人对于自己本身不能有超过其父亲的权力。

在中高级公民阶层,习俗修正了这条法律。即使在庶民阶层,典卖自己的儿子目前也只是被容忍。禁止向戏子和行为状态卑鄙之人典卖自己的孩子。

一个儿子在父亲面前永远是未成年人。

父亲是其祖先的遗产的绝对主人,或他自己所获得的财产的绝对主人。他的儿子是他所有债务的担保,只有赌债被法律排除在外。

一个父亲的遗嘱是不容置疑的。任何形式上的错误都不能侵犯它。

中国允许奴役,但是主人的权力只是局限于使唤奴仆。如果有证据证明他滥用这个权力去欺辱奴仆的妻子,他将会被判处死刑。

自农民开始耕种土地,也就是说,从春季中期开始,直到收获季节,耕农不会担心其所要缴纳的税赋。

以上这些基本上都是中国在民事方面的实际法律。至于同样具有法律效应的某些由不同皇帝颁布的临时诏书,我们将会根据杜赫德神甫的转述,提及其中一个最知名的。这将有利于读者建立一个这类诏书所使用的形式和风格的印象。这就是以前唐代的皇帝之一,会昌①(Hoei-tchang),又称为武宗(Tʃong),所颁布的诏书,在此表述如下。

"在三代治下,还没有听人提到过佛(Foë),自汉(Han)和魏(Hoë)以来,这个引入佛像的教派开始在中国传播。自此在不知不觉中,这些外国的习俗逐渐建立了基础,而且每天都赢得一些地盘。民众不幸地受到了这个教派的浸染,而国家也受到伤害。在两京之内、在所有的城镇之内、在山上,到

---

① 唐武宗李炎死前一年的会昌五年(845),下"废佛诏",佛教称为"会昌法难"。原著将"会昌"与唐武宗之称谓混为一谈。——译注

处都有男女僧徒。佛寺的数量和奢华程度每天都在增加。大量的人工被用于建造各种材质的佛像,为了装饰它们而消耗了大量的黄金。许多人淡忘了他们的君主和父母,而崇拜于佛祖的掌控。甚至有些败类抛弃妻子,去投奔僧侣的庇护以躲避法律的制裁。难道人们看不到其中的危害吗?祖先所坚守的信条是,如果一男不耕,一女不织,则有人将受饥寒。而当今无数男女僧徒之衣食依靠他人的汗水,无数的人工到处建造和装饰耗费巨大的奢华寺院,这个信条还有用吗?晋(Tʃin)、宋(Song)、齐(Tʃi)、梁(Leang)这四朝凋敝而陨落、欺诈横行的其他原因不是显而易见吗?

"至于我唐朝,建国之君以武力定国,以文治理国家,丝毫没有借用这个邪恶的外国教派。远在贞观(Tchin-koan)朝,太宗(Tai-tʃong)就宣布反对它,但由于执行得不够坚决,以至于它还在扩大。朕本人阅览并斟酌了所有有关此问题的言论,经与智者仔细商讨,现决心已下。这个瘤毒,必须得到治理。所有省份的明智官员都向我申诉,要求朕尽快决策。他们说,灭绝使瘤毒蔓延于帝国的源头,恢复祖先的治理状态,就是公众利益,就是子民的生命所在。为达此目的,朕在所不辞。

"朕宣布:Ⅰ.拆毁天下四千六百所寺院,还俗僧尼①二十六万(Ouan)②,收充税户。Ⅱ.拆毁乡间的次要寺院四万所,其几万顷(Tʃing)③田地的收入收归朝廷;其十五万奴婢归由当地官员处置。至于那些到这里传播他们宗教的外国僧侣,大约有三千人,包含大秦和穆护(Mou-hou-pa)人④,也使他们还俗,避免其与帝国的习俗相混杂。呜呼,太久没有恢复秩序了,难道还要

---

① 信众有男有女。
② "Ouan"即数词"万"。
③ 原文注中把"Tʃing"解释成"中国货币,等于十分之一盎司银子",这个注解显然是错误的。——译注
④ 杜赫德神甫认为大秦是指巴勒斯坦,穆护是指天主教徒;但是他不敢确定是指景教还是希腊派。

推迟吗？就此决定,见诏执行。"①

这个意愿获得了结果。全中国只剩下很少的寺庙:北京和南京②(Cour du Nord & du Midi)各保留了两个大寺,每个省府保留了一个。最大的寺庙中有三十名和尚;最小的寺庙中的和尚更少。

---

① "废佛诏"原文见《旧唐书·武宗本纪》。"朕闻三代已前,未尝言佛,汉魏之后,像教浸兴。是由季时,传此异俗,因缘染习,蔓衍滋多。以至于蠹耗国风而渐不觉。诱惑人意,而众益迷。泊于九州山原,两京关,僧徒日广,佛寺日崇。劳人力于土木之功,夺人利于金宝之饰,遗君亲于师资之际,违配偶于戒律之间。坏法害人,无逾此道。且一夫不田,有受其饥者;一妇不蚕,有受其寒者。今天下僧尼,不可胜数,皆待农而食,待蚕而衣。寺宇招提,莫知纪极,皆云构藻饰,僭拟宫居。晋、宋、齐、梁,物力凋瘵,风俗浇诈,莫不由是而致也。况我高祖、太宗,以武定祸乱,以文理华夏,执此二柄,足以经邦,岂可以区区西方之教,与我抗衡哉！贞观、开元,亦尝厘革,铲除不尽,流衍转滋。朕博览前言,旁求舆议,弊之可革,断在不疑。而中外诚臣,协于至意,条疏至当,宜在必行。惩千古之蠹源,成百王之典法,济人利众,予何让焉。其天下所拆寺四千六百余所,还俗僧尼二十六万五百人,收充两税户,拆招提、兰若四万余所,收膏腴上田数千万顷,收奴婢为两税户十五万人。隶僧尼属主客,显明外国之教。勒大秦穆护、祆三千余人还俗,不杂中华之风。于戏！前古未行,似将有待;及今尽去,岂谓无时。驱游惰不业之徒,已逾十万;废丹腾无用之室,何啻亿千。自此清净训人,慕无为之理；简易齐政,成一俗之功。将使六合黔黎,同归皇化。尚以革弊之始,日用不知,下制明廷,宜体予意。"——译注

② 当时应分别为西京长安和东都洛阳。——译注

第七章　刑法和刑事诉讼法[①]

如果我们相信某些对中国知之甚少的作家所言,没有什么比中国的刑法更可怕的了。一个天生温和的民族,怎么能够想象得出来?肯定是罪恶之深重使得立法者们严厉对待。有人曾经问德拉古(Dracon)[②]——雅典的第一个立法者,为什么他将轻微的过错也处以死刑。他回答说:"我认为最小的罪也值得判死刑,而对于最大的罪,我没找到其他的惩罚。"他的法律后来被梭伦(Solon)[③]减轻了。但是中国人的法律不需要减轻。

这些法律组合得如此之好,以至于没有过错能逃脱惩罚,处罚也从不会超出过错。有些在法兰西要判死刑的罪行,而在中国只是判处体罚。

中国人的刑事诉讼程序可能是世存当中最完美的。它缓慢的速度变成了被诬告人的救生索。罪犯不会赢得什么,因为时间会使真相显露,而不能对他们有利。所有被告都会受到五至六个法庭的审理,每个法庭按程序复审;而侦讯不只是针对被告的,也可以是针对原告和证人的。这种可赞的也是必要的措施只在中国有。

被告确实是一直被关在监狱之中直到诉讼结束,但是这些监狱一点儿也不像其他国家的那些可怖的肮脏窝。它们很宽敞,从某种程度讲甚至是舒适的。

一名官员负责日常巡视监狱,他要仔细地巡查,因为如果发现有病号,他必须有所举措。他主持病人的治疗,召集医生并提供医药,而费用由皇帝承担。如果其中有病人死亡,君主必须知情。而君主经常会命令高级官员去审查监狱巡视官员是否履行了自己的义务。

不同的罪行有不同的惩罚。这里有一条似乎是很严厉的,它将任何使

[①] 如前述,我国历史上民、刑不分,并无"刑法"和"刑事诉讼法",此处借用。——译注
[②] 公元前7世纪雅典的立法者,所制定的法典(约公元前621年)极为残酷,规定罪无论轻重,一律判处死刑。——译注
[③] 约公元前630—约公元前560年,雅典的立法者。——译注

用珍珠的人处以死刑。

刑罚中最轻微的是笞刑,只是用来惩罚那些最轻的过错。笞杖的数量取决于过错的轻重,但至少是二十杖,就如同是父亲给的教训,不再具有侮辱性。甚至皇帝有时也给他的几个近臣这种教训,而这并不妨碍他随后接见他们并对待他们如初。

这种棍棒,或者叫板子(Pan-tʃée),是用竹子做的,有些扁平,底部较宽,上部光滑,以便于使用。在某些情况下,所有官员都可以随意使用它。比如当有人忘记向他致敬时,或是当他升堂时。这时,他会严肃地坐在一个桌子后面,桌子上面放着一个装满签子的囊(bourʃe):他的下属官吏围绕在他周围,每人都持有板子,并且一旦有官员的示意就会使用它。官员从囊中抽取一支签子,扔到厅堂之中。下属立即会抓来犯人,使他趴在地上,褪下其内裤到脚后跟。一名打手狠狠地打他五板子。如果官员再从盒子(étui)中抽取一支签子,另一名打手接替前者再打五板子。这样逐渐增加,直到他请法官不要再加了。这还不是全部,刚刚被打的犯人还必须跪在法官面前,磕三个头,并感谢其所接受的教训。

枷刑在中国也有使用,但是罪犯并不是被拴住的,而是戴着枷。这种枷,葡萄牙人称为"Cangue",由两块中间开口的木板组成,木板合在一起时,中间可以套住一个男人或女人的脖子。枷被放在犯人的肩膀之上,而木板合起来后,他既看不到自己的脚,也无法用手触到自己的嘴;他只能依靠其他人的帮助来吃饭。他不管白天还是黑夜都不能离开这个重负。枷的一般重量是五十到六十斤,但是有人见过重达二百斤的。根据罪行的轻重,上枷的重量或轻或重。

对于偷盗者,对于职业赌徒,以及其他扰乱治安或滋扰某个家庭者,这个刑罚的期限都是三个月。这期间,罪犯毫无回家的自由:他被滞留在某个广场,或是城门前,或是寺庙前,或是判他刑罚的衙门前。刑期结束后,罪犯被重新带到官员面前,这个法官友好地勉励他改过自新,解除他的枷,最后再给他二十杖笞刑后释放。

对于其他的过错,等级低于杀人的,惩罚是徒刑,如果是流放到鞑靼地区常常是无期的,或是判处为皇家大船拉纤三年,或是脸上被烙下印记。这个印记指明了其罪行,罪犯不可能不被旁人立即识别出来。

所有亲属间的偷盗行为将会比偷盗外人遭到更严厉的惩罚。

弟或侄预先侵占长兄或叔伯的继承财产被视为最严重的偷盗。

针对父母的,或祖父母的,或叔伯的,或长兄的告密者,如果指控成立,会被判处一百板子和三年的流放。如果是诬告,会被判处绞刑。

所有异性之间的罪恶交往会受到惩罚。血缘关系越是亲近的,惩罚越是严重。

儿孙疏于服侍其父母或其祖父母,将会被法律判处一百板子;辱骂他们,将会被绞死;殴打他们,将会被砍头;打伤他们,将会被钳烙并碎尸。

如果弟弟辱骂兄长,法律判处一百板子。如果是殴打兄长,判处流放。

每个家族的墓地都是神圣的、不可转让的和不可抵押的。那里禁止伐木,违者将被判死刑。如果有人偷拿墓葬的任何装饰品,他将会被缉拿并按亵渎罪论处。

杀人者偿命。在一场打架斗殴中杀了人的人,会被毫不留情地绞死。但是中国并没有绞刑架,他们用一个活扣套在罪犯的脖子上,绳头六七法尺①长,两名法庭的仆役向相反的方向拉扯,然后突然松手,稍等片刻后,他们再次拉绳子。这第二次其实没什么用了。

在中国的某些地区,绞刑是用一种弓执行的。罪犯跪在地上,行刑者将弓弦套在其脖子上,收紧放松的弓弦,罪犯立即会窒息而死。

一种对我们来说并无侮辱的刑罚,对中国人来说却被认为是最屈辱的惩罚,它就是砍头。一般是用于谋杀犯,或是几个同样严重的罪行。以下是中国人所说的,为什么砍头被看作是最屈辱的?头颅是人体最高贵的部分,如果死时身首异处,父母所授的身体就不是完整的了。这种思想来源于这个民族的风俗和他们对父辈的崇敬。

---

① 法尺是法国古时的计量单位,1法尺约等于32.5厘米。——译注

凌迟。这种刑罚只在中国有。针对国家罪犯、反叛者。罪犯被绑在柱子上,行刑人割开其头皮,剥皮并褪到眼部,然后割除他身体上的几个不同部位,切成小块。他只是由于疲乏才会停止这恐怖的工作。他将人体的残余部分留给凶恶的围观贱民,他们会结束他未完成的部分。

　　还有一种被几个君主使用过,而被其他君主减轻了的刑罚。法律本身并没有将严酷推广到这么远,它命令将罪犯开膛,身体剁为几段,抛弃到河里或是死刑犯的万人坑里,这无疑已足够了。

　　在法兰西,我们有很多言论反对普通刑讯和特别刑讯。幸运的是第一种已经被取消了,但第二种还保留着。而在中国,这两种都存在。即使是普通刑讯也相当残酷,主要是针对手和脚。对于脚,人们用一种木制的工具,三支木棍交叉,中间那根是固定的,另外两根可以转动。犯人的脚被紧紧地夹在这个机械里面,以至于脚踝可以被夹扁。对于手的刑罚,似乎比对于脚的痛苦稍轻。犯人的手指被塞进由按对角线排列的小木棍中①,这些木棍由绳索连接,用力收紧绳索。犯人会被置于这种折磨中一段时间。

　　特别刑讯是恐怖的。要在犯人身上做些轻微的切割,一条条地撕掉其皮肤,像肉片一样。但是这种刑罚只是针对重罪的,尤其是亵渎君主罪,一旦罪犯被确认了,就连其同伙也要被揪出来一并查办。

　　此外,中国的历史可以带领读者们看到些许蔑视这个国家刑法的例子。历史上的几位君主嗜血成性,但是我们经常混淆的是,他们的行为并不是法律所允许的,他们直到今天还被看作暴君,他们的名字使整个帝国感到恐怖。中国人在其刑事诉讼程序上比其他国家有一个重大优势:清白之人几乎不可能被诬告所击倒,对于诬告者、造谣者和证人来说这太危险。诉讼程序的缓慢和多次复审,对于被告人来说是有帮助的。最后,任何一个死刑判决,没有皇帝的批准都不能被执行。官员向皇帝呈上诉讼过程副本,用中文和鞑靼文两种文字,皇帝再将副本交与几位鞑靼人或汉族人博士复核。

　　这就是上亿子民的主宰所必须要关心的,为了避免任何一个冤案。

---

① 夹棍和拶刑。——译注

如果罪行十分巨大并且被核实，皇帝会亲手在判决书下方写上：接到此令，立即执行①。如果是被法律所判处的普通死刑，皇帝在判决书下方写上：监押，秋季处决②。因为一般只在秋季才执行死刑，并且都在同一天。除非是在斋戒准备之后，否则皇帝从来不会签署死刑。

他如同几乎所有的君主一样，有权豁免，但是他本人，为了保证良好的秩序，常常不予使用。几种特殊情况下使用，比如寡妇的儿子；一个古老家族唯一的继承人；为祖国做出过卓越贡献的公民或功臣的后代；最后，功勋卓著的官员的儿孙。年迈的老人和年幼的儿童都不能被任何法庭传讯。如果父母年迈，儿子的罪行不涉及公共秩序，儿子可以被豁免；如果这对年迈父母的儿子们都是有罪的，或是同谋，最年幼的儿子可以被豁免，以安抚并服侍其父母的余日。

在中国的刑事诉讼中，没有一丝无用的欺压，也没有侵犯和随意。被告人只是在被确认并被宣判的情况下才有罪。此前，他们拥有所有能够减轻自己状况的资源。他们什么也没有被剥夺，几乎是自由的。

一个欺压在押被告人的狱卒、一个对犯人施与法律所不允许的折磨的下级法官、一个敢于超过法律所规定的刑罚的高级法官，都会被处罚，至少是被撤职。

法律允许被确认的犯人的任何一个近亲替代他接受法律所给予的惩罚，当然只是罪行较轻，并且罪犯是长辈时。杜赫德神甫讲过一个案例：一名男子被判处笞刑，他的儿子趴倒在其父亲身上，并高喊着要求替父受刑。官员受到这献身精神的感动，豁免了犯人。孝在中国是如此受到尊重。

被判处流放的人的儿孙们、妻子和兄弟们，被允许跟随犯人并和他住在一起。所有类型的被告人的亲属，都可以向狱中人提供他们力所能及的帮助。他们是被欢迎的，根本不会被拒绝。

---

① 按《大清律例》规定，凡严重危害国家统治的犯罪，应判处"斩立决"或"绞立决"。——译注

② 按《大清律例》规定，对罪行危害性较小或有可疑者，可暂判"斩（绞）监候"，缓期处决。——译注

在中国,人们很少夸耀一名能够识破诡计,最终使罪犯得到其应得的惩罚的法官的英明。人们更愿意去欣赏和崇拜一名能够冲破谣言和污蔑,为无辜者洗清罪名的法官。皇帝本人,在他的统治时期,将那些正义之剑最少使用的年份列为其最得意的代表。

第八章　城市的内部治安

在中国政府和我们自己的政府之间，我们已经注意到了许多相似之处：这些相似之处将会涉及我们和他们的城市的内务行政方面。巴黎被分为不同街区，每个中国的城市也是如此。每个街区都有一名首领监护一定数量的房屋。他负责区域内所有涉及公共秩序的事务。如果他疏于关心，或是疏于通知巡抚，将会被视为违抗命令而遭受处罚。

家族中的父辈是另一种形式的监督员。他们每个人要对其孩子和家仆负责，因为他对于他们完全有权威。

邻居们甚至要相互负责。他们必须相互救助、相互帮助，不管是在遭受偷盗还是火灾的情况之下，尤其是如果事件发生在夜间。

每个城市都有城门，每条街道都有栅栏，夜幕降临时它们都会被关闭。夜晚开始后，每隔一定距离就有巡查哨兵逮捕行人。一个巡逻马队在城墙上兜圈。任何行人都会被逮捕，不管是有名望的贵族、庶民，还是坏人，坏人常常想利用夜色去做坏事。对于任何阶层的人而言，都不愿意冒这个险。中国的法官们认为，夜晚是用来休息的，而白天是用来工作的。

白天，进入城门的人都在看守的监视下。每个城门都有一队卫兵，他们观察行人的表情、衣着和外观，盘问他们，如果有人的口音听起来是外地人，就将他带到官员面前。他们常常也会将人临时逮捕，以等待巡抚的命令。

这种措施来自中国人的古老准则，即不让任何外人混入他们当中。他们认为，随着时间的流逝，人员混杂会破坏道德、习俗和习惯，能够引发纠纷、争执、反叛和国家的动乱。

我们已经看到，在中国杀人需要偿命，即使只是源于一场斗殴。但是这种事很少发生，尤其是在平民当中。两名争斗之人愿意动手吗？他们放下棍棒或其他手头的工具，他们会用拳头来解决争吵。最经常的现象是，他们一起去找官员，并请他裁判。官员仔细听取双方的理由，并判罚笞刑给应受斥责的人，有时是两人同时受罚。

只有军人才被允许佩带武器，但并不是在所有时候，除非战事开始。其他时间，只有在列队阅兵或是陪护官员之时才行。这个习惯，在东方人的历史中常见，现在土耳其人当中也存在。

任何妓女都不允许住在内城，但是她们被允许住在城墙之外，只要不是住在自己家里，也就是说，可以住在工作的居所。此外，允许报官的个人留宿她们。他必须监视她们的行为。如果她们在居所里发出噪声或是争吵，户主要负责并会受到惩罚。

中国的每个城市，即使是个简单的市镇，都拥有一个巴黎几年前才有的机构。这是一个中国人叫作当铺（Tang-pou）的办公处，等于我们的公营当铺①（Mont de Piété），规则基本上是相同的。抵押借款当时就可以实现，不需要任何事先的程序。隐私是被保护的，抵押借款人可以保守自己的秘密。如果他说出了自己的名字，名字会被记录下来。如果他想要隐藏自己的名字，也没有人强求他说出来。如果情况特殊，针对某些事件，需要向警察汇报，当铺也只是记录下抵押人的体貌特征。如果某人所当的物品看起来超出了其人的状况和生活水平，当铺甚至会派人跟踪和监视抵押人。但是，除非有足够的证据证明当铺与抵押人勾结，当铺是从来也不会损失什么的。而且，当铺的流行取决于它对客户的忠诚度，这个理由也就成了一个相当好的保证。

在中国，利息一般情况下是百分之三十，这就说明钱并不充裕。当铺里使用的就是这个利率。所有的典当品进入柜台后都会被按号码登记保存。典当品自典当书到期后的第二天起，就属于当铺了。其他的条件完全与我们的公营当铺相似，在这里重述就多余了。

赌博和其他使人好逸恶劳的活动对于年轻人是禁止的。学习差不多成

---

① 公营当铺最早创建于意大利，巴黎的第一个公营当铺由泰奥弗拉斯·勒诺多（Théophraste Renaudot）创建于 1637 年。——译注

了他们唯一的事务。对于我们国家的年轻人来说，学习是很令人疲乏的，而在一个功绩，也只有功绩，可以带来一切的国家，无知就意味着一无所有，这种激励胜过了对学习的厌恶。

第九章　警察总署[①]

旅行者的安全,人员和物资的运输,似乎对于中国的行政部门来说是占用很多精力的。中国有众多交错的河渠,有利于运输。而公共道路的良好维护,便于旅行。

这些道路都很宽,所有南部的省份和其他几个省份的都铺了路砖。马匹和车辆都便于行驶。人们填埋沟壑,打穿山体和岩石,建设了平坦和舒适的道路。一般情况下,它们两旁都种满了高大的树木,有时候是八到十法尺高的墙,用于防止旅行者跑到田野里去。其间有些开口与通向不同的村落的道路相连。大路旁,每隔一段路程,就有休息处,供人躲避冬季的风雪和夏季的炎热,有时也能看到寺庙和宝塔。庇护所白天开放,夜晚关闭。只有官员才有权在那里停留,如果他们觉得合适。他们的全部人马都会入住,并得到排场的接待和热情的款待。

大路上从来不缺少旅店,甚至小路上也有。大旅店很宽敞,但是它们都没有配备物资,旅行者甚至得带着自己的床,或者就睡在一个简单的席子之上。政府只要求这些庇护所向愿意付费的人提供被子。

政府很仔细地印刷了帝国的主要交通图,陆路的或是水路的,自北京直到最遥远的边界。这本交通图是所有旅行者的指南。如果是一名官员或是一名军官,受命于皇帝而出行,他的住宿、陪护等费用都由君主支付。

大道旁,每隔一段路程可以看见塔楼式的、有哨兵看守的岗亭和旗杆上用于示警的信号旗。这些塔楼一般是用熟土夯造的,呈四方形,不超过12法尺高。但是如果道路通向京城,它们上面就有雉堞;这些塔楼的顶层还装有相当大的生铁铸钟。

法律要求每5里(lys)就建造一座塔楼,并且一大一小交替设立,每个塔

[①] 此名称只能借用,实际上中国在清末才有真正意义上的警察机构。巡警道,掌一省的警察行政。警察、巡捕的叫法也是在清末才出现的。——译注

楼派有驻军。5里相当于法兰西的半法里。我们因此可以看到，中国的道路被很好地守护着，而盗贼不能长时间隐藏。

中国也有驿站①，但是它们不是公用的。只有帝国的信使和负责传送宫廷命令的军官，才有权使用它们。传令官都有卫队护送。

此外，旅行者很容易运输他们的行李，他们甚至不需要过多地操心。在每个城镇都能找到很多搬运夫。他们都有一个头领，旅行者向他询价，和他商议运输条件。他收款并安排所有事务：不管需要多少搬运夫，他都能提供，并向旅行者提供同样数目的标牌。直到他们将物品运送到指定地点，旅行者会交给他们每人一块标牌。他们再将这块标牌交还给他们的头领，头领凭此向他们支付其预先收到的工钱。

这个机构由帝国的警察总署领导。在大道旁，在即将离别的城市里，都能找到几个此机构的办事处，他们在其他城市里也都有与其相应的分支。启程前，只要到其中一个办事处，登记所有需要运输的物品。需要二百个、三百个还是四百个挑夫？没问题，都能办理。一切都在头领的眼皮底下进行，运费是每百斤每天十文钱。办事处会给出一份详尽的物品清单。需要您预先付款，而从此开始，您不必掺和任何事了，等您到了目的地之后，您将会在那里找回您所发运的所有物品，绝对有保证。

警察同时管理关税，因为在这个帝国里，任何事物都是属于皇帝的。这些关税可能是全世界最轻微的了，它们几乎只是针对商贩的，而且商贩们并不会被过分地盘查。如果只是一名普通的旅行者，或是通过外表就能看出他不是商贩，如何处理？他的包裹丝毫不会被官兵搜查，尽管他们有此权力，他们甚至也不要求什么报答。

---

① 清代驿站制度完备，全国驿、站、塘、台计为1785处，驿道四通八达，从京师通到各边远地区。

清代驿站管理严密，整个由兵部负责，京师设皇华驿，各省腹地及盛京地区设驿，军报所设为站。凡是通过驿站发递的，都要分缓件、急件。 奏折、文书、军报的驿递均有规定，对军站的利用限制很严，往往是军机处发往西北两路将军、大臣的加封信函及返回文件，准由军站传递。 其他的一般应由驿站传递，而督、抚寻常文书则应由塘铺递送，不能用马递。 军机处文件，往往在公文上注明"马上飞递"字样，规定每天300里，如遇紧急情况，可每天400里、600里，最快达800里。 具体请参见《中国日报》2008年11月21日。 ——译注税费或是按件缴纳,或是按重量缴纳。在第一种情况下,基本按照商贩的账册计算。

每个省的总督在每个县任命一名他所信任的官员管理整个县的关税。广东港和福建港的海关分别由一名特别的官员管理,这些官员同时也监察驿站。

第十章 财政

由沃邦①元帅(Maréchal de Vauban)所写,题名《王国什一税》(*La Dixme Royale*)的著作,似乎就像是中国所实行的措施的复写版。大部分税赋是由食品支付:蚕农以蚕丝缴税;耕农以粮食缴税;果农以水果缴税;等等。这个方法简单方便,因它不要求个人艰难地去出售其土地上的物产或是手工制造,换来一笔数目不定的银钱,并以此向帝国金库缴税。这种交换对于纳税人来说总是成本高昂的,而这正是中国政府所想要避免的。

给予子民的这种便利,对君主不构成任何妨碍。他在每个省份都有众多的雇佣,官员、军官、士兵或是其他类型的雇佣。帝国以食品和衣料等实物支付他们。由此,各个省份税收上来的食品,基本上就地消费而不用被运走了。余下的部分的出售所得,属于帝国金库。

银钱的捐税,毕竟各种国家机构都需要,主要来自关税、直属于皇帝的盐税、港口的进口关税和其他商业税费。除此以外,商人几乎不向国家交付任何其他形式的费用。手工业主不交任何税费。只有耕农,要交付永久性税费和人头税。

辽阔和肥沃的土地,使得农民得以支付佃租。政府有细密的措施,以免他们税费过重和征收时被欺压。这种分派很容易做到。在法兰西争论计划多次,又最终没有实现的地籍登记,在中国存在已经很久了,尽管这个帝国的疆域是如此的辽阔。

财政部②(Tribunal de Finances)全权负责行政、征税和租税管理。赋税的征收被简单化到极致。村镇的税收被送到三级城市;从三级城市再被送

---

① 即 Sébastien Le Prestre de Vauban (1633—1707),法国路易XIV时期陆军元帅,也是著名的军事工程师、战略军事家和思想家。1707年出版的《王国什一税》一书,提倡税制改革,主张以什一税代替所有旧税,并且逐级累进,最低税率为5%,最高税率为10%,废除贵族和僧侣的免税特权,等等。由于书中对现实有尖锐批评并触及部分阶层利益,后被禁,但是在欧洲广有流传。——译注

② 清朝并无此部。在中央,应为户部;在地方,应为布政使司。其主要负责税赋等事务。——译注

到二级城市；从二级城市再被送到一级城市；最终，再被送到帝国的首都。

在每个县，除了用于政务日常开支而直接消费的部分，还总是留有一笔准备金以备不时之需和特殊需要。这笔资金的数目，根据城市的等级——首都、一级城市、二级城市、三级城市，而逐级递减。所有账目，包括各个省份上缴的税赋、各个城市的准备金、帝国金库库存，全部都受财政部的审查和复核，并登录造册。

皇帝的收入约等于我们的 10 亿法镑①。他可以通过增加新税种来增加收入，但是他很少使用这个权利。他甚至将不使用这个权利，不求助于这种令人苦难的方法，视作他最大的荣誉。

国家每年的花费是巨大的，但是他是唯一的对象和唯一的托管人：一切都受他照管。这些花费是如此的规范，而且安排合理，以至于从不增长，除非有绝对的需求。有时候，如同日常一样，政府还会每年储蓄。储蓄可以增长帝国的总国库，这可以避免在不可避免的战争时期增加新税，或是以备意外的灾害。

中国历史上有过一个时期只使用贝壳货币。而现今使用的货币，只有两种形式：一种是银质的，一种是铜质的。铜钱是圆形的，直径八法分半②。应该指明的是，中国的寸只有十法分长。然而中国的尺，虽然只由十寸组成，却比我们的法尺长百分之一。这种钱币的中央有一个方形孔，钱币正面有两个中文文字，背面有两个鞑靼文文字。

我们毫不谈及这种钱币的辅币，如同我们的德尼（deniers）③之于里亚（liards），以及里亚之于苏（ſous）。我们来讲银币。不用指明其形状，因为根

---

① 据周伯棣《中国财政史》第 420 页所列，乾隆三十一年（1766），清廷财政的白银总收入达到 4854 万两，分别为：地丁 2991 万两、盐课 574 万两、关税 540 万两、耗羡 300 万两、常例捐输 300 万两、落地杂税 85 万两、契税 19 万两、牙当等税 16 万两、芦课鱼课 14 万两、矿课定额 8 万两、茶课 7 万两。另，据《清史稿·卷一百二十一·志九十六·食货二》，"总计全国赋额，其可稽者：顺治季年，岁征银二千一百五十余万两，粮六百四十余万石；康熙中，岁征银二千四百四十余万两，粮四百三十余万石；雍正初，岁征银二千六百三十余万两，粮四百七十余万石；高宗末年，岁征银二千九百九十余万两，粮八百三十余万石，为极盛云"。——译注

② 法分是法国古代计量单位，1 法分约等于 2.25 毫米。 12 法分＝1 法寸，约等于 27.07 毫米。 ——译注

③ 法国古代货币单位，1 苏＝4 里亚＝12 德尼；1 法镑＝20 苏。 ——译注

本就没有固定形状,而且形状毫无用处:它们的重量决定它们的价值。银子被熔铸成大小不一的块状物,但是只是为了便于商业交换:它的固有价值是随时可控的。

在交换当中,人们无法对多少枚小铜币相当于一枚银币的兑换价值提出异议。帝国的衡量单位,一两银,有时等于一千枚大德尼,有时等于八百。最终能够解决这个问题的还是取决于每种货币的内在价值。

中国的德尼的价值的确是等于它的代表价值,甚至经常超过其所含铜质的价值。如果皇帝不是国家疆域内所有铜矿的主人,他将会在制钱过程中赔钱,但这些资源的产出是安全和稳定的。

以下是这种帝国交易的秘密之一。禁止所有工坊将铜钱当作普通的金属使用,同时禁止将铜钱当作普通金属买卖。但是如果铜的价格丝毫不降,这种违法现象也没有被严格追究。如果正相反,铜价超过了其所代表的货币价值,就会从国库中取出足够数量的钱币以恢复平衡。根据有关中国的新近回忆录作者们所说,政府的货币政策是:"从不允许铜价低于其相应的制钱的成本,以避免造假币获利的可能,也不允许铜价太贵,以至于熔化铜币充作普通金属获利。"①

这个政策是智慧的,也不失有效性。政府的另一个关注点是使帝国中存在的所有钱币和银子能够容易流通,甚至是必须永久流通。此方法在于保持两者之间的相对价值平衡,也就是说,这种平衡必须使得银子的持有者不担心将自己的银子与铜币兑换,也使铜币的持有者不担心用铜币来兑换银子;当两者的流通量相等时,总能够实现。政府的监督,就是局限于这些范围。银子变得稀缺了,一些期限内,政府只用银子支付。铜币稀缺了,政府就只用铜币支付。

中国政府认为金银材料的增长会影响国家财富的增长。中国拥有许多金矿、银矿,甚至宝石矿,但都是关闭的。铁矿、铜矿、铅矿和锡矿是开放的。它们的生产和使用被认为是有用的和必须的。

---

① 此段引文未标明出处。——译注

在中国,商业是受到财政部监督的,就如同我们国家当中有关于此的部与其他部的关系是如此紧密。但是中国人在商业上,有一个与欧洲完全相反的系统。他们认为有用的,刨除多余事物,只局限于必需品。因此,他们将广东(Kan-ton)的事看作是有害的。他们说,我们的丝绸、茶叶、瓷器被拿走了:这些物品使得我们省份的物价都涨了,由此,对帝国不可能有好处。欧洲人给我们带来的银钱和那些珍贵的小玩意,对于我们这个国家来说是完全多余的。国家只需要一个相对于总需求的货币量和针对于每个人的相应需求量。两千年前,管子(Kouan-tſé)说过:"商业所带来的金钱,只能给一个国家积累其所带来的财富。长期有利的商业只是局限于必需品和有用物品的交换。通过交换或购买的,奢华的、讲究的或者新奇的物品,都是奢侈品。而奢侈品,对于某些公民来说是属于多余的财富,对于其他人来说就会是必需品的缺乏。富人拉车的马越多,就有越多的人只能走路;他们的房屋越大、越奢华,穷人的房子就越小、越可怜;他们的餐桌越丰盛,就有越多的人只能吃米饭。在一个人口众多的国家,社会上的人通过百工、劳动、节俭和智慧,所能够做到最好的,就是拥有所有的必需品和给某些人提供舒适。"①我们几乎可以猜想《社会契约论》②(Contrat ſocial)的作者看过《管子》。

在中国,唯一被看作是有利的商业,是它与鞑靼和俄罗斯的买卖。这些交易为中国的北部省份提供了他们所需要的毛皮。他们对于与欧洲人贸易往来所持有的厌恶态度似乎是有些区别的。我们在一些公示上看到,当前

---

① 《管子》一书中未查到类似引用文字,待考。 ——译注
② 法国思想家让-雅克·卢梭(Jean-Jacques Rousseau,1712—1778)于 1762 年写成的一本书。《社会契约论》中主权在民的思想,是现代民主制度的基石,深刻地影响了逐步废除欧洲君主绝对权力的运动和 18 世纪末北美殖民地摆脱大英帝国统治、建立民主制度的斗争。 美国的《独立宣言》和法国的《人权宣言》及两国的宪法均体现了《社会契约论》的民主思想。 ——译注

的皇帝刚刚在广东设立了一个贸易商行①。

这个创新将会对中国人有用吗？只有他们才能解答这个问题。造作的财富目前对他们的政府而言完全不需要。如果他们改变体制，还需要时间去落实。那些第一必需品物资将会抬升物价，而中国的众多人口还会在长时间内保持贫穷。这看起来可能有些矛盾，但是我们相信，通过贸易的方式增加一个国家的人口比在一个人口众多的国家引入贸易更容易。

我们来看看一条与商贸有关的条款，其来源可能就是放贷的利息，或是其他借款利息。这个高利贷习俗好像在中国可以上溯到两千年前。很久以来，这种做法时而被允许，时而被禁止，最终，法律允许其中的部分存在。高利贷的利率在法兰西可以被看作是惩罚性的：它们通常不会少于每年百分之三十，而年是按阴历算的。借贷人每月偿付利息的百分之十，但是即使忽略不计月息，或是年息，或甚至是几年的利息，本金丝毫没有被偿还：这就是一条450年以前的法律所考虑到的。以下是这条法律所申明的②：

"凡放贷银钱或是其他财物，只能收取每月三分（fen）利③，不论多少年月的积累，本金与利息保持不变。违反法律者，打四十板，如果造假将利息加入本金者，打一百板。"这就是原文，以下有关于此法的扩展阐述。我们将它抄写到关于中国的新的回忆录中。

"未付一个月利息而被告至官府者，笞一十，两个月笞二十，三个月笞三十，如此直到六十，也就是说直到六个月：欠债人必须偿还本金和利息，但是

---

① 在康熙二十五年（1686），也就是粤海关开关的第二年，广东官府便公开招募那些有实力的商家，最终专门指定十几家商人与洋船上的外商做生意，并代海关来征收关税。中国早期的外贸代理洋行就由此产生了，这也是广州十三行这个清政府特许的商贸垄断组织开始建立的标志。十三行，应是个虚数，有时多，有时少，泛指广州的商行。据统计，从康熙二十四年（1685）到乾隆时期只留下广州1个口岸的1757年，72年间，到中国贸易的欧美各国商船有312艘。乾隆关闭3个口岸后，从1758年至1838年，80年间，到达广州海关贸易的商船共5107艘，是开放4个口岸年代的16倍。——译注

② 未注出处，似乎有谬误。疑为《明律》，正式颁行于明太祖洪武三十年（1397），其中《户律·钱债·违禁取利》有规定："凡私放钱债及典当财物，每月取利并不得过三分，年月虽多，不过一本一利。违者笞四十，以余利计赃。重者坐赃论罪，止杖一百。若监临官吏于所部内举放钱债典当财物者杖八十，违禁取利以余利计赃重者依不枉法论。并追余利给主。其负欠私债违约不还者五贯以上违三月笞一十，每一月加一等罪止笞四十五，十贯以上违三月笞二十，每一月加一等罪止笞五十，二百五十贯以上违三月笞三十，每一月加一等罪，止杖六十并追本利给主……"——译注

③ 一分利是指百分之一的利息。

那些私放钱债者将被判笞八十。"

很难看透,更难深入理解,允许如此过高利息的法律缘由。好几位中国作者研究过这个问题,可是没有人较好地阐明。其中最好的解释是,过高的借贷利率,阻碍有钱人购买过多的土地。拥有过多的土地只会使其困扰,使其变穷,因为土地的产出远低于其放贷的收益。确实在中国,家庭的财产很少会被盗用。我们根本看不到,像在其他地方那样,国家中的一部分人拥有所有,而其余人什么都没有。

第十一章 孝道

每个文明的民族都有其民事法则和刑事法则。通过第一类法则,每个公民可以知道他的权利和尊重他人的权利。第二类法则使他们知道如果违犯第一类法则,如果触犯公共治安和自然秩序所要受到的处罚。这里还有第三类法则,它从道德、习俗那里获得的力量,甚至超过权力。孝道在中国是如此受到尊崇和信仰,以至于我们忘记,没有任何立法者需要做出规定。这在中国并不是一种简单的礼仪和纯粹自然的责任。它几乎等同于宗教,受到极度关注的宗教。

这同时是中国政府最大的管辖权限之一,可以说是灵魂,就如同以前的共和国所崇尚的对祖国之爱。孝道的目的是让君主将他的子民看作是他的孩子,也让子民们将他们的君主看作是他们共同的父亲。古人甚至称其为帝国之父母:东方式的表述,但是很有活力。

在中国,孝道管理着父亲和孩子的权利,以及被看作是所有人之父亲的君主的权利。君主所拥有的权威符合这种称谓,而且从来没有人提出异议。在四千年的历史当中,曾经有过几个不道德的皇帝,也曾经有过几次反叛,但是这些人和事只被看作是打破了天下的秩序的一时现象。事情过去,秩序再次恢复,世界的体系丝毫没有被破坏。

由帝国最久远的哲学家所倡导的、时而被疏忽的敬老传统,被著名的孔夫子(Coufucius ou Con-fou tſée)的教导所实行。孔子只写关于道德的文章,他被看作是中国的立法者,虽然还有其他许多人。以下是他关于孝道这个德行的几个观点,他将它看作是所有德行的基础。

他将所有的观点都归功于古代的帝王们,他们的统治时代是如此的温和、和平和繁荣。他说如果皇帝和高官们给人民做出服从其父母亲的榜样,帝国中就没有人敢于轻视或厌恶自己的父母。由此及彼,国家中会建立服从的秩序,而这种服从会带来平静。因为,他补充说,当每个家庭充满和平,君主的所有子民也会喜爱国家内部的和平。皇帝做出敬老的表率,就会被宫廷里面的高官们所模仿,而官员们再向他们学习,人民再向官员们学习。所有产生的事物,没有比人更高贵的了,因此,人的最好的行动,就是崇敬给他们生命的人。父亲之于儿子,如同天之于其产生的所有事物;儿子之于父亲,如同子民之于其国王。

《礼记》(Li-ki)①也是一种关于孝道的法典。我们说法典,因为它已经拥有了法律权力。这里指出几个段落②。

孝子不需要其父母说话就能听懂他们;不需要他们在面前就能看到他们。

父母在世时孝子什么财产也没有。他甚至不能冒生命危险去救朋友。——这个告诫与我们的道德标准相差甚远,我们的更有好处。

孝子应避免进入黑暗之处或是登高,因为他的声誉不是他自己的,而是其父母的。

父子不同席。

父母有悲伤,子不出访或待客。他们生病了,子不梳头,不整理衣装,言语不详;不接触任何乐器,尤其要避免发怒。

尊礼③的儿子,关照其父母的冬暖夏凉,早晚到父母卧室探视,保证什么都不缺。

子出门必告知其父,回家必向其父致敬。

父母在,不言老和高龄的话题。

在父亲家里,从不住中间的房间,从不从门中间走。

听到父亲的召唤,子必须放下一切,立即到父亲面前。

---

① 《诗经》《尚书》《礼记》《周易》《春秋》被称为"五经",Li-ki 即古典经书中的第四本《礼记》。——译注

② 此段摘录比较混乱,也有曲解之处。大部分内容估计取自《礼记·卷一·曲礼》:"听于无声,视于无形。""孝子不服暗,不登危,惧辱亲也。父母存,不许友以死,不有私财。""父母有疾,冠者不栉,行不翔,言不惰,琴瑟不御。食肉不至变味,饮酒不至变貌,笑不至矧,怒不至詈。疾止复故。"——译注

③ 就是遵守孝的规则。

子失去父母，永远不穿鲜艳的服饰。长期并严肃地守孝，斋戒是必要的。在此期间，只有在生病时才能吃肉，也唯一在这个时候，他才能喝酒。

子与父亲的朋友相交，只在被其邀请之时，也只在被其允许的时候退出，并只能回答其问题。

当与长者同行时，不能转头与他人讲话。《礼记》中补充，有你双倍年龄的人，就像父亲一样尊敬他，比你长十岁的人，就像兄长一样尊重他。

居丧之礼，五十岁的儿子不必遵照规定的守孝期来消瘦自己；六十岁的更可缩短；七十岁的只限制衣装的颜色。

当一个文人将要离开他的故土的时候，要围住他说："怎么！您要抛弃祖先的坟墓吗？"

如果建造堂室，要先建造祖先堂。骨灰罐必须在其他罐子之前买好：即使再穷，不能再卖出，也不能砍陵墓中的树。

父母存在，儿子对他们的责任一直存在。即使父母人品不好也要尊重他们，隐藏他们的缺点，并在他们面前回避所知道的缺点。但是可以劝告他们，直到三次。他的劝告不被听取怎么办？他难过但是他保持沉默，并继续服侍其父母。

子与父同行要尾随其后一步的距离。弟对兄也要同样。

从不与亲属断亲，也从不与朋友断交。

如果有子试图伤害其父母，所有军官、家仆都被允许杀死这个弑父者。其房屋将会被摧毁、铲平，房基改为污水池。

这条由周（Tchou）定公（Ting kong）[1]颁布的法律似乎是被整个帝国所接受，但是很少有人认真执行它。公旦因为没有预先估计到这类罪行而严厉惩罚了自己，或者说是为了给自己治下的耻辱赎罪：他惩罚自己禁酒一个月。

为父母守孝者[2]免除一切公务。这同样适用于八十岁老人的独子和所

---

[1] 西周后期重要大臣，周公旦的后裔，此处周定公疑为周公旦之误。——译注
[2] 指守孝期三年的时段内。

有九十岁老人家庭中任何一个唯一能够服侍生病的老人的人。

这是怎样的精神！怎样的适宜政策！怎样的人道教育！这里还有另一种类型的条款,值得研究的内容。

父之仇人不共戴天。兄弟之仇人在世就不放下武器。不与朋友之仇人生活在同一个国家。①

有人问孔子,一个儿子怎么去对待父亲的敌人？这个哲学家回答说："他睡觉时应该穿着孝服,枕边放着武器。"

这两条好像与判处杀人者死刑的法律相反,因为即使是自卫杀人也判死刑。应该认为这条法律包含有例外,针对为父报仇或保卫父亲的人。

我们已经知道中国的皇帝被看作是整个国家的共同父亲,孝道也是他要遵守的,他在继承父位之前要做出孝的表率。他只是在完成守孝期后才能正式继位,而这个守孝期也是三年。其间,由一个官员团体执掌政权。

对于死者的尊重等同于对其高龄父母的尊重,只要他们还活着。一个行进在帝王大路上的队伍,主人从不会忘记抚慰死者的父母。

皇位继承人受到父子间相互义务和王子与子民之间相互义务的教育。他被反复告知子对父的义务,同样还有作为一个父亲的责任；一个王子,为了王位而生,在学习和了解其子民的职能的同时,还学习君主的职权,学会领导,学会使人服从。

为了保证孝道的贯彻,行政和法律共同辅助道德伦理。帝国所有的公立学校都教授孝道,这甚至是首先的和最细致的教育。法律同时在细节上规范了父母和孩子之间的相互责任、兄长和弟弟之间的相互责任、丈夫和妻妾之间的相互责任、叔伯和侄子之间的相互责任等。国家也一向对应尽孝道的子民奖惩分明。

为了维护孝道,被中国的帝王所使用的最有力的方法,自古就是给予值得奖励的孝子的父亲崇高的荣誉,不管他是否在世。我们要讲述的一个例

---

① 请见《礼记·曲礼上》："父之仇,弗与共戴天。 兄弟之仇,不反兵。 交游之仇,不同国。"——译注

子很古老,但还是以它为例,因为它令人震惊。文子(Chouantzée)的儿子曾经做过卫(Ouei)的国相。他父亲死了,于是向卫王要求为其父追封谥号。卫王回答说:"国家饥馑,您的父亲向饥民布施大米,多么慈善!国家将倾,您的父亲舍命救国,多么忠诚!国家的管理托付给了您的父亲,他设立了许多优秀的法律,保持了和平和与邻近国王的团结,并且保证了我的王国的权益和优势,多么智慧!因此,我赐给他的谥号是贞惠文子(Tchin-ouei-oven)。"①父随子荣,但是在中国,父亲拥有其儿子所能得到的所有最佳荣誉。

我们还会再提起这段有关道德和习俗的文字,因为在这个特殊的帝国,孝道既属于道德习俗,又属于法律。证据就是,皇帝本人与其最低等的子民一样遵守孝道。不遵守孝道,将会是他最大的政治错误。尊父从各个家庭开始,逐级上溯,直到大家共同的父亲,他再以一种宗教仪式的方式崇敬其祖先,或是如果其母亲尚存,就以身作则来尊崇她。在全世界,不论任何阶层,没有任何母亲能够享有如此显著的、如此确定的和如此公开的尊崇。尤其是每年的第一天,要按照十分隆重和繁复的方式进行。我们这里通过几位亲眼所见的证人所述,简单描述一下。

太阳刚刚从地平线升起,所有官署的官员们都来到皇宫,在皇位大殿②与皇宫内门之间的庭院里,按照他们的级别分别排列:他们都穿戴着朝服。王侯们和皇亲国戚们的穿戴装饰与众不同,也同样在庭院里,按照他们各自在帝国中的地位列队。皇帝从寝宫出来后先去皇太后那里请安。虽然路程不远,他还是乘坐轿子去。皇后的寝宫③处于皇宫里面,离皇帝的寝宫只隔几个庭院。"那些手持帝国徽章的人,也就是说手持权杖、长矛、大旗、军旗

---

① 未注明出处,请参考《礼记·檀弓下》:"公叔文子卒,其子戍请谥于君,曰:'日月有时,将葬矣。请所以易其名者。'君曰:'昔者卫国凶饥,夫子为粥与国之饿者,是不亦惠乎? 昔者卫国有难,夫子以其死卫寡人,不亦贞乎? 夫子听卫国之政,修其班制,以与四邻交,卫国之社稷不辱,不亦文乎? 故谓夫子"贞惠文子"。'"需要说明的是,此处贞惠文子的例子并不能很好地佐证段首所说的帝王维护孝道最有力的方法便是给予值得奖励的孝子的父亲崇高的荣誉这一说法,因为文子获得"贞惠文子"的称号并不是因为其儿子的孝顺。 ——译注

② 应指太和殿。 ——译注

③ 前后文矛盾,怀疑应该指皇太后的寝宫,而非皇后的寝宫。 ——译注

等物品的人，一个个紧挨着，走不了几步，就来到了皇太后寝宫前的第一个庭院里面。他们在那里排成两列。官员们也同样排列成两队，而王侯们和皇亲国戚们排成第三列，直接面对皇太后的太后大殿①。在庭院的前庭，皇帝从轿子上下来，步行穿过院子。皇帝不是通过正中央的台阶，而是通过东面的台阶走上与皇后大殿②相连接的平台。当他走到带有顶棚的前廊时，一位礼部的官员跪倒在地，向皇后③呈上皇帝的奏疏，并请求她登上宝座以接受其谦逊的跪拜。太监官接过奏疏，送到里面。太后身穿礼服，从她的寝室出来，身后跟着她的所有随员，走上她的宝座。太监官知会礼部的官员，通常会是礼部尚书。他再跪倒在皇帝面前，请求他向其尊贵的母亲施以孝道的礼仪。皇帝在正对太后宝座的长廊上前行，立正，袖子放下，双臂下垂。庭院里面的王侯们和在旁边庭院的百官们做出同样的举止。音乐起，奏起'平'④（Ping）曲，曲调很祥和。一名官员高喊'跪下'，皇帝、王侯们和所有官员立刻都跪下了。稍后，他高喊'跪拜'，所有人都面朝地跪拜。他喊'起身'，所有人立起身体。等到跪拜三次以后，他再喊'起身'，皇帝、王公大臣们站起来，保持下跪前的站立姿态；然后，他们再次跪下，跪拜三次，再站起来，再跪下跪拜三次。九次叩首完成，礼部官员向皇太后跪下，呈上皇帝的第二份奏疏，请皇太后回到她的寝宫。奏疏被送到大殿里面，皇后⑤离开宝座的音乐奏起。皇帝的音乐附和着。随后，礼部官员跪倒在皇帝面前，向他报告仪式结束并请他回转寝宫。皇帝的音乐吹响，皇帝重新从东边的台阶走下，步行穿过庭院，在他下轿的前庭上轿。随行卫队的秩序与来时一样。此时，皇后在嫔妃、公主和所有内宫女官的陪伴下，按照同样的仪式，也来向皇太后请安。对于皇帝，他会临朝一些时间，接受王公大臣、文武百官、国内

---

① 应指慈宁宫。——译注
② 前后文矛盾，应指皇太后的宫殿，而非皇后的寝宫。——译注
③ 前后文矛盾，应指皇太后，而非皇后。——译注
④ 可参见《清史稿·卷九十四·志六十九·乐一》："其三大节、常朝及皇帝升殿、还宫，俱奏中和韶乐，群臣行礼，奏丹陛大乐。亲祭坛庙，乘舆出入，用导迎乐，乐章均用'平'字。宴享清乐，则以乐词之首为章名。""皇太后、皇后三大节庆贺，皇帝大婚行礼，皆丹陛大乐。"——译注
⑤ 前后文矛盾，应指皇太后，而非皇后。——译注

或国外的诸侯国和藩属国的跪拜。"

这个仪式在任何细节上都很严格。这里有一个显著的证据。皇帝除了元旦的仪式,必须每五天一次向他的母亲请安。现任皇帝已经有六十三岁①了,也没有被免除一次这个任务及其仪式。在寒冬之季步行穿过庭院很不舒服,尤其是当北风刮起来的时候,然而皇帝丝毫不会想要取消这个习俗。除非皇太后公开颁布懿旨宣布免除并登记造册。为了皇帝宝贵的健康,她在懿旨中指示其儿子通过寝宫侧门来探望她,并且可以在到达门前的长廊时再下轿。

一个新登基的皇帝,如果其母亲还在,只能在向其母亲请安之后,才能够接受王宫大臣们对他本人的请安。

在咨询他的母亲意见以前,他不挑选任何一个女人,不赐予其孩子任何领地,对皇亲国戚不做任何规定,不赐予其子民任何赦免,等等。甚至似乎是她在主持所有这些活动,她以皇帝的名义向整个帝国发号施令。皇帝好像只是服从于她,因为他特别宣布谕旨与皇后②的懿旨并行;而懿旨本身如果没有与谕旨相连,并没有法律效力。

最后,让我们记住在中国的准则,君主的孝,超过其所有子民的德行;任何一个坏人,都首先是个坏儿子;如果孝道遭受侵犯,所有道德都会遭难;夸奖自己的儿子就是自我炫耀,指责自己的父亲就是自我惩罚;所有侵犯孝道的行为都是公共的灾难;所有发扬孝道的行为都是国家的荣誉。

最后讲一个普通但是深刻的道理:"跪下吃奶的羔羊,就是孝顺其母亲"③(L'agneau qui tette à genoux arrête ſa mere)。

简而言之,这些就是中国人在孝道上的原则。这一章节中的某些段落毫无疑问会使法兰西读者感到惊愕,它们有时也使我们惊愕。我们在有关道德和习俗那一部分还会提及它们,并且会看到这种独一无二思想的特殊缺点。对政府而言,发扬它们也的确比限制它们更有利。

---

① 估计是1774年,乾隆三十九年左右。——译注
② 前后文矛盾,应指皇太后,而非皇后。——译注
③ 疑出自《增广贤文》,其中有:"羊有跪乳之恩,鸦有反哺之义。"——译注

第十二章　内务行政

在中国,人们并不太了解其他形式的行政。这个辽阔的帝国与其最近的邻国也很少有联系。与某些喜欢侵占他人领土的民族相比,中国人总是喜欢聚集在自己的家园里。

如果有什么东西能够证明这个帝国的古老,那么就是它自多个世纪以来所建立的惊人秩序。没有任何完整的和完善的制度能够快速形成,而我们看到的是,存在了两三千年的、经过了时间考验的制度,其本身也只能是长时间经验累积的结果。

比如就说这个古老的惯例,即每年一次的,分别按照家庭、县和省为单位的帝国户籍统计。这份名录包括所有人,不分年龄、性别或阶层。它无所不包,但是还有第二份极为特殊的名录:它只包括自十六岁到五十岁的平民,任何一个超过此年龄段的人名都会被删除。它最终的角色是用于徭役管理,用于一般搜寻,也便于警察职能的实行,等等。至于户籍统计,它们是合乎法律的,并且被仔细保管。在任何情况下,或是对于政府,或是对于个人,这都是一个随时可以提供个人状况或者家庭状况的资源。这个统计也用来评估受灾的人员数量,包括由水灾、地震和流行疾病等所造成的灾民;用于了解饥馑之年所需的救助、农业的状况和收成、能够或需要增加多少工场、每个县府所能够提供的文官和武官的数量。部里拥有一份详细的各县土地说明:它们的肥沃程度和所种植的物种。对于被称作也被看作是众人之父的皇帝,自然需要知道应该向哪些县府提供救助,多少人需要救助。帝国的仓库和粮仓就是用来做这个的。

这些仓库备有一切物资,随时可根据需要,为意外灾害提供救助。任何事件都不会超出政府的预备,政府了解所有必需的花费,适时地、庄重地和毫无困扰地使用这些仓库备用物资。这就是自很久以来,在这个重要地区所建立的秩序的果实。所做的任何事情都是有证明的,几乎是在皇帝的眼皮底下。各官署向他递交汇报,在其中陈述需要做的事情:他接受或者驳回。在第一种情况下,各官署负责监督敕令的执行,并向他汇报所花去的费用。所有事情都按司法程序办,都受到监督。作弊十分罕见,几乎成为不可能的事。

我们推测中国有限奢法令。这个经济法在细节上规定了所有不同年龄、不同阶层之人,在不同季节的衣着和这些衣着的价格。皇帝本人也不例外。根据他所参加的各种宗教的、政治的和宫廷的不同仪式,他的礼服的奢华程度也不同。各个社会阶层的衣着打扮被这经济法规定得如此之细,以至于人们可以从第一眼就能区别出不同穿着属于哪个阶层。规定是如此周密,以至于它阻碍了富人的奢侈但却一点也不妨碍穷人。

皇太后的服装和使用物品相比皇帝的要奢华得多。皇后的规格与皇帝的相仿。同样,公主们的规格与她们所嫁的王侯们相同。

孩子们在家庭节庆之时会身穿礼服,为了使他们的父母更加荣耀。但是大人们和孩子们都极少能穿上礼服,也就是说,只能在法律规定的情况之下才行。皇帝本人就是穿简易服装的榜样,除了那些重大仪式,他在穿着上从不炫耀。

的确,他的宫殿在欧洲看起来就像是一座城市,而从它的无比宽阔的内庭来看简直就是个城市,但这也就是皇宫中最值得称耀的场所。八座大殿,巨大的厅堂,众多的立柱,但只是经过粗糙的雕琢,花园大得像农田,许多叫作凉亭的亭台散布其间,这些就是皇家宫廷的组成。皇帝拥有许多这类的宫殿。每个省会都有一座,作为总督的居所,在其他相对次要的城市里也有此类行宫,作为当地官员的居所。这些行宫比那些省会的行宫也不一定差。

这些宫殿都是相当的豪华壮丽。在没有桥梁的河流上搭建桥梁,在没有河流的区县挖掘沟渠,这都是真正有用的壮观景致。人们根据河流和沟渠的数量来建设桥梁:这些桥梁有三个、五个或七个桥拱,中间的桥拱有时有三十六法尺甚至四十五法尺宽。它很高,以便于船舶不用降低桅杆就能通过。左边和右边的桥拱只有将近三十法尺宽。它们的高度根据桥的斜坡程度而逐渐降低。

有些桥只有一个桥拱和一个比较薄的拱顶,而任何车辆都被禁止通过它。中国人的确一般只用挑夫来搬运他们的行李,哪怕是从一个省运到另一个省。

我们可以体会那些河渠是多么的有用,尤其是对那些开发良好的国家,而中国就是比其他所有国家开发得更好的国家:它的境内拥有大量的河渠。所有的河渠都是可以行船的,都有十到十五托阿斯①(toiſe)的宽度。它们的堤岸都统一用一种切割好的细腻石料铺就,就像是一种深灰色的大理石。它们的建筑和维护的费用都由政府来承担。

那些可以行船的河渠使得每个省份都可以轻易地向其他省份运出它多余的物资,并接收它所需要的物资。

农业是中国人主要的也几乎是唯一的收入来源:农业被他们看作是首要的产业,因为社会从中获得最多的利益。农民拥有很大的特权。商人和艺人的地位比农民更低些。

在中国,一部分粮食被允许用来制作啤酒和白酒,但是如果年成不好,政府就会立即暂停这类制作。

中国的皇帝们不仅仅局限于颁布利于农业的法令,他们还通过做榜样来鼓励百姓。皇帝亲手耕犁土地的著名仪式,经常被我们的书籍所提及,以下就是这个仪式的细节。

在中国,春天总是从二月份开始,但不是总在同一天。这个时刻由钦天监(Tribunal des Mathématiques)推算。礼部通过一个备忘录告知皇帝,其中同时详尽说明所有需要皇帝在仪式中所做的事情。皇帝首先任命十二名最尊贵的人陪他一同耕地。十二人中有三人是亲王,九人是尚书②。如果尚书

---

① 法国旧长度单位,1 托阿斯相当于 1.949 米。 ——译注
② 估计引自"三公九卿"。 参考《康熙起居注册》康熙十一年(1672)二月二十日,康熙十九岁时第一次到先农坛祀神耤田。 其时三亲王为:康亲王杰书、裕亲王福全、简亲王喇布;九卿为:吏部左侍郎王清、户部尚书米思翰、礼部尚书哈尔哈齐、兵部尚书明珠、刑部尚书莫洛、工部尚书王熙、都察院左都御史多诺、通政使司左通政任克溥、大理寺卿王胤祚。 ——译注

的年纪过大或者身有不适，就由侍郎替代他们，但是必须经过皇帝批准。

节日由皇帝向上帝①（Chang-ti）（也就是最高生灵）所献的一个祭礼开始。皇帝需要事先斋戒和禁欲三天。陪他的人也需要遵守同样的规矩。另一些人由皇帝任命，在举行仪式前夜跪在皇帝的祖先塑像前，以告知他们第二天将要举行的祭礼。

皇帝举行春天祭礼的地方，是在一个离城几百米远的小土坛上，应该有五十四法尺的高度：这个高度是严格的，是由礼仪规定的。皇帝以祭司（Souverain Pontife）的名义祭祀。他祈求上帝将丰收赐予他的子民。当他从坛上下来时，跟随着将要陪同他亲耕的三个亲王和九个尚书。亲耕的土地离土坛不太远。四十余名农夫已经被安排给耕牛上犁，并为皇帝准备好播种用的种子。种子有五种不同的品种，被认为是最基本的。它们分别是麦、稻、黍、菽、稷，最后一个被中国人称作高粱（Cao-leang）。这些种子都事先由高贵的人士装在精致的盒子里面。

皇帝扶着犁耕过几条畦，其后亲王们，再往后尚书们跟随着耕地。随后皇帝将我们刚刚提及的五种种子撒在土中。这些事完成之后，根据皇帝的旨意，那四十名准备耕犁和种子的耕农每人会被赐予四匹棉布，用来制作他们的衣服。同样的赏赐被赐予其他四十几名前来观看仪式的老者。可以看到，这些赏赐一点儿也不奢华，但是可以肯定的是，仪式是隆重的和令人鼓舞的。

中国人对农业的专注，还同时被他们对其祖先的尊崇所加深。据说，是神农（Chin-nong）——他们的上古皇帝之一，向他们传授的耕作。他被看作是这门艺术的发明者，人们直到今天还一直祭拜他。另一位上古的皇帝舜，曾经被著名的尧帮助拉犁，并任命他做大臣。其后，尧指认他作为继承人，尽管尧有自己的儿子，但是他觉得王子不配继承他。舜的做法和尧一样，其后他指认了禹作为继承人，禹起初的经历和舜一样。

我们不能用针对我们的耕农的眼光来看待中国的耕农，尤其是有关教

---

① 按照清朝皇帝亲耕耤田礼，应该是在先农坛祭祀神农，即炎帝，而非上帝。——译注

育所带来的知识。众多的免费学校遍布中国的各个省份,直到村镇。在这些学校里,穷人的孩子和富人的孩子们一样,他们的义务和他们的学业都是一样的。老师的关注对他们是平等的。在这些默默无闻的源泉中经常会冒出在上流社会舞台上出众的人才。在中国,我们经常会看到一位农民的儿子治理着一个省,而其父亲曾经长期在这里耕种一小块土地。这位父亲,离开了耕犁,进入到更高一阶层,他还可以根据他所接受的初级教育,尤其是如果他足够聪明,得到一个新的工作。

我们曾经严厉地指责中国的杀婴和弃婴行为。我们推测这两种行为都不被法律所允许。它们的数量也没有像在欧洲所公布的那么多。的确,我们在杜赫德神甫的传记中读到:"有时某些中国人遇到了无力供养众多的家庭成员的时候,就要求接生婆将刚刚出生的女婴溺死在水池当中。"有时不等于经常,但是对于人类的尊严来说,这毫无疑问还是太多了。中国人在这方面如同斯巴达人(Spartiates)一样,将所有不健全的婴儿抛入欧罗塔斯河(Eurotas)当中去,他们之间所不同的是,在斯巴达(Sparte),这个罪行是合法的;而在中国却不合法。杀婴行为常常是狂热的偶像崇拜所产生的后果,而这种狂热只是在底层民众当中占有一定支配地位。为了服从某个和尚的神谕,或是为了摆脱某种命运,或是为了完成某个心愿,这些可怜的孩子被扔到河里:这是对河神的祭奠。所有古老民族,至少差不多所有的,都有类似的可怕污点,但是这都远不如中国政府所显示的宽容。我们知道一名官员的事迹,他出于对这种野蛮迷信的愤怒,以向河神报信和祈愿的名义,将参与谋杀的主犯和同谋抓住,一个个扔到江(Kiang)里。此外,这些罪恶的祭献只是发生在中国某些地区,那里的民众对偶像崇拜极为狂热,极其无知并且充满了偏见。

我们在河中见到漂浮的婴儿尸体,也常常是死后被扔到河里的,在街头见到的和在路边见到的婴儿尸体也常常是这样的。这主要是因为贫穷才使得父母们采取这种可怜的办法,因为这样一来,死婴的丧葬费用就由政府部门承担了。

再来谈谈弃婴的问题。这在中国是个被容许的习俗。弃婴们每天早上由政府部门收容，并由他们抚养。这是警告人们只能在夜里弃婴，也是鼓励夜间弃婴，而这个政策是符合人道的。

奴隶制在中国是被允许的，但是中国人没那么苛刻。在这里，如果一个奴隶的卖身契中含有赎身的条款，或是即使没有这个条款，可他的主人同意，也可以为自己赎身。中国人也有受雇佣的佣人，但是他们如果觉得主人不好，可以离开主人，主人也可以随意解雇他们的佣人。行政机构丝毫不介入，也不干涉。

但是鞑靼-中国人，也就是说这些后继的中国的征服者，一点儿也不了解这个限制，他们的奴隶是永久的，除了主人的意愿，奴隶们无法改变自己的命运。

以上这些就是有关行政的描述。我们以后在有关道德和习俗的部分还会谈及这些内容。

在中国，也存在着这么一类人。东方式的嫉妒使得这类人自古就被区别于自然禀性的人类——这就是太监，但是他们的数量并没有在欧洲传说中的那么多。没有任何法律允许残害肢体，这种行为甚至被孝道所谴责。这些为皇帝和皇后服务的太监们所参与的工作也是被人瞧不起的。大部分人的工作只是清扫宫廷院落。

制定历法在中国是一个行政事务。每年都由皇帝出资颁布一部历法。它由钦天监完成，但是星相法是它的基础。我们可以拿它与列日的历法（Almanach de Liège）做比较，在其上再加入一个单子，随机标明一些吉利日和不吉利日。

《邸报》的主要内容都是涉及国务政策的。它每天在北京被印刷，并由此传向所有的省份。它涵盖了所有行政方面的事务，而行政事务是无孔不入和深入细节的：救援、相应的惩罚或奖励。我们可以在告示（gazette）中看到被撤职的官员名单和他们被撤职的原因；要么是在履行他们的职务时纵容或过分严厉；要么是太贪婪；或者是他们被认为无能。我们通过它也可以知道升迁者的名字和其业绩及由于无能而降职者的名字。它讲述了所有涉及死刑的刑事罪恶、被解职官员的继任者、各个省份的灾害、政府的相应救助、政府的军队开支、公共开支、公共设施的建设和维护开支、君主的善行,我们甚至能够看到各部向皇帝上的谏书,有关他的决定或者他的个人行为,有时涉及所有这些。这期间,《邸报》中不会印有任何还未向皇帝呈报的内容,或者未通过皇帝认可的内容。任何敢于在此内务通告中插入假条目的人都会被处以死刑。

没有皇帝印玺的任何文书都没有法律的审判效力。这个玉玺长宽大概都是8指,由一块中国最珍贵的碧玉做成。只有皇帝才有权利拥有如此的玉玺。那些赐予亲王们的印玺是金的;授予总督等高官的是银的;而其他等级低一些的官员或法官的印玺只能是铜的或是铅的。根据官员的等级和官位,印玺的形制大小是不同的。一旦某个官员的印玺磨损坏了,他必须知会他的上级机关,以便被给予一个新的印玺,但同时也必须将旧的印玺交还。

皇帝也赐予向各省派出的每一位巡按①(Viſiteur)一枚御印。这些御史(Députés)的任务就是检查巡抚、法官和老百姓的行为。他可以传讯总督。总督如此权重的首领如被传讯也必须前去。对于级别高一些的法官,他会立即成为巡按的囚徒,暂时被免除一切职务,直到他证明自己的行为是完好的为止。对于总督,正相反,他可以正常履行自己的职务,但是一般来说,巡按的报告决定了他们共同的前途。就像这些御史的存在,取决于他们的报告的准确度。

我们再多讲一些,这里最值得钦佩的地方是皇帝本人有时自己充当某些省份的巡按。康熙,中国最著名的君主之一,在18世纪初,在一个类似的情况之下,留下了一个值得记忆的严厉惩戒案例。有一天,他稍微远离了自己的随从,看到一位老者在辛酸地哭泣。"您怎么啦?"皇帝问他。老人并不认识他,回答说:"大人,我只有一个儿子,他是我全部的希望,将来会是家里的支柱。可是一个鞑靼官员把他抓走了。我没有也不奢望得到任何帮助,

---

① 清朝时应称为巡按御史,隶属都察院。——译注

因为像我这样一个卑微的穷人,面对一位有权势的人,是无法得到巡抚的公正裁决的。""他们会把他还给你的,"皇帝回答说,"骑到我的后面来,带我去找抓您儿子的人。"老人同意了,他们一起走了两个小时的路,来到那个对此丝毫没有准备的官员家中。

  皇帝的随员们几乎同时到达这里,并占据了那个官员家的里里外外。官员无法否认自己的暴行,他被皇帝判处砍头,立即就被处斩了。皇帝转向老人,用威严的口气说:"这个刚被处斩的死刑犯的职务交给您了,请比他更谨慎地执行权力,以他的过失和所受的惩罚为戒,不要也像他一样成为其他人的前车之鉴。"

第十三章　续前章，总督和各个省份不同官员的职责及军政管理

一个省的总督称作"Tʃong-tou"，总是由一品官员担任，他在自己的辖区内拥有几乎无限的权力。他巡视自己的省份时极尽排场，甚至在普通的场合也是如此，他出行时的随从从来不会少于百人。他所受到的尊敬，等同于人们向他所代表的皇帝的尊敬。每个省份的贡税都会交到他这里，他会根据惯例留下一部分用于本省的费用，再将其余部分运到帝国首都。所有诉讼都归结到他的法庭。他可以判处罪犯死刑。但是他的法令，甚至帝国的都尔奈勒（la Tournelle）的法令①，都只有在被皇帝批准之后才能够执行。

每个县（Hien）②都有自己的县官。他负责管理司法、处理民事纠纷，或者惩罚犯错的人。他也负责接收每个家庭应向皇帝缴纳的贡税。

总督每三年向朝廷递交报告，有褒有贬地评估其下属官员的品行。这些评估涉及官员们的命运。他们要么保留职位，要么就被撤换。

总督之上也有监察官。巡按御史（Viſiteur de Province）们同样可以使用总督针对其下属的武器。评价不高的总督会受到相应的惩罚。根据同样的规则，评价高的总督就会得到奖励。

有些问题严重的官员会被解除职务。另一些只会被降几级，如果那个级别存在的话。因为如果一下被降十级，就什么官阶都没有了。有一个只在中国存在的现象，就是被降职的官员，必须在本人发布的指令之前注明自己被降了几级。比如，他会说："本人，是什么官，被降三级，或四级，或六级③，命令什么什么。"

这些下级官员直接被巡按御史监察。如果罪行严重，巡按御史有权将

---

① 都尔奈勒是一座中世纪建造的镇守在巴黎塞纳河旁的军事要塞。此处的都尔奈勒的法令喻指军事法令。——译注
② 或每个辖区。
③ 根据他的情况。

他们撤职。只有在不紧急的情况之下，御史们才会向朝廷请示。

在北京的官署当中，从来不会允许同时有父子、兄弟、叔父或者爷孙任职。在外省的同类官署当中，四代以内的亲属不能够同时任职。

政府对于官员们的关照，就如同对他们所彰显的公正一样。超过六十岁的官员，会被安排在离他们的出生地最近的区县。那些被迫停止工作的官员，不管是因为疾病，还是因为守丧，或是需要回到年老体衰的父母身边，都被尽早地差遣回家。在气候不好的地方当差的官员，其当差的时间也被缩短。

鞑靼官员在两种情况下可以请假并被准假：为了去家乡探望生病的父母或祖父母；为其兄弟送葬或参加其葬礼。他们的丧假比汉族人短，限制在百日之内。

所有官员，不管是汉族人还是鞑靼人，不管是文官还是武官，每三年就需要提交一份有关自己任职期间所犯错误的报告。对于这类述职报告，四级及以上的官员由朝廷审议，四级以下的官员由巡抚衙门审理。这还不是所有的，政府会派人检查，核实这些述职是否与事实相符。政府需要了解哪些官员是勤勉的，他们是否遵守并执行政府的法令，他们有什么才干，多大年龄，是否年老力衰，是否大方、严厉，或是过于严酷，或是过于宽容，他们的评价与其资历是否得当，等等。

所有此类信息都被归集到吏部（Tribunal des Mandarins），在那里受到审理，并根据好坏将所有受到政治审查的官员分成三个等级。第一等的官员是需要奖赏或晋升的；第二等的官员将会受到警告和普通评价；第三等的官员将被更换职务或被永远革职。第三等中的少部分人被留职察看，但是他们的俸禄，甚至相应的礼遇都被撤销。

所有能够勤勉地、忠诚地和智慧地完成使命的官员都会得到奖赏，可一旦谁犯了严重罪行，压迫百姓，或者引发生活必需品供应匮乏，他就不会只是被简单地调动，而是被大理寺（Tribunal des crimes）传唤。

所有一品官，巡抚、总督、提督等，都可以为自己的儿子谋求工作，即使其儿子还没有任何官阶。他们的儿子可能用受到的教育代替了官阶。尽管如此,这种优待并没有什么后果,因为只是涉及一些不重要的职位。重要岗位都需要靠功绩来获取。

文官的儿子中的一人,也可以获得此类小职位,在首都是直到四代以内,在外省是直到三代以内。二品武官的子弟也可以得到同样的工作,但是他们必须事先在翰林院学习三年。

我们已经看到,在中国,子孙可以为父辈带来荣耀,反之则不行。子孙的错误也可以反溯到父辈。任何犯了罪的官员,不管是针对其国家,还是针对其人民,他祖先的墓葬都会被降级。另外,丈夫和儿子同为官员的女人,可以在原有的称谓前加上"太"(très)这个高级称谓,而其他女人不可使用这个词。

我们已经介绍了中国军人的待遇和纪律,相对于其行政管理再多说一点。不管是军事训练还是对于民法的尊重,任何事情都没有被忽视。这其中最后一点做得很成功。帝国的军人,比普通民众还要温顺平和。这种例子在欧洲是看不到的。

大部分鞑靼人要么居住在北京周边巨大的军营里面,要么居住在乡下。每一个普通士兵的家庭都拥有一个齐备和独立的居所。军营里有军官们各自相应的住所,也有公立学校。青年鞑靼人在其中得到很好的教育。这些军营对于治安也起到了很好的作用。

大部分军职是由鞑靼人担任的,并不是因为鞑靼人比汉族人更好战,而是因为这是维持他们的征服的聪明举措。一次征战需要两年的兵役,其间每个人的优异表现,勇敢或是智力过人处都被记录在案。如果他没有死,这些记录可用于他的晋升。如果他战死了,其遗孀、儿子和兄弟将得到他应得的奖赏。儿女众多的父亲、独生子和寡妇的儿子都不必去打仗,除非国家处于危险之中,或者遇到什么紧急情况。政府会向任何参加征战的人预付酬金,酬金是双份的,一份给他本人,一份给他的家人,直到他回家。

任何对国家的服务都不会被否定或者遗忘,尤其是兵役。但是由于战争不能总是延续,对于军人的重视似乎也会随着战争终止而停止。政府总是在危机时期授予勋章、奖赏等所有荣誉。奖赏的范围直到最低级的军人,直到他们中的每一人。一名普通骑兵,或是一名普通士兵在战斗中牺牲,他的家人将会收到他的发髻,或是弓,或是军刀等,作为家庭墓葬中其尸体的替代。他的家中同时会收到一份符合其功绩的颂辞作为墓志铭。牺牲军官得到的待遇更优,他的全套铠甲,或他的骨灰,或遗骸将会被送回家中。给予什么待遇取决于他的军衔或功绩,或是为他建墓地,或是为他立碑。军官的遗体或者普通士兵的发髻经常被运到一千里、一千五百里外的家中。他们的名字会被登记在告示当中,由此被大众所熟知,并且也由此进入帝国的历史之中。

完成使命所得到的奖赏是迅速的,未完成任务所得到的处罚也同样是快速的。但有一点,一名高级军官的降职或撤职,并不影响他的儿子。其子在被皇帝询问家庭情况的时候,冷静地回答说:"我父亲在此事上处理不当被降级,我的先祖犯了某罪被砍头。"这种坦诚不会给他带来任何问题,他甚至可以以他的忠诚服务,在将来为其先人恢复名誉。

第十四章　续前章,皇族事务的管理

一个广袤帝国的管理者,他愿意统治好国家,甚至似乎关注到每一个家庭,他也不会忽视管理自己的家庭。本书已经涉及有关中国皇族的事务,与欧洲不同,他们的生活状态、他们的荣誉和他们对行政事务的影响,与他们的现实地位并不相符。他们只拥有一些很简单的特权,并且只能受到宗族的审判。他们的财富和地位并不能给他们带来什么其他的好处。在这个秩序井然的帝国之中,所有人都要接受审查,人们只有从黄色的腰带能够辨别出其皇族身份。

然而,这个黄色腰带只属于帝国奠基者的那些直系子孙。这些子孙们,不管是男孩还是女孩,他们的名字、出生年月日,都被登记在专门的黄册之中。黄橙色的腰带是属于旁系亲王的。他们的名字被登记在红册①之中。只有皇帝本人有权力决定宗族亲王们的称号。其他人的名字都不许与这些亲王的名字相近或相似,不管是蒙古语名字还是汉语名字。

一旦旁族的亲王和公主到了十五岁,就会有专人将他们的情况报告给皇帝,请皇帝允许他们婚嫁。宗族的亲王不必这样操作,但是如果他们想要与蒙古人联姻,则必须要经过皇帝的允许。

皇帝的儿子们,除了王位继承者,其他人的爵位都是每一代降一级。到了第七代,这一支族的最年长者将会成为一名简单的黄腰带拥有者,而其他人就降为庶民了。

可继承的领地及其相关所有权力,从嫡出的长子传到下一代嫡出的长子那里,除非此人犯了什么罪行。在这种情况下,皇帝会在同一宗族的官员或是其堂兄弟之中选择一人来替换他。剥夺某个宗族的祖传领地将会触犯所有宗族成员的利益。

只有满八旗(Bannieres Tartares)的亲王权力可以代代相传。这些亲王从出生那天开始就继承了他们祖先的地位。其他人都需要在某些时刻接受

---

① 清代宗人府的户籍簿。大宗载入黄册,觉罗则载入红册。——译注

军事考验，随后根据他们的智慧表现获得提升或是降级。皇帝和亲王的儿子们都要接受同样的考验。唯一有所区别的是，他们拥有专门的学校、师傅和文武考试。根据这些考试结果的记录，来决定何时可获得重要或次要的官职。

皇家拥有特殊的名号、品级，但是其获得的年龄和方式，不论是继承、恩赐，或是奖赏，都在法律中做了规定。法律中也同时规定了不同级别亲王的长子的等级、名号和权力。皇帝的女儿们和亲王的女儿们可以带给她们的夫君的等级、名号和权力。最后规定了他们的特权、礼遇、荣誉权利和由国家承担的不同级别亲王的收入；法律中也似乎预估了将来皇帝可能赐予他们的恩惠或奖赏。

亲王的名号并不给他们带来任何执掌哪个官署的权力。此外，他们也只能受到针对他们所设的并由他们中的成员所组成的专门法庭的审理。不管是刑事罪还是民事罪，都不会走出宗人府（Tʃong-gin-fou），也就是王公法庭。我们前面描述过其职能。任何人如果辱骂皇家亲王，哪怕他除了黄腰带，没有任何名号，必将会被判处死刑。如果这个被辱骂的亲王忘记或忽视了佩戴黄腰带，那就变成了简单的民事诉讼，侵犯者只会受到杖刑。亲王即使被宗人府判定有罪，也从不需要出庭。针对亲王的死刑判决只有得到皇帝的认可才能执行，他也可以以罚金的形式免除所有肉体处罚。

没有名号的亲王的特权就少了许多。警察对待他们可以如同对待普通民众一样，可以训斥他们，关押他们。如果他们被送交到宗人府，也会被严厉审判，不能豁免任何惩罚。

此外，即使在有名号的亲王们之间，差距也是很大的。那些没有职务、没有尊位的亲王，一般都比较贫穷，甚至只能得到普通满八旗士兵的俸禄。然而，一旦他们成婚，或是他们的孩子成婚，或是他们安葬某个家庭成员，皇帝会赐给他们一百两银子。如果情况危急，皇帝也会救助他们的孤儿和寡妇，但总是精打细算的。政府官员们的待遇比皇亲们的待遇要好，因为他们与民众最接近，不能让他们的需求转化成愤懑。这样，他们如果应该受到责备，就没有任何理由申辩，也不能免除法律规定的惩处。

第十五章　皇帝的准则

罗马拥有提比略（Tibere）、卡里古拉（Caligula）、尼禄（Néron）、图密善（Dominitien）、埃拉伽巴路斯（Héliogabale），中国也有过像他们这样的人物。罗马拥有提图斯（Titus）、图拉真（Trajan）、哈德良（Adrien）、安敦尼（Antonin）、马克奥里略（Marc-Aurele），中国拥有过的皇帝更多。[①] 这些中国皇帝自己制定的规则就是本章要讲的内容。

尧是中国最古老的君主之一，也是在中国被经常提及的君主之一。他创立了所有的官署，在农民之中挑选了自己的继承人，并且将自己的儿子降了许多级，因为觉得他不称职。尧对他的继承人舜说："你要秉持中正之道，既不过分，也不缺少。"[②]舜也像尧一样，在农民之中挑选了他自己的继承人禹，并将这条准则传授给了他。

这三位古代的君主被看作是中国最初法律的缔造者。他们留传下来的准则成了后世所有皇帝要执行的法律。大部分皇帝甚至还邀请百姓中的智者来向他们提建议。所有进谏都是许可的，只要是向皇帝递交的，并且不冒犯对皇帝的尊礼。

贾山[③]（Kia-chan），只是一个普通的文人，并没有等待其君主的召唤而

[①] 以上罗马皇帝名均遵从其通用拉丁文翻译。——译注

[②] 参见《论语·尧曰篇·第二十》：尧曰："咨！尔舜！天之历数在尔躬。允执其中。四海困穷，天禄永终。"舜亦以命禹。——译注

[③] 贾山，西汉颍川阳翟（今禹州市）人，曾给汉文帝写过一篇《至言》，以秦之兴亡为喻，上书言治乱之道，主张爱惜民力，减轻徭役，广开言路，平狱缓刑。
《至言》摘录片段："夫布衣韦带之士，修身于内，成名于外，而使后世不绝息。至秦则不然。贵为天子，富有天下，赋敛重数，百姓任罢，赭衣半道，群盗满山，使天下之人戴目而视，倾耳而听。一夫大呼，天下响应者，陈胜是也。秦非徒如此也，起咸阳而西至雍，离宫三百，钟鼓帷帐，不移而具。又为阿房之殿，殿高数十仞，东西五里，南北千步，从车罗骑，四马鹜驰，旌旗不桡。为宫室之丽至于此，使其后世曾不得聚庐而托处焉。为驰道于天下，东穷燕、齐，南极吴、楚，江湖之上，濒海之观毕至。道广五十步，三丈而树，厚筑其外，隐以金椎，树以青松。为驰道之丽至于此，使其后世曾不得邪径而托足焉。死葬乎骊山，吏徒数十万人，旷日十年。下彻三泉合采金石，冶铜锢其内，漆涂其外，被以珠玉，饰以翡翠，中成观游，上成山林，为葬薶之侈至于此，使其后世曾不得蓬颗蔽冢而托葬焉。秦以熊罴之力，虎狼之心，蚕食诸侯，并吞海内，而不笃礼义，故天殃已加矣。臣昧死以闻，愿陛下少留意而详择其中。"——译注

第一个自作主张地向文帝(Ven-ti)也就是孝文①(Hiao-ouen)帝提出了他的建议。他提醒文帝历史上几位皇帝所犯的错误、所走的歧途甚至所犯的罪恶。比如:"秦国的君主秦始皇(Chi-hoang),成为皇帝后,掌控着整个帝国的收入。他不仅不满足于此,而且还增加税负和劳役,以至于百姓贫困到即使是在严刑峻法之下也不害怕还会有什么更糟糕的事了。强盗团伙遍布山野,道路上满是被押解去监狱的犯人……人们只在等待一个号召就会掀翻这沉重的奴役……陛下您知道,陈胜(Tchin-chin)发出了这个号召,随后的事情您也不是不知道……"②

接着,贾山详细描述了秦始皇的某些挥霍行为:"在他自咸阳(Kien-yeng)至雍(Yong)的行程当中,换了三百次宫殿,而这三百座宫殿都是装备齐全的,甚至连钟鼓都不会缺,其中的几个宫殿高大得像一座山。殿高数十仞(gin)③,南北千步,东西半法里(demi-lieue)④。"

"秦始皇选择了骊山(Li)作为自己的陵墓,为此他使数十万人干了十年。陵墓内外的装潢之奢华超出想象。在高处,建有宽阔的长廊,其后,一座人工堆砌的山上艺术性地种满了树木,"贾山接着说,"如此多的花费只是为了一个人的陵墓,其后人为了自己的陵墓,不得不去乞讨几块土地,甚至只是盖上一块芦席。伟大的陛下,我冒昧地提醒您注意并吸取教训。"

贾山同时向皇帝讲述了古代君主们留下的惯例:"他们一般都有一名专门负责指出他们的错误并且记录在案的人陪同在身边。此外,还有两名官员,一名负责为君主朗读与帝国政府有关的书信,一名负责收集流传的歌谣。"⑤这个方法很好,尤其适合中国人,因为他们性格温和,从不为了显示智慧而指责,而是用积极的行动去消除指责。在法兰西只有一个大臣马萨林

---

① 汉文帝的谥号是孝文皇帝。——译注
② 原文只是摘录了《至言》的片段章节,可以看出,原文有些地方翻译得并不准确。——译注
③ 1仞等于法国的80尺。——译注
④ 法里(lieue),法国古里,1法里约合4公里。——译注
⑤ 《至言》片段:"古者圣王之制,史在前书过失,工诵箴谏,瞽诵诗谏,公卿比谏,士传言谏,庶人谤于道,商旅议于市,然后君得闻其过失也。"——译注

(Mazarin)①似乎很渴望了解反对自己的歌谣。

再说回贾山。他详尽和毫无保留地描述和赞扬了文帝所做的值得称赞的事情,但是他补充道:"您丝毫没有松懈吗?我感到担心。我看到您最器重的大臣们被允许参加您所有的娱乐;我看到您沉溺于此。"②文帝的确十分喜爱打猎,且经常带着大臣们去。打猎确实不是皇帝召集军机大臣们的合适活动,大臣们也不能在猎场处理很多事务。尽管如此,皇帝接受了进谏,并封其作者为侯(Heou)③,也丝毫没有毁掉这大胆的谏言。今天,这份谏言收存于由康熙皇帝钦定仔细收集整理的《古文渊鉴》(Recueil Impérial)④之中,康熙皇帝死于 1722 年。这套文集与"五经"一起构成了国家和君主的准则。

康熙不仅钦定完成了这套文集,还逐篇品评和注释。这位皇帝的品行就是一个君主所应达到的最佳准则,这似乎成为其继承者必须遵循的法则。他对自己唯一嫡出儿子的严厉管教,对于任何一个中国的太子都是一个令人起敬的榜样。康熙以令人震惊的方式废黜了自己以前指定的继承人,让他戴上锁链,并将其孩子和其主要官员一起罢免。然后,他在告示中宣示了这么做的理由。

---

① 枢机主教马萨林(1602 年 7 月 14 日—1661 年 3 月 9 日),又译马扎然,法国外交家、政治家、法国国王路易十四时期的宰相(1643—1661 年间任职)及枢机。 ——译注

② 《至言》片段:"今从豪俊之臣,方正之士,直与之日日猎射,击兔伐狐,以伤大业,绝天下之望,臣窃悼之。"——译注

③ 仅次于公的爵位。

④ 《古文渊鉴》共六十四卷,清圣祖玄烨选。 清徐乾学等辑并注。 清康熙四十九年(1710)内府刻朱、黄、橙、深绿、浅绿五色套印本。 此书亦名《渊鉴斋古文选》,是集历代散文为一书的文学总集。 康熙皇帝认为,将中国古文选编为总集的除梁萧统的《文选》外,尚有唐姚铉的《文粹》、宋吕祖谦的《文鉴》等,它们所选取的都是某一朝、某一代的文章,然而古今文章却是源远流长,盛衰错综,怎可局限于一朝一代? 故于康熙二十四年(1685)亲自选录上起春秋、下迄宋末的文章,包括《左传》《国语》《国策》等书及诰、表、书、议、奏、疏、论、序诸体文,择其辞义精纯可以鼓吹六经者汇为正集;间有瑰丽之篇,列为别集;旁采诸子录其要论,以为外集,共合 1324 篇。 康熙逐篇品评,命徐乾学等人编注。 该书参照宋真德秀的《文章正宗》、李善注的《文选》、楼昉的《古文标注》等书例,严格筛选,考证详明,详略得宜,并载前人名家评语、康熙御批和徐乾学等 11 人所作注释,交武英殿以五色套印颁行。 凡正文以墨色示之,前人诸家评语列诸书的天头,分别以黄、绿、蓝三色示之,康熙御批并本朝诸臣注释亦列诸书眉,用朱色标示。 另正文有朱色断句。 康熙四十九年(1710)刊刻完竣。 其雕镂、套色、刷印皆极精工,朱、墨、黄、蓝、绿五色鲜明艳丽,令人爱不释手,显示出清初内府多色套印技术的水平。 详见《中国古籍善本书目·集部》。 ——译注

这个君主重整了军务,而且不顾国家荣誉地依靠于一个外国人、一个耶稣会士,制造了许多大炮。他不顾传统和成见,将其任命为官员。对于他来说,首要的是产生整体的好处,而成见总是起阻碍作用。他对高寿之人的尊敬是有口皆碑的,由此,他调和了仁慈于政策之中。一个国家中最大的恶习就是年轻人高估自己的能力,而轻视经验。

成熟的年龄本身对于一个政治家来说在工作中是不够的,还要加入些天分。既有天分又很勤勉的康熙皇帝感觉到帝国的重要文官们似乎有些懒怠,他怀疑在翰林(Docteurs)中某些人可能是疏于学习,某些人可能就根本没有能力。于是他准备亲自考验一下。他将翰林们召集起来一起考察。对于这个意想不到也没有先例的考试,有些人的成绩很糟糕。这些人遂被降级并赶回各自的老家。但皇帝有时也会做错事,这他也想到了。一名知识渊博的官员,在不知道上次考试结果的情况下,被任命去组织一场类似的考试。这次考试的结果与上一次的几乎一样,只有一名文官在上次考试中被皇帝判为无能,而在这第二轮考试中,他只是被考官认为成绩值得怀疑。考试既然可以被重新安排,这使得帝国的文官们降低了他们的自负同时还刺激了他们的好胜心。

为了保持优良的道德传统,康熙禁止了所有可能有伤风化的书籍发行。因为一个作者曾经说过,那些从阅读中读到的有伤风化的东西,也会使人毫无羞耻地照着去做。

第十六章　当前政府的主张

以前的政府继续存在，中国新的主人只不过将它归为己有。作为征服者的鞑靼人遵守着被征服者的法律和习俗。他们只不过更改了几处流弊。这些流弊是一个智慧的政府所不能接受和容忍的。中国，用一句话来概括，似乎那本来可以使它毁灭的动荡反而给它带来了不少好处。

鞑靼人被汉族人视为野蛮民族，可是直到今天，他们为这个帝国带来的几位皇帝都是值得称道的，并且完全有能力独立治理这个辽阔的帝国。这些君主爱惜被征服的子民胜过其原来的子民。假如一个汉族人和一个鞑靼人发生了争执，哪怕是在官署的眼里，也必须证明汉族人真的有错才行，尽管这些官署都是由汉族人和鞑靼人共同组成的。这个政策虽然看起来简单，但是却很有智慧。

对于一个鞑靼官员来说，最轻的错误也会被严厉惩罚，而对于汉族人，最重的错误也只会受到减刑处罚。尤其在鞑靼人中间还流行着对武器的爱好和对军事的尊崇。国家的军官如果疏忽了自己的职责，必将受到惩罚。稍微违反军纪就会被解职。汉族军官还能得到豁免，但是鞑靼军官从来不能豁免。

应该说中国的所有人，不管是平民还是军人，都相信头顶上悬着一把宝剑。假如被帝国的法庭传唤，谁也不能料到自己的命运。时间、背景、榜样的需要，都可以影响到惩罚的轻重度。

触犯人民利益的罪行将会受到最严厉的惩罚，而遍布全国的各级酷吏使得一但犯法就很难逃脱追捕。所有高级官员都为其下属的错误负责。他既是他们的监管人，又是他们的保证人。由此，疏于管理下属或者没有上报问题就会受到处罚。

文官总是得到尊重，他们拥有所有与之匹配的特权和尊荣，但是政府压制他们的骄傲并且鼓励他们工作。严格的考试使得这个阶层的人群不能无限扩张,人数只会比以前更少、更知识渊博和更有用。

平民阶层得到了鞑靼政府的最佳关照。任何一个骚乱或是叛乱都会受到惩罚,但是引起叛乱的官员,或者没能预见叛乱的官员,会受到更严厉的处罚。总而言之,现政府针对权势阶层很严厉,对平民很温和并乐于施与救助,以至于老百姓害怕失去他们的新主人,就像这些新主人害怕失去他们的子民一样。

卷二

中国人的宗教信仰

为了清晰地评估中国的宗教体系,不能混淆古老宗教和国家倡导的宗教以及前几个世纪积累起来的民间迷信。中国人的原始宗教信仰一成不变地保留到今天:这些原始的教义既没有受到几个世纪的传承的破坏,也没有受到政治变革的影响,更没有哲学家们奇怪梦想的侵蚀。它直到今天还是唯一得到政府承认的宗教,也是由皇帝、权贵和文人集团所尊崇,并在大众中所传播的。我们首先收集那些分散的但是为了理解所必需的概念,随后再详细解释现代的教派。

第一章　古老的宗教

　　钱德明神甫清醒地并且不带任何偏见地评估了中国的古老文学、历史和建筑,对于这个民族的起源及其原始宗教,他向我们展示了其长期和艰苦的研究成果:"我鼓起勇气,充满信心地踏上旅途。我长时间走过崎岖不平且充满危险的小道。我观察和留意所有亲眼所见的东西。我收集、对比、分析、思索,并通过我认为可靠的推理和一系列有力的证据,最终得出结论:中国人是一个保留了他们初始状态特征的特别的民族。他们的原始信仰的主要部分,如果以神的选民(peuple choiſi)的宗旨来阐释,是协调一致的,而且是在摩西受神的指令而在《圣经》(Livres ſaints)中所做的解释之前。这个民族的传统认知,剥离开随后那些世纪所加带上的无知和迷信后,不断上溯其根源,直到四千多年前,直到诺亚(Noé)的子孙将人类重新更换。"

　　所有的历史痕迹显示,诺亚的直系子孙群落在中国繁衍。这个神圣的族长极受尊重,人们将他看作是所有人的头领,并很可能从其口中得到慈父般的指示、祭礼的规则、宗教信条和所有抗击洪水的知识。看一看所有古老民族的历史,我们发现,越上溯历史根源,真正的信仰痕迹就越显著。从山拿(Sennaar)平原出发并在大地上传播的族长制传统,形成了所有族群的第一个宗教规则。这些原始宗教的痕迹也记录在最为古老的民族的典籍当中。在经书(King)或中国人的经典中,无处不在宣示着上帝[①](Etre ſuprême),这所有事物的创造者和保留者的存在。他们将他叫作天(Tien 或 Ciel)、上天(Chang-tien 或 Ciel ſuprême)、上帝(Chang-ti 或 ſuprême Seigneur)、皇上帝(Hoang-Chan-ti 或 ſouverain & ſuprême Seigneur),这些名字与我们使用的 Dieu、le Seigneur、le Tout-Puiſſant、le Très-Haut 是一样的。这些经书中说,上天是所有存在的本源、所有人的父亲,他是永恒的、不变的和独立的,

---

　　① 索隐派托喻解经之术的特点。利用中国古文中的上帝等字符,来对译天主教中的上帝概念。——译注

他能量无边,他能看到过去、现在和未来,能看到人心中最隐秘的地方;他统治天地,所有事件、所有人间的变革都是根据他的安排和指令发生和进行的;他是纯洁的、神圣的、毫无偏见的;他看到罪恶会愤怒,而看到人类的善行则会欣赏;他是公正和严厉的,他鲜明地惩罚罪恶,哪怕是在王座之上;他可以推翻有罪的君主,换上他认为可靠的无名之辈;他是善良的、仁慈的和宽厚的,他允许忏悔的人触摸他;公众的灾难、季节的混乱,只是父亲般仁慈的他为了使人们修正自己的德行所给予的有益警告。这些都是神灵的特点和属性,几乎在《书经》和其他经书的每一页中都有阐述。

丰沛的雨水或是长期的干旱影响收获?人民之父的皇帝是否得了什么疾病?祭献准备好了之后,面对天的庄严祈祷会立刻开始,愿望也常常会实现。蔑视宗教的君主会被雷劈吗?这一点也不偶然,这是上天的惩罚。书中说,纣(Tchèou)拒绝了天给予他的好的品德,且毫不在乎上天对他如不修德就将毁灭的启示;如果桀(Kié)在受到上天震怒的警告之后改变自己的行为,也不会被上天剥夺掉帝国。

通过面对灾难和祸乱之时的行为,我们能看到那些最初的皇帝们是如何意识到上帝的正义和神圣的。他们不是只满足于向天献祭和祷告,还不断反省是自己的哪些错误引来了上天对其子民的惩罚。他们会检查自己是否衣着过于奢华,是否饭食过于讲究,宫殿是否过于雄伟。他们经常在民众面前承认这些罪过,并且希望用认罪的方式来将上天对子民的惩罚转降到自己头上。

我们来专门看一下《书经》中有关尧、舜、禹三帝的宗教故事。书中说:"尧命令羲(HI)、和(HO)二人说,上天应该受到我们的崇拜,去制定一个历法……宗教应该占有人们足够的时间。"①中国人将历法看得如此重要,以至于它成了国家事务,任何失误都会被看作是衰落或是革新的信号,这对于欧洲人来说,会觉得不可思议。所有新朝代的奠基者都会将历法改革作为开始。我们看到尧就是这么做的。为什么历法这么重要呢?某些评论家说,

---

① 《尚书·尧典》中原文为"……乃命羲和,钦若昊天,历象日月星辰,敬授人时"。——译注

历法取决于宗教。正因为尧将人对上帝的祭礼作为首要的法则,作为所有其他法律的基础,因此必须要确定哪些天、哪些时段是为了完成这个重要任务而设立的。

以下是在《日讲书经解义》(Commentaire Impérial)[1]中对《书经》的阐述[2]:"(Lu-chi)说,讲历法之前,尧首先说要崇拜天,不能视而不见。历法设立后,他讲到宗教要接受人的崇拜,因为既然确立了应该崇拜天,就需要有时间去祭拜。因此天应得的尊崇和宗教对他的敬意是头等重要的事情……(Tchin-chi)说,有德之人为天而治理人。所以他才如此重视信仰和宗教。心中怀有敬天的宗教,他就会重视历法时刻。越是努力治理他的子民,就越是需要给予他们信仰宗教的时间。一个有德之人,离开了宗教就寸步难行,至于重大事务更是如此,他治理子民只是为了服从天命……尧是《书经》中提到的第一个人,也是第一个智者:尧有圣德之名,宗教是他首先强调的事务。圣贤们的千言万语,不论小事还是大事,都与宗教有关。宗教是一切事务的根源。谁追随宗教,谁就会得到智慧……在赞美尧的圣德之时,人们首先提及他的宗教,就如同为他勾勒肖像,始于他的宗教,终于他的智慧。这个人的心中总是充满了对上帝的敬畏和尊崇。他的无上智慧就是如此表现出来的。"

尧之所以决定不选择共工(Kong-Kong)为继承人,是因为觉得他不敬畏天。他说:"共工只是伶牙俐齿,他的自傲触怒上天。"他同意鲧(Pe-kouen)去治理洪水吗?他接着说:"让他去吧,愿宗教能指引他的脚步。"当他将女儿嫁给智慧的舜的时候,也说:"愿宗教能指引你们的脚步。"

舜,这个尧的继承人,也对上帝充满了敬畏和尊崇。他登基之后做的第一件事,就是祭祀神圣的上帝。他任命官职,并劝诫每个官员在其位要谋其政。他总是对他们说:"愿你们永远追随宗教的召唤,无时不积德敬天。"但是最能表现出这位君主心中对宗教的虔诚信仰的,是他在任命伯夷(Pe-y)

---

[1] 疑为《日讲书经解义》十三卷,清库勒纳等撰,清康熙十九年(1680)内府刻本。——译注
[2] 以下几段由郭神甫(P. Ko)翻译。郭神甫是中国耶稣会士,居住在北京。

掌管宗教和礼仪事务时对他所说的话。《书经》中有所记录①：他向大臣们询问："谁能为我们执掌三礼？"大臣们都说是伯夷。舜就对伯夷说："就任命你为秩宗（Tchi-tʃong）。你要日夜虔诚，你的心必须正直，你的行为必须清白！"伯夷脸朝地拜倒，向舜请求将职位让给夔（Kouei）和龙（Long）。舜帝说："服从命令，愿你对宗教充满虔诚。"

《日讲书经解义》中对舜的言论的注释值得引用②："……日夜，就是说从早到晚，宗教无时无刻不关注着他的行动，使他的正直和纯洁不受任何损害……正直，就是说他的心中没有任何自私，没有任何缺点。当宗教将正直深植于心中，就不会留下任何退路和曲径给自恋，心也随之纯净和从容，淫欲不侵而直通神明……被宗教所沁润的人，心中必然正直；心中充满正直，就可以无视浮华而主持宗教仪式……正直的心使人正直。真正的正直来自宗教，而一旦缺少宗教，人就错了。这就是人的本心。纯洁是正直的延续，谁正直也就会是纯洁的，谁不正直必然是肮脏的。人一旦缺少正直和纯洁，就很难尊崇神明。这就是为什么书中提到日夜，就是永不间歇的意思……皇帝是尊崇天地神明的宗教首领。秩宗是他的助手，但是如果他的心不与天地神明相连，不与神明的智慧相通，他就不配主持宗教仪式。"

舜的继承人禹跟他一样虔诚。《书经》中说③："大禹的智慧光芒普照四海，他是上帝真正的崇拜者。'哦，人必须仔细自我克制，'他对舜帝说，'这种警惕必须由宗教得到永葆，才能保持心中平和，才能不忘责任的界限，才能永远不迷失在懈怠的道路上，才能永远不产生恶欲，才能在委任中不偏袒任何人，在可疑的事务上暂缓决断，只在完全知情时决策，注重国家利益甚

---

① 《尚书·舜典》中原文为："帝曰：'咨！四岳，有能典朕三礼？'佥曰：'伯夷！'帝曰：'俞，咨！伯，汝作秩宗。夙夜唯寅，直哉唯清。'伯拜稽首，让于夔、龙。帝曰：'俞，往，钦哉！'"——译注

② 曲解颇多，疑为《日讲书经解义》卷一，第38页："……夫事神之本在于一心必须每日之间无论早晚，一于敬畏不可少有怠忽，使方寸之间常存正真自然心地，洁清而无物欲之污，如此方可交于神明而主此三礼之事矣。"——译注

③ 曲解颇多，《尚书·大禹谟》中原文为："曰若稽古：大禹曰文命，敷于四海，祗承于帝。曰：'后克艰厥后，臣克艰厥臣，政乃乂，黎民敏德。'"——译注

于众人的赞誉,并且从不违背人民于自己的私心!''锻炼并纯净你的德行吧,'皋陶(Kao-yao)对他说,'愿您的计划被智慧所指引,愿您的决断被圣贤所赞同。''但是,'禹问他,'如何才能达到呢?''想着永恒(Sée-yong)①,'皋陶回答说,②'如果您想培育自己的灵魂并不断为它点缀新的德行。''哦,以自己为榜样引导子民来到怠惰和享乐的悬崖会是多么的危险!警惕,大人,不懈地警惕;敬畏,永远地敬畏。当日完成的事,不能延续到明日的事,都有世纪般久远的后果。不要漠视您的官员们,他们是天(Tien)的官员更甚于是您的。天将人置于法的桎梏之下;天确立了等级和条件。法是无价之宝,荣誉是善之源,但同样,保持忠诚,畏惧罪恶,热爱宗教与和谐会使所有人向善。德是天慈爱的孩子:每个级别上让她拥有不同的荣誉。天厌恶罪恶,让那五刑③根据严重程度来惩罚它。专注啊,大人,不懈地专注于统治。天是智是真,但他是通过人民的眼睛来观看君王。天的报应是可怕的,但他是通过人民之手来惩罚君王。身处最底层的也因此可以触及身处最高层的。让宗教指引您吧,您将拥有土地。不要迷失统治的真正目的。统驭既不是靠细腻而空洞的政策,也不是靠权力威慑,而是靠正义。您只有勤勉于事务才会有官员们襄助,您的精心会促使您成功。展现出您值得被上天选择,上天也会关照和支持您。'"

对于了解尧舜禹时代的宗教学说,讲述一下这些古代的文章很重要,也便于传播。我们看到这些远古时代的先贤们再绘了族长制信仰,而古代中国人所尊崇的只有一个至高无上的、智慧的、自由的、全能的、能报复的和能奖赏的上帝。

我们冒昧地简单推测出如下评价:自远古时代保留下来的古老中文符

---

① Sée-yong,即"世永,永恒"。
② 《尚书·皋陶谟》中原文为:"曰若稽古皋陶曰:'允迪厥德,谟明弼谐。'禹曰:'俞,如何?'皋陶曰:'都!慎厥身,修思永。惇叙九族,庶明励翼,迩可远在兹。'禹拜昌言曰:'俞!'"——译注
③ 五刑是中国古代五种刑罚之统称,在不同时期,五种刑罚的具体所指并不相同。早期五刑的具体名称,见于《书·吕刑》的为墨、劓、剕、宫、大辟;见于《周礼·秋官·司刑》的为墨、劓、刖、宫、杀;隋唐至清代,五刑则指笞、杖、徒、流、死。——译注

号当中,我们找到这个△。根据《康熙字典》,这个字符象征统一。根据《说文》(Choue-ouen),这部在中国如此重要的著作的解释,△①是三合一,由入(Jou)和一(Ye)转变而来;由此,△的意思是三、集合、进入、融合一体。《六书音韵表》(Lieou-chou-tʃing-hoen②)是一部对古文注释的博学且严谨的书,它这样解释:"△象征内部统一,和谐,人、天和地的首要之福;是三个才③的集合;因为统一,他们一起领导、创造和滋养。图像王(王)④本身并不晦涩,但是难以毫无误解地推测,不太容易解释。"

至于钱德明神甫,尽管欧洲对他的批评甚多,似乎他依然坚信,△字可能在古中国人当中象征三圣一体。他还补充说,古书中有许多文章可以使人推想对这个谜团的认识。

《史记》⑤(Sée-ki)中说:"从前,皇帝每三年祭奠三圣和一神,神三一⑥(CHIN-SAN-YE)。"

在欧洲,我们很早就知道老子(Lao-tʃée)的著名文章。"道(Tao)⑦本为一,一生二,二生三,三生万物。"

钱德明神甫引述了另一段特别的文字:"可视而不可见的叫夷⑧(Khi);

---

① 原文中是"△",实际应该是"亼"(jí)。《说文解字》卷五【亼部】亼:三合也。 从入一,象三合之形。 凡亼之属皆从亼。 读若集。 秦入切〖注〗臣铉等曰:此疑只象形,非从入一也。——译注
② 疑为《六书音韵表》,清段玉裁(1735—1815)著。——译注
③ 原著中的注释为"tʃai意为原则、力量、能力"。"三才"实际通常是指天、地、人。——译注
④ 三个集中在一个符号里。
⑤ 据查《史记·孝武本纪》:"古者天子三年一用太牢具祠神三一:天一、地一、泰一。"此处应是对《史记》的曲解。——译注
⑥ 原文中未标明中文字,推测是源自 Mémoires concernant l'histoire, les sciences, les arts, les moeurs, les usages, etc. des chinois Tome I, Joseph Marie Amiot, Aloys de Poirot, Pierre-Martial Cibot, François Bourgeois, 1776。引用段落基本一致,钱德明书中有"神三一"的中文标示。——译注
⑦ Tao,即"道",在一般语境下的意思是规则、规律、智慧、真理、道路、话语。 在引述的文字中,它象征神主。 这个阐述建立在老子所说的另一句话: 道是至善无止,包含万物的……道是其本身的规范。《淮南子》(Hoai-nan-tʃée)对此话的解释类似: 道留着天,支撑着地……它如此之高而无法达到,如此之深而无法探究,如此广博而包含全天下,然而它在最小的事物中是完整的。《书经》上说:道之心是无限精巧和微妙的。
⑧ 据查《老子》第十四章:"视之不见名曰夷,听之不闻名曰希,搏之不得名曰微。 此三者,不可致诘。 故混而为一。 其上不皦。 其下不昧。 绳绳兮,不可名。 复归于无物。 是谓无状之状。无象之象。 是谓惚恍。 迎之不见其首,随之不见其后。 执古之道,以御今之有。 能知古始,是谓道纪。"——译注

可听而不可闻的叫希(Hi);可感而不可触的叫微(Ouei)。想要深究这三者的意思,是达不到的,它们混而为一。其上没有任何光明,其下没有任何幽暗。它是永恒,不可命名,与任何事物都不像。一个图像而没有外形,一个外形而没有物质。它的光明被幽暗所包围。如果从上看,看不到它的开始;如果跟随它,看不到它的尽头。由古至今,结论是,知道它的永恒:这是智慧的开始。"此段文字的注释,解释了如此大量和精确的事物,以至于钱德明神甫不愿意讲述更多,担心遇到不信神的读者。

中国古代皇帝的这个宗教教理一直在随后的朝代中得到延续,所有好的君王,他们的继承人,似乎都对上帝心怀畏惧。

文王(Ven-vang)和他的儿子武王作为第三王朝的奠基人,尤以他们的虔诚而与众不同。经典《易经》(Y-king)中说:"所有被纣割喉的牛,也比不上文王最微小的祭礼,因为纣的祭品是经由了沾满罪恶的手,而文王祭品的价值在于纯洁的心。"

所有动摇王位和改变帝国门庭的革命,都是由至上的天主决定的。周公在《书经》第十四篇①中说:"你们曾经是殷朝(Yn)的大臣和官员,听着,天主被你们的王朝所激怒,将它毁灭,并出于对我们的家族的爱而将殷国的王权授予了我们。天主想让我们来完成其作品。在各国人民中发生的事,证明了天主是多么的可畏。夏朝的国王没有做任何对人民有利的事,因此天主首先以众多灾难来警告他的错误行为。但是这个君王不顺从,他言语狂傲,沉湎于荒淫。因此天主不再看重他了,剥夺了他的王国并惩罚了他。天主任命你们王朝的先祖成汤(Tching-tang)毁灭夏朝,并将帝国的子民交由一

---

① 并非《尚书》第十四篇,应为《尚书·周书》第十四篇。《尚书·周书·多士》:"成周既成,迁殷顽民,周公以王命诰,作《多士》。"

"唯三月,周公初于新邑洛,用告商王士。 王若曰:'尔殷遗多士,弗吊旻天,大降丧于殷,我有周佑命,将天明威,致王罚,敕殷命终于帝。 肆尔多士! 非我小国敢弋殷命。 唯天不畀允罔固,乱弼我,我其敢求位? 唯帝不畀,唯我下民秉为,唯天明畏。'

"我闻曰:'上帝引逸。'有夏不适逸;则唯帝降格,向于时。 夏弗克庸帝,大淫泆有辞。 唯时天罔念闻,厥唯废元命,降致罚;乃命尔先祖成汤革夏,俊民甸四方。 自成汤至于帝乙,罔不明德恤祀。亦唯天丕建保乂有殷,殷王亦罔敢失帝,罔不配天泽。 在今后嗣王,诞罔显于天,矧曰其有听念于先王勤家? 诞淫厥泆,罔顾于天显民祇,唯时上帝不保,降若兹大丧。 唯天不畀不明厥德,凡四方小大邦丧,罔非有辞于罚。"——译注

位智慧的国王来统治。你们王朝的最后一个纣王,不吸取天理的教训。不知道其先人守护家业的精心。既没有仿效先人的勤勉,也没有仿效他们的真诚;既没有顾忌光明的天理,也毫不关注他的子民。这就是为什么至上的天主将他抛弃和惩罚。天主没有护佑他是因为他不跟随正理。在天下四方,如果没有天主的命令,没有任何王国,不论大小,都不可能被毁灭。"

武王在其执政的第二年生病了,濒于死亡。关爱着他的弟弟向上帝求助,挽救这个君王的生命对黎民百姓的福祉太重要了。他说:"是您,主,让他登上王位,并让他成为子民的父亲;您想要以他的离去来惩罚我们吗?如果您的公道需要一个牺牲品,我向您奉献我的生命;只要您能保全我的兄弟,我的主人,我的君主的生命,我愿意牺牲我自己。"①

成王(Tchin-vang)在位时同样对至上的世界之主充满尊敬。《书经》上引述:"不管我的位置比其他人高多少,我只是上帝的卑微子民之一:我能够免除向他致敬吗?"

康王(Kang-vang)拥有同样的宗教信仰。《诗经》(Chi-king)上说,似乎在中国除了上帝没有任何其他君主。对上帝的敬畏已足够使所有子民遵守本分。在他的统治期间,信仰是如此强大,使得用于威吓人民的刑罚机器失去了作用。监狱成了惩罚犯人的唯一刑罚。监狱之门一早就打开,囚犯们出去做他们的工作,而到了晚上,他们又自己回来过夜。

《诗经》还描述了昭王(Tchao-vang)对上帝恩德的感激之情:"一天,他对耕农们说:'快乐吧,我的子民们,你们还在春末就即将收获秋天的果实了;我们的田地刚刚播下种子就得到了丰厚的收获。上帝的恩泽使我们这么早就能享受他的馈赠!所以我不想等到秋末再来到他面前,感谢他赐予如此及时的丰收。'"

在这些好君主的传承当中有一个坏君主吗?不是曾经有一位厉王(Li-

---

① 未注出处,可参照《尚书·周书·金縢》:"武王有疾,周公作《金縢》。既克商二年,王有疾,弗豫。二公曰:'我其为王穆卜。'周公曰:'未可以戚我先王?'公乃自以为功,为三坛同墠。为坛于南方,北面,周公立焉。植璧秉珪,乃告太王、王季、文王。"——译注

vang)忘记了祖上的榜样而任性狂傲吗?《诗经》中提到上帝的缄默似乎是个谜。好像天意失灵了:在这个堕落的君主治下,似乎都很繁荣;人民惧怕他的暴力;帝国的监察官们也赞许他的糊涂行为。《诗经》上说:"天不主持正义了吗?大逆不道者安享他的罪恶果实吗?等着,你们不久就会看到,上帝会用他高举的臂膀挥出最严厉的打击。"的确,不久后疲惫的人民起来反抗暴君,屠杀了他的亲属和追随者,如果不是他逃得快,也会被愤怒的人民杀死。

著名的康熙皇帝对天主的敬仰是毋庸置疑的。我们可以从他于1711年的三条亲手题词来评价,这三条题词用于装点北京的新耶稣会教堂①。为了这座新教堂的建设,他捐助了一万两白银。

如下是题词:

匾额题词:万有真原

对联第一条:无始无终先作形声真主宰

对联第二条:宣仁宣义聿昭拯济大权衡

康熙帝的继承者雍正帝对上帝有过同样的表述。龚当信神甫(P. Contancin)②使我们了解到这位君主的一个敕令,其中他明确声明了自己的信仰和他的子民们应该拥有的信仰。这个敕令在全国颁布,张贴于所有城市的主要路口,并且被加入政府的告示当中。这里需要讲述一下这个公告所发生的背景。

---

① 为了酬谢传教士的高效服务,康熙在颁布了容教令之后,于1699年特地赐地拨银让传教士在京中建筑教堂。 康熙为此赏给他们今中南海紫光阁西蚕池口地方(今文津街国家图书馆分馆斜对面)建造教堂。 法国耶稣会士原住南堂,苦于没有自己的教堂。 受赐新址后,张诚主持了北堂的建设。 北堂动工四年后于康熙四十二年(1703)建成,康熙帝御题"万有真原"横匾及长联,命名为救世堂,还建有天象台和图书馆,是为第一座北堂。 据《正教奉褒》载:康熙五十年(1711)三月初七日,康熙再次御赐南堂"万有真原"匾额和对联"无始无终先作形声真主宰;宣仁宣义聿昭拯济大权衡"。 ——译注

② 龚当信(Cyrile Contancin, 1670—1733),法国耶稣会士。 ——译注

一位两省总督①在给皇帝的奏章中写道,在所有建立了刘猛②(Lieou-mong)将军庙的地方,蝗虫和其他虫子都没有对乡间造成伤害;而在没有建立刘猛将军庙的地方,虫灾像以往一样严重。其他官员也向皇帝提出了不同的迷信做法,或是为了求雨,或是为了求好天气。为了回答这些祈求,雍正帝颁布了如下谕旨③:

"天人之间有一种确定无误的奖惩关系。当我们的乡间遭受水灾、旱灾或虫灾之时,什么是灾难的原因呢?有可能是皇帝的问题,他偏离了治理的正道,因此天谴以重归正道;也可能是地方大员未能办好公务,没有公正办事;也可能是郡县官员未能以身作则,行为不端;又或是一郡一邑之中,法纪和习俗被践踏,民生混乱。人心险恶,天人不合,厄运就接踵而至了。因为人在下面不遵守他们的责任,天在上面也就会改变以往的关怀。

"相信这个无误的道理,因此朕一听闻各省有旱灾或雨灾,就即刻反省自己的行为,修正宫内的失常。朝夕之间充满敬畏之心,向天证明自己的公正和虔诚,以此希望天能改变对我们的惩罚。你们各省的大员,应该帮助

---

① 雍正三年(1725),两江总督查弼纳奏:"江南地方有为刘猛将军立庙之处,则无蝗蝻之害;其未曾立庙之处,则不能无蝗。"雍正帝阅后斥其为"偏狭之见"。——译注

② 雍正二年(1724),雍正帝敕谕山西、江南、山东、河南各地建立刘猛将军庙(即虫王庙),并于京城畅春园择地建庙,将刘承忠封为驱蝗正神,列入国家祀典。并且一再虔诚祈祷,妄图诚能格天,把水旱蝗灾减到最低限度。之后虫将军又不断得到加封,咸丰五年(1855),加"保康"。同治元年(1862),加"普佑";七年(1868),加"显应"。光绪四年(1878)加"灵惠";五年(1879),加"襄济";七年(1881),加"翊化";十二年(1886),加"灵孚"。——译注

③ 可参见《清实录·大清世宗宪皇帝实录》(雍正朝):"丙午。谕大学士等。旧岁直隶总督李维钧奏称畿辅地方每有蝗蝻之害。土人虔祷于刘猛将军之庙,则蝗不为灾。朕念切恫瘝,凡事之有益于民生者皆欲推广行之,且御灾捍患之神载在祀典。即太田之诗亦云去其螟螣及其蟊贼,无害我田穉。田祖有神,秉畀炎火。是蝗蝻之害,古人亦未尝不借神力驱除也。今两江总督查弼纳奏称江南地方有为刘猛将军立庙之处,则无蝗蝻之害;其未曾立庙之处,则不能无蝗。此乃查弼纳偏狭之见。疑朕专恃祈祷、为消弭灾沴之方也。其他督抚亦多有奏称设法祈雨祷晴者。夫天人之理,感应不爽。凡水旱蝗蝻之灾或朝廷有失政,则天示此以警之。或一方之大吏不能公正宣猷,或郡县守令不能循良敷化,又或一郡一邑之中风俗浇漓,人心伪伪,以致阴阳沴戾,灾沴洊臻。所谓人事失于下,则天道变于上也。故朕一闻各直省雨旸愆期,必深自省察,思改阙失,朝夕乾惕,冀回天意。尔等封疆大吏暨司牧之官,以及居民人等,亦当恐惧修省,交相诫勉。夫人事既尽,自然感召天和,灾沴可消,丰穰可致。此桑林之祷所以捷于影响也。盖唯以恐惧修省、诚敬感格为本。至于祈祷鬼神,不过借以达诚心耳。若专恃祈祷以为消弭灾沴之方,而置恐惧修省于不事。是未免浚流而舍其源、执末而遗其本矣。朕实有见于天人感应之至理,而断不惑于鬼神巫祷之俗习。故不惜反覆明晰言之。内外臣工黎庶其共体朕意。"——译注

朕。各个郡县的官吏、士兵和居民,都应该完成这个任务。每人都要心怀敬畏,修省自己的德行,完善自己,相互勉励,改邪归正。如果我们完成了自己的义务,天自然会感知,会给予我们和平和保护。朕不想过多重复,为了预防灾难,没有比心怀敬畏、躬身自省和自我完善更好的办法了。至于祈祷神灵是做什么呢?不过是借助他们来向天表达虔诚和心愿。如果只是想通过祈祷来消除不幸和灾难,而同时忽视自己的义务,不修省自己,心中对天没有敬畏,就如同汲取断源之水,如同舍本逐末。怎么能够希望以此就能实现愿望呢?

"再说一次,朕确实相信天人之间相互感应。而疏远那些所谓的鬼神(Couei-chin)。为了让你们,尤其是让宫中大臣和各省大员们都知道,朕才不惜拿起笔来重申,以便诸位体会朕的意思。这是这个谕旨的唯一目的。"

这个关于神的存在和其象征的看法,关于神的教派和崇拜在中国由来已久,多个世纪以来没有遭到破坏和混淆。我们查阅了这个国家的所有古籍和重要著作,浏览了古代史籍,发现在多个朝代更迭之中,没有任何偶像崇拜的痕迹。中国的历史,对细节的记录是如此的详细,对习俗的革新是如此的关注。与我们想象的古代中国人的信仰相反,史籍中没有记录过迷信的仪式。但它精确地讲述了道教(Tao Ssée)的设立和那个古时由印度引入的偶像——荒谬的佛(Dieu-Fo)。这两个教派中的第一个产生于孔子时代,第二个产生于几个世纪之后。不只是在这个著名的哲人时代,借助于战乱和习俗的堕落,巫术和其他不同的谬误已经在几个省蔓延,可能大众已经有了几个偶像,并且使用了一些迷信仪式,但是史籍中没有任何证据。

作为最高权力机关之一的礼部(Tribunal des Rits),它的存在,在很大程度上保护了古代的宗教教义。礼部由判官们组成,它负责监察所有与宗教有关的事务;阻止革新;镇压民间的迷信;惩罚和谴责大逆不道或过于放肆的作家。他们的严厉不会宽恕任何对神或道德的不敬。据传教士说,这样放肆的作家在欧洲没有受到惩罚,可是在中国,一旦写出了大逆不道的文字,就会立即受到惩罚。古代有关天(Tien)的教义,总是得到礼部的支持。

始终如一的政令使得这个教义一直是占统治地位的。并不是只有官员们自己来组成这个礼部,他们有时在自己的家里,也可能秘密地举行不少迷信仪式,但是这些个人的喜好,不能影响到他们的公共身份。一旦坐上官位,他们只能知道的是国家宗教。

第二章　古老的祭祀，最早的庙宇

　　中国人对上帝最早的献祭，是在位于乡野或山上的坛（Tan）里面举行的。坛是指垒成圆形的石丘或是简单地堆高的环形土丘。坛的周围，由树木和草坪组成的双重垣墙环绕着，叫作郊（Kiao）。围墙之间的左右两边空地上，竖立着两个稍小的祭台，在举行祭天之礼之后，这两座小祭台被用来摆放，祭拜"神和圣"（Chen & Cheng）①。君主被视为帝国的大祭司，只能独自上祭坛。那些最著名的古籍阐释者和所有讨论过远古礼仪的作者们确认，这个祭天之后祭祀神和圣的习俗来自远古时代的伏羲氏（Fo-hi），随后被他的继承者们代代相传，在最早的三个朝代期间，没有混入任何其他仪式。这些作者们还说，在向上帝祈求和许愿之时，那些远古的皇帝和其子民将上帝视为能够满足他们不同祈求的全能的主。但是对先人神灵的祈求，他们只是祈求上帝保佑他们。这里无疑有不同的方式来表明这两种祭礼：祈祷上帝；知会先人，向先人致敬，执行备受尊崇的礼仪以表敬意。不是只有君主才能执行对神和圣的祭礼，所有人都可以代替他来执行这个宗教仪式。

　　在初期，帝国的疆域有限，国土不大，人口不多，一座山就足够来祭祀上帝。当君主和其大臣们，在树木和草坪的双重垣墙之中向天献祭之时，其子民们静静地围绕在郊的周围，或是在山坡上。但随后，帝国的疆域扩大了许多，黄帝（Hoang-ti）在其疆域的四周，按照四个方位确认了四座大山，用来举行全国性的祭祀。一年当中，君主先后去这几座山举行祭奠，并利用这个机会展露在他的子民面前，了解他们的需求，以纠正滥权来恢复秩序。

　　自尧舜以来，就有了关于这些重要祭奠的详细记录。从《书经》和其他零碎的古籍当中，我们可以看到，舜确定了：1.在一年的第二个满月之时，也

---

　　①　对于中国人，"神和圣"代表所有好的和正人君子的神灵，一旦离开他们死亡的肉体，由于德行高尚，就与上帝的福佑相结合。孔子和其他著名的智者就属于这类人。他们甚至还将当今皇太后和皇帝称为圣。在法语中"Cheng-mou"即是圣母，"Cheng-tchou"即是圣主。

就是春分之时,帝王前往位于帝国东部的泰山(Tai-chan),登上由郊环绕的坛,向天祈求关照已经播下并开始发芽的种子;2.在第五个满月之时,也就是夏至之时,帝王前往位于帝国南部的大山,举行同样的祭奠,并向天祈求洒向大地的温度适中,帮助所有德行的成长;3.在第八个满月之时,也就是秋分之时,祭奠会在西部的大山举行,并祈求免除害虫、旱涝和风暴灾害,以获得土地的丰收,满足人的需要;4.最后,在第十二个满月之时,也就是冬至之后,到帝国北部的大山祭奠,感谢天这一年来的关照并祈求来年延续。

这个先后前往的四座山,也叫作四岳(See-yo)。去祭奠的习俗,自黄帝以来保持了许久。周朝(Tcheou)的君主增加了些仪式和第五座山,第五座山位于帝国的中部,至少假设为处于其他四座山的中间。从这时起就叫作五岳了,或是五座祭奠之山。

这个需要帝王经常远行的制度也带来很多不便。因为帝王有其首都和朝廷,还有众多处理事务的官署需要他去管理。他不太可能甚至比较危险,规律性地在每个季度开始的时候远离它们。此外,年老、身体不便、恶劣天气、道路险恶都是足够使他取消这些困难行程的理由。为了规避这些麻烦,可行的方法就是在皇宫周边设立代表五岳的场地,以便帝王不能真正去登山祭奠时祭奠。人们建造了一座同时代表郊、坛、先人祠(Salle des Ancêtres)的建筑,君主在不能离开朝廷时可以在这里举行祭奠。

先人祠在这个建筑物里面,是因为在向上帝行祭礼之前,需要先到这个祠里面知会先人随即要做的事情。祭祀之后还会回到这个祠里面,感谢先人在上帝那里求得的护佑,表明没有忽视先人的心愿,并以先人的名义恭敬地执行谢主祷告。

这个建筑物在最早的三个朝代分别有不同的名字和形状。夏朝(Hia)时叫作世室(Ché-ché),意思是祖先的屋子,或是按照钱德明神甫的翻译将其称作"祖庙",它的围墙内分为五个殿,分别有不同的用途。殿内既无画作也无装饰物,只有四面光墙,墙上凿有窗户以透入光亮。正门入口处的台阶共有九级。

商朝(Chang)时叫作重屋(Tchoung-ou),或者重生庙。它的功用是一样的,但是更富丽并增加了装饰。那五个殿由多个圆柱支撑,并且由其他圆柱组成了第二层屋顶。

这同样的殿堂,在周朝时叫作明堂(Ming-tang),意思是敞亮的大房子。这个朝代的君主崇尚远古的纯洁信仰,仿制古人的简朴风格。他们的庙宇之中既没有装饰圆柱,也没有精美的屋顶。五个殿堂只是被简单的墙分开,其中之一用来祭祀,其他四间只被用来存放祭祀物品。这个简朴的建筑可通过四个门进入,门上覆盖一层薄薄的苔藓,代表着围绕古时郊墙的树木。这层薄苔藓也覆盖在屋脊之上。墙外环绕着挖凿的河渠,在祭祀期间会被填满水。在主殿外,周人增加了第二个殿,叫作清庙(Tʃing-miao),意思是清洁的庙堂。这个清庙只是用来执行净礼和祭奠先人,而第一个明堂是完全用于祭祀上帝的。

北京现在拥有两座主要庙宇,天坛(Tien-tan)和地坛(Ti-tan)。在这些建筑物当中,中国人展现了他们最优雅、最华美的建筑设计。这两座庙宇也是供奉上帝的,但功用不同:一个是崇敬永恒神灵(Eʃprit éternel)的;另一个是崇敬创物和守护神灵(Eʃprit créateur et conʃervateur du Monde)的。现代的祭祀典礼有许多种,但从规模和华丽程度上看,任何一种也无法与皇帝亲自参加的相比。只有他一人,作为大家族的首领和父亲,才有权利向上帝祭祀。他代表所有子民祈祷和献祭。在举行这重要的典礼的前几天,君主、宫廷中的权贵、官员和其他所有有权陪伴皇帝参加仪式的人员,为准备典礼需要进行隐居、斋戒和禁欲。这期间,皇帝不上朝,官署暂停理事。刑部的官员,所有被记录在案的人都不能在这些重要仪式上承担任何职责。婚礼、葬礼、节日、宴会和所有庆祝活动都被禁止。举行庄严典礼的那天就是皇帝以他的权威形象现身的时刻。数不清的人群组成队伍,王公贵族和高官们环绕着他。他走向天坛的行进就如同一个凯旋仪式。在天坛中使用的所有物品也都如皇帝的穿着一般华丽。专为祭祀使用的罐子和其他容器都是金质的,它们不能被用作其他用途。仪式中使用的乐器比通常使用的尺寸更大,是最大的,也是专用的。假如说皇帝从来没有显得像在向天坛行进当中那样尊贵,那么当他在向天献祭之时,也可以说他从来没有显得如此卑微和谦逊。他面向上帝下跪的方式、最谦卑的话语表达方式,使人觉得这所有华丽的仪式都只是为了缩短人与上帝之间的无限距离。

皇帝每年亲耕开犁的祭祀,是中国最古老的祭祀仪式之一。不能简单地认为这只是个鼓励农耕的政治制度。在这个视角下,立法者得到了尊重,但的确这个开犁仪式在中国历来被当作一个宗教行为。在古代经典之一的《礼记》当中专门描述道①:"皇帝为了祀(Tʃi)②而在南郊亲耕,也是为了向上天献上收获的谷种。皇后和公主们为了祀而在北郊饲养桑蚕,用于制作祭祀服装……皇帝和皇子们耕地,皇后和公主们养蚕,都是因为深感万物之主的造化,而根据古老的和崇高的法则向其献上崇敬。"很容易在其他历史文献当中看到,开犁仪式自古以来就是一个纯宗教仪式,属于信仰的

---

① 未查明出处。《礼记·月令》第六:"是月也,天子乃以元日,祈谷于上帝。乃择元辰,天子亲载耒耜,措之于参保介之御间,帅三公、九卿、诸侯、大夫躬耕帝藉。天子三推,三公五推,卿诸侯九推。"……"是月也,命野虞无伐桑柘。鸣鸠拂其羽,戴胜降于桑,具曲植籧筐。后妃齐戒,亲东乡躬桑,禁妇女毋观,省妇使,以劝蚕事。"

根据《礼记·月令》记载,每到正月(孟春之月)就要选择一个吉日,天子亲自载着耒耜等农具,带领三公九卿诸侯大夫们到专门为自己开辟出来的一块土地(即藉田)上去耕种;而到了三月(季春之月),王后就要率领嫔妃命妇带着农具亲自去桑田采叶喂蚕。这就是耕藉礼和亲蚕礼。这种仪式在我国历代沿传,到明清时期,相关规制更为完善。今天的北京,还保存着明清时期举行耕藉礼和亲蚕礼的仪式建筑,这就是位于中国古代建筑博物馆内的先农坛和位于北海公园内的先蚕坛。

耕藉礼是一套十分复杂的仪式过程。以清代为例,耕藉礼通常在农历二月或三月的吉亥日举行。提前一个月,相关机构就开始准备,确定从祀从耕人员,并请皇帝先到西苑丰泽园去演耕。耕藉前一天,皇帝要到紫禁城中和殿阅视谷种和农具,而后,这些谷种和农具就会盛放于龙亭中抬至先农坛,放到规定的地方。耕藉当天早晨,皇帝身穿祭服,乘坐龙辇,在法驾卤簿的导引下,与陪祭文武官员同到先农坛,祭拜过先农神,更换服装后,就到藉田上行躬耕礼。一时鼓乐齐鸣,禾词歌起,两名耆老牵黄牛,两个农夫扶着犁,皇帝左手执耒,右手执鞭,行三推三返之礼。之后,从耕的三公九卿依次接受耒、鞭行五推五返和九推九返礼,最后由顺天府尹与大兴、宛平县令率农夫完成藉田的全部耕作,种下稻谷、麦子、大豆等作物。这些庄稼的收成,要在将来重要的祭祀仪式上使用。

亲蚕礼的仪式同样复杂。根据清乾隆朝的规定,行亲蚕礼要先祭祀先蚕神。祭先蚕于农历三月份择吉举行,皇后和陪祀人员提前两天就进行斋戒,届时穿朝服到先蚕坛,祭先蚕神西陵氏,行六肃、三跪、三拜之礼。如果当时蚕已出生,次日就行躬桑礼,如蚕未出生,则等蚕生数日后再举行。躬桑前,要确定从蚕采桑的人选,整治桑田,准备钩筐。皇后要用金钩,妃嫔用银钩,均用黄筐,其他人则用铁钩朱筐。躬桑当天,皇后右手持钩、左手持筐,率先采桑叶,其他人接着采,采时还要唱采桑歌。蚕妇将采下的桑叶切碎了喂给蚕吃。蚕结茧以后,由蚕妇选出好的献给皇后,皇后再献给皇帝、皇太后。之后再择一个吉日,皇后与从桑人员到织室亲自缫丝若干,染成朱、绿、玄、黄等颜色,以供绣制祭服使用。可见,亲蚕礼持续了从养蚕到织成布料的整体过程。——译注

② 祀:祭天。

一部分。当今的皇帝也如同前面描述的那样,要提前三天斋戒准备,他从庄严的仪式开始,将亲自播种而收获的谷种存放到专为上帝而祭的神圣谷仓当中。

第三章 道教

老君(Lao-kiun)或老子是这个教派的创始人。这位哲人生于公元前603年,处于周朝末期。① 据说,他的父亲只是个贫穷的农民,从小就在一富人家做工,一直到七十岁都没有找到媳妇。后来好不容易娶到一个四十岁的农妇。哲人的伟大命运从他出生时就有一些奇迹预示了。有一天,他的母亲在一个偏僻的地方,突然感觉被天地之精气所孕,怀胎了八十年。她所服侍的主人厌倦了她这么长的孕期,将她赶走,使她不得不在乡间流浪。总算有一天她在一棵李子树下生了个男孩,他的头发和眉毛都是白色的。一开始,她用李子树给孩子起名为李,后来看到孩子的耳垂很大,就叫他李耳(Ly-eul)。但是老百姓惊讶于他的白头发,叫他老孩子、老子。

我们对他的童年一无所知,但当他到了一定年龄后,得到了一个管理周朝的皇家图书馆的小官位。这第一份工作使他积极投入到书中,勤奋学习,获得了史和古礼的渊博学识。他后来活到很老,最后死于槐里(Ou)。他留给弟子们的最重要的著作就是《道德经》(Tao-te),收集了他的五千言。

这位哲人的伦理观与伊壁鸠鲁(Epicure)所推崇的伦理观有很大关联。主要归结于排除任何强烈的欲望,克制所有可能破坏灵魂安宁的激情。根据他的观点,所有智者的关注点,应该局限于无痛无忧的存在和无忧无虑的生活。而为了能达到这种幸福的清静,他主张禁止回溯过去,同时也禁止对未来的无用追求。建立一个巨大的事业、通过各种努力使它成功,服从于啮心的野心,追求金钱并献身于吝啬,所有这些,都是为了后人而不是为了自己工作。牺牲自己的休息和个人的福祉而去满足其他人的幸福,使儿子和其他的后代更富有吗?涉及自己的幸福,对欲望的追求和为了满足欲望而采取的行动,老子建议要适当,因为他不认为一个真正的幸福是由痛苦、恶

---

① 学界对老子的生卒年月没有定论,《辞海》等工具书中也无法查证,文中老子的生年只代表原著作者的观点。——译注

心和忧虑来相伴的。

这位哲人的弟子们随后改变了他留下的学说。由于他们所追求的静止状态和灵魂的绝对安宁,不断地被死亡的恐惧所袭扰,他们宣布可以找到一种药剂配方,使人长生不死。这个疯狂的想法引导了他们对化学的研究,随后寻找点金石,不久后又投身于荒唐的巫术。

找到珍贵的药剂来避免死亡的欲望,吸引了大批信徒加入这个新的教派。那些要人们、富人们,尤其是天生对生命更感兴趣的妇女们,是最先接受老子的弟子们的这个学说的。巫术的仪式、招魂术、抽签预知未来,在外省快速蔓延。皇帝们也出于盲从传播了这个错误,不久宫中就挤满了数不清的假学者,而且还被称为天师(Tien-ʃʃé)。秦始皇帝(Tʃin-chi-hoang-ti),中国的奥马尔(Omar),由于焚书和对文人的仇恨而如此有名,也相信存在一种使人不死的方剂,长时间派人到许多岛屿上去寻找这种神食。武帝(Vou-ti),西汉的一位皇帝,对巫术之书的研究尤其投入。他最宠爱的一个妃子死了,时间也不能平抚他对她的思念。由此,道士中的一个骗子找到了一个方法,使得皇帝在幻觉中再次见到了他如此珍爱的妃子。这个异常的再现,使得皇帝越发深信这个荒谬的新教派。所有大臣们的告诫都没有用。有一名大臣,对皇帝如此执迷不悟感到绝望。有一天他到皇帝那里去,正好遇到有人向皇帝呈献那神秘的药剂,他立即将药杯抓到手并全喝下肚去。皇帝被这个冒犯行为气坏了,立即下令将他逮捕处死。这名大臣镇静地说:"这个命令没有用,您没有能力将我处死,因为我刚喝了长生不死的药。但是假如死亡还是降临到我的头上,那么陛下应该奖赏我,因为这能证明这个药剂并没有传说的功能,那些骗子们欺骗了陛下。"这个回答救了他自己一命,然而皇帝并未回心转意。皇帝依然喝了几次所谓的长生不死的药剂,不久他的健康每况愈下,他终于明白了自己还是会死的。他在对自己的轻信而遗憾中死去。

丧失了这个护道者丝毫没有减缓这个教派的发展。祭祀鬼神的道观在帝国到处建立起来。其中两个最著名的道士还被允许公开宣教。同时他们向人们分发和出售昂贵的小画像,画上有众多代表天上的人和神灵,被称为三清(Sien-gin)——不死之神灵。除了上帝,这众多的神灵也被单独崇拜,好几位古代的国王就被如此神化崇拜。

迷信在唐朝一直延续。唐朝的创建者亲自为老子竖立起一个道观,另一名同家族的皇帝在自己的宫殿中醒目地摆放着这名哲人的塑像。

道士越来越多,到宋朝时更是强极一时。很显然,他们用尽伎俩来使人们相信他们的教义,也越来越争取到了王公们的信任。在一个漆黑的夜里,这些骗子们在老皇城的大门上悬挂了一本写满法术和字符的书。第二天一早,他们向皇帝报告说突然发现了这本书,并说是从天而降的天书。轻信的君主,在大批随从的陪同下立即赶到发现地点,亲手庄重地接下此书并像奖杯一样将它抱到皇宫中,保存到一个金箱子里。宋朝的第八位皇帝①,推崇迷信至极,甚至授予一名道士"上帝"的称号。在这之前,老子的拥趸者还只将这个名称留给唯一的上帝,也并不将那些他们自造的新神与其相比。这个玷污激怒了整个国家的智者,并预示了这个朝代的灭亡,就如同对丑恶亵渎的应得惩罚。就这一点,一位博学的阁老在谈到这个王朝的毁灭时说道:"那个时候,徽宗(Hoei-tʃong)违背了所有理性,将上帝的称号授予一个人。这个上帝是上天最伟大、最受崇拜的神,他对这个不敬很敏感,严厉地惩罚了这位君王的背叛,并将其全家毁灭。"

时间逐渐驱散了幻觉和骗局,然而这个卑劣的教派却日益发达。一个又一个世纪,它不断成长,得到了君主们的保护和权贵们的支持。尽管不时有有识之士出来反对,并勇敢地向皇帝上书进谏,可是那些令人钦佩的或是令人恐惧的场景所展现的神奇技艺总能触动大众的心灵,使得这个教派不断地扩散和延续。例如在1496年,四名国务大臣向完全笃信道教的明孝宗②(Hiao-tʃong)上书:"自太祖建朝以来,直到英宗(Yng-tʃong)朝后期,先帝

---

① 宋徽宗赵佶,尊信道教,大建宫观,自称教主道君皇帝,并经常请道士看相算命。——译注
② 明孝宗朱祐樘,年号弘治。明朝第十个皇帝,自1488年至1505年在位,前后共十八年。——译注

们只允许饱学纯正经典之士接近他们,而如今人们不尊重天了,错误胜利了,大胆与迷信结合在一起了。假如君主不管理政务,而去做其他事情,假如他远离真正的经典而被错误所吸引。历史和经验告诉我们,他将会成为一个危险的榜样。寻找变出金银的秘方和使人长生不死的药方,都是被智者们谴责的错误,也是被所有贤明君主所严厉禁止的。唐宪宗①(Hien-tſong)的悲惨结局就可归因于他喝了长生不死药。最近,火灾使得陛下尊崇的偶像庙化为灰烬,假如这些神灵拥有传说中的能力,为什么不能拯救他们的庙宇?如果他们没有能力保护自己,怎么还能保护我们呢?这些现象就是警告我们应该改变自己的行为。阳光暗淡、雷鸣、地震都不是无用的预示。面对如此多的、可以唤醒陛下的奇异迹象,我们的荣誉和对陛下的忠诚都不允许我们闭口不言。"然而皇帝为大臣们的忠诚鼓掌,既没有改变他的行为,也没有改变他的观点。

如今的道教向神灵奉献三种祭品:一口猪,一只鸡和一条鱼。他们在巫术中通常的仪式,根据骗子本人的想象力和灵活性而变化。有人往地上插桩;有人在纸上用毛笔画奇怪的符号,并且每笔画都伴随着怪脸和怪叫;其他人使用蹩脚乐器和小鼓搞得无比喧闹。这些人时而聚在一起,时而一哄而散。

道教中许多人操持着在中国叫作算命先生的职业。尽管之前从未见过前来算命的人,这些算命先生也能说出来人的名字和其家庭状况,比如他的房屋朝向、有几个孩子、他们的名字、年龄等二十多个事先从他处了解到的特别情况。据说,有些算命先生在神秘的乞灵之后,会在空中展示出他们教派首领的头像或是他们崇拜的神灵形象。另一些算命先生可以命令毛笔自己写字,毛笔在没有任何人接触的情况下,针对询问者提出的问题,自己在纸上或桌上写下答案。有时他们可以在水塘的水面之上显现出一个家族的所有人。就像在魔术画中一样,他们还能标示出帝国中将要发生的变革和

---

① 唐宪宗李纯(778—820),唐朝第十一位皇帝(除去武则天和殇帝),805—820年在位。——译注

未来将要崇拜道教的重要人物。

道教的首领和他的继承人都被政府授勋有大臣官职,并且居住在江西省①一个村庄中的奢华宫观里。民众的迷信促进了他们的影响。人们从各个省前来拜访,有的人是为了祈求治病神药,有的人是想了解未来的命运。天师向所有人分发写有神奇字符的纸条,来访者都满意而归,既不后悔旅途的疲乏,也不惋惜前来朝圣的花费。

---

① 江西省龙虎山。龙虎山位于江西省鹰潭市郊西南20公里处,原名云锦山。东汉中叶,道教创始人张陵(亦称第一代天师)在此炼丹,"丹成而龙虎现,山因得名",龙虎山因而也成为中国道教的发祥地。天师府是历代天师生活起居之所和祀神之处,被称为道教正一派的祖庭和元明两朝管理道教事务的办公机构。——译注

第四章 佛教

这个起始于印度的教派，比道教在中国更广为流传，也更有害。汉代时，道教的大师曾经向汉明帝①(Ming-ti)的兄弟楚王英(Tchou)承诺，让他与神明通灵。这个幼稚又迷信的楚王听说印度有位著名的神明叫作佛，就不停地请求明帝，直到他派遣出了求法的外交使团。使团长②由另外十七名成员陪同，向印度进发。当他到达印度时，只遇到了两名沙门(Cha-men)或叫作僧侣，就把他们带到了中国。他同时收集了许多佛陀的画像，画在印度产的细腻织物上，还有印度的《四十二章经》及图画，一起由白马驮回。这个使团在明帝朝第八年返回皇城，也就是65年。所有史学家都认为佛教信仰和佛法是在这个时期被引入中国的，从此开始其最快的发展。

我们并不十分了解这个所谓的神明出生在哪里。他的信徒们宣称他出生在印度王国一个皇家的旁支，其父曾是国王。他们还说其母叫作摩耶(Moyé)，从左肋将其生出，随后不久就死去了。还说她在怀孕期间，在梦中吞下了一头象，而这个奇怪的梦就是印度国王们所特别崇拜的白象的来源。他们描述说，这个神奇的孩子一诞生就有足够的力量站起来，他走了七步，一手指天、一手指地喊道：“在天上和地上，只有我值得崇拜。”

在他十七岁时，他娶了三个妻子。其中一个妻子生了个儿子，中国人称之为罗睺罗(Mo-heou-lo)。在十九岁时，他抛弃了自己的家、妻子、孩子和所有土地财富，去隐居修行，随他而行的有四个弟子。三十岁时，他突然

---

① 佛教界传统上多以东汉明帝"感梦求法"作为佛教传入中国内地的开始。《后汉书·卷八十八·列传·西域传·第七十八》："世传明帝梦见金人，长大，顶有光明，以问群臣。 或曰：'西方有神，名曰佛，其形长丈六尺而黄金色。'帝于是遣使天竺问佛道法，遂于中国图画形像焉。 楚王英始信其术，中国因此颇有奉其道者。 后桓帝好神，数祀浮图、老子，百姓稍有奉者，后遂转盛。"——译注

② 佛教传说，永平十年蔡愔等在西域大月氏国得遇印度高僧迦叶摩腾、竺法兰，并得见佛经和释迦牟尼白玉佛像，便用白马驮经共还洛阳。 汉明帝对他们的到来深表欢迎，并安排他们住于鸿胪寺。迦叶摩腾与竺法兰在此译出了汉文第一部佛经《四十二章经》，存放在皇室图书馆兰台石室中。 朝廷为纪念白马驮经和请佛像之事，在洛阳建立了中国第一座寺院——白马寺。 于是，中国佛教佛、法、僧具足，标志着佛教在中国内地的开始。 因此，后人把佛教的东传称作"白马东来"。 ——译注

觉悟,变成了佛,或者根据印度的说法,变成了浮屠。成为神之后,他只想建立他的理论,并且通过奇迹来证明他的天赋使命。他的弟子非常多,使得其谬论不久就将整个印度和亚洲北部侵占了。这些佛教的信徒,被暹罗人称为和尚(Talapoins);被鞑靼人称为喇嘛(Lamas);被汉族人称为和尚(Ho-chang);被日本人称为僧侣(Bonzes):这最后一个名称就是欧洲人所使用的。

佛陀最大的谬论大概就是他自己发明的灵魂转世说。鉴于他生活的时代早于毕达哥拉斯五百年,并且我们知道这位希腊哲学家曾经到埃及和印度的几个地区旅行过,人们有理由怀疑毕达哥拉斯是否曾经从印度哲学家的弟子那里借用了这套理论。这个灵魂轮回的理论就是在所有佛教传播地区的多偶像崇拜的根源。四足动物、鸟类、爬行动物和最低贱的动物都有它们的庙,并且得到公众的崇拜。就因为神在转世的时候,有可能在所有这些动物当中转世。

看看僧侣们是如何叙述他们的神吧。在他七十九岁时,体力衰退使他意识到,他与其他人一样,神的启示也无法阻挡自然死亡的力量。他丝毫不想在离开弟子们之前还保留其理论的秘密和所有的深刻内涵。因此召集他们来,向他们宣布说迄今为止,他一直认为在言论中不应只使用哲语,四十多年来他一直使用形象表述和隐喻来掩盖了真相,由于即将在他们的眼中消失,他想要向他们表达他真实的感情并向他们解密他的智慧。他说:"记住,万物中除了空和无,没有其他的原则;万物生于无,万物再转变成无。这就是所有的希望所在。"

在他死后,他的弟子们散布了无数种言论。他们坚信师父还活着,他已经转世过八千次了,并且前后接连在不同的动物身上重生:猴子、狮子、龙、大象等。在他的弟子们当中,有一名叫摩柯迦叶(Moo-kia-yé)的最受他重视。他向其密授了最精深的奥义,并命他继承和传播教义。他禁止这位继承人去寻找教理的证据和推导,并要求他在随后发行的经书首页写明:如是我闻。在他的一部著作当中,佛陀提及另一名比他还更古老的师父,中国人叫他阿弥陀(O-mi-to),日本人叫他 Amida。僧侣们确信他是绝顶神圣,以至于只要念叨他的名字,哪怕是最深的罪恶也能即刻得到宽恕。因此,中国人嘴边无时无刻不在念叨这两个名字:阿弥陀,佛!

第五章　佛教的秉性，僧侣们的江湖骗术①

佛陀最后的遗言在他的弟子们当中引起了许多混乱。一些人坚持原始的信仰；另一些人相信第二种教义，形成了无神论教派（Secte d'athées）；第三派想要弥合第一派和第二派，阐述了著名的外教义和内教义（doctrine extérieure & doctrine intérieure）的观点②，外教义和内教义的区别，其中一个教义自然要优先，并且辅助信众接受另一个教义。据说，外教义对于内教义而言，就像是建设拱顶的拱架，拱顶建好之后，拱架就变得没有用了。外教义和内教义的关系是同一个道理：一旦内教义确立起来了，外教义就应该被抛弃了。

我们不必去展开内教义中的所有错误，只需指出这个体系中的根本主张，就能明白其理论的荒诞和谬误。空（néant）是所有存在的源头和终点，人的祖先诞生于空，死后也归于空。所有生命的区别只在于其外观和内质。一个人、一头狮子或是其他什么动物可以由同一种材料组成：假如概念化这些不同的碎块，他们的外观和各自的内质就都消失了，变成了同一种物质。对于所有生命体或者无生命体都是一样的，虽然他们的外观和内质不同，他们都是同一种东西，来自同一个源头——空。这个世界的本源是纯而无瑕的、精微而简单的，它静而不动，既无德、无力，也无智，而且它的本质就是无为、无智、无欲。想要达到幸福，就要通过不断静思，不断战胜自我，努力使自己如同本源一样，并且习惯于无为、无思、无闻、无欲。一旦达到这个无感知的幸福境界，对于灵魂就没有了恶或善、赏或罚、天命和永恒的问题。最神圣的就是停止存在，自融于空，越是近似于石头或木桩般的存在，越是能够精进，最终在无痛和静止、在身体的无欲和无为当中、在所有灵魂和思想

---

①　本章文字集中体现了18世纪法国传教士对天主教以外的其他宗教的偏见。本章对当时盛行在中国朝野上下的宗教的描述和介绍多有不实之处。——译注

②　未找到出处。佛教部派分裂源于"五恶见事"争端。大天比丘颂言："余所诱无知、犹豫他令入、道因声故起、是名佛教。"三大部派：上座部、大众部、分别说部。——译注

能力的消灭当中,达到幸福和圣德。人一旦达到这个境界,就没有了对过去和将来、对轮回的恐惧,因为他已经不存在了,已经成佛了。

一个如此奇怪的哲理,你不相信它能在中国找到信奉者吗?然而高宗皇帝(Kao-tʃong)①如此执迷于此,竟然退位去追随这个荒诞的教义。它摧毁了社会的所有道德,灭绝了人与人之间的所有关系。

外教义更容易被大众所接受,因此也拥有更多的教徒。以下是这个教派的和尚们所尊崇的教条和准则。他们承认善与恶的区别,认为好人和坏人的灵魂归属不同,好人死后有好报,坏人死后有恶报。他们说佛会降临地上来解救众生,纠正误入歧途之人。只有向佛祈求赎罪,才能在将来得到幸福的重生。他们强调要遵守五个戒律:第一个是戒杀生,包括任何生命;第二个是戒取他人物品;第三个是戒淫秽;第四个是戒谎言;第五个是戒酒。他们尤其向民众鼓吹要怜悯众生,善待僧侣,帮助他们建设寺庙,并且向他们提供一切生存必需品,以便在他们的祈祷和苦修的帮助之下,来获得自我的赎罪。他们对大众说,在你们亲人的葬礼上,烧掉金纸、银纸、衣服和丝绸,它们在另一个世界里会变成真金白银和华服,所有的财富都会最终转交到你们的亲人那里。如果不遵守这些神圣的戒律,灾难就会到来!你们的灵魂将会在死后得到最残酷的惩罚,并且转世变成最可恶的生物。你们可能会变成狗、鼠、蛇、马、驴,转世中不断遭受痛苦和灾难。

很难想象这些带威胁的预言在幼稚的中国人当中产生了什么影响。我们可以在李明神甫的回忆录当中,通过他所讲述的几件事情,来评估一下。李明神甫讲道:"我记得,在山西省的时候,有一天有人找我去给一位病人做洗礼。这是一位七十岁的老人,靠着皇帝赏赐的一点资财生活。当我进入他的卧室的时候,他对我说:'我真心地请求您,我的神甫,请您帮助我解脱痛苦。'我说:'洗礼不仅可以解救你下地狱,还能让你的生活更幸福,能去天堂永恒地拥有上帝将是多么大的幸福!'病人说:'我听不太懂您对我说的,也可能我没有解释清楚。您知道,我的神甫,我活了这么多年,得到了皇帝

---

① 未注明出处,未查到因信佛而退位且庙号相近的皇帝。——译注

的关照。和尚们很了解另一个世界的生活。他们告诉我说,由于得到皇帝的认可,我在死后肯定还要为他服务。我的灵魂一定会在一匹驿马中重生,为宫廷在各省间传递信件。因此他们劝我一旦转世成驿马,就要认真完成任务,不能失足,不能尥蹶子,不能咬人,不能伤害任何人……好好跑路,少吃,耐心,如此才能得到诸神的怜悯。一个好的畜生常常能再转世成为一个贵人、一名官员。我向您坦诚,我的神甫,这个想法让我颤抖,我一想起来就坐立不安,有时一整夜都在想,有几次在昏睡中觉得自己已经戴上了马具,随时准备在驿卒的鞭击下出发。我醒后浑身湿透,迷糊中也不知道自己是人还是马了。天哪,如果这不是梦,我会变成什么?……现在,我的神甫,我决定了。有人告诉我说你们的宗教里面没有这些苦难,人总还是人,在另一个世界里也不会变。我请求加入你们中间。我知道你们的宗教也很难遵守,但是哪怕再难,我也准备拥抱它,不管付出什么代价,我宁愿成为天主教徒也不愿变成畜生。'病人的这段话很让我感到可怜,随后我想到,上帝也利用人们的简单和无知来引导他们走向真理。我借此机会指明他的错误,将他引上救赎的正路。我教导了他很长时间,他最终相信我了。我也在他临死时,欣慰地看到他不仅神情坦然,而且拥有了所有天主教徒所应有的标志。"

尽管中国人在迷信当中增加了众多的偶像,尽管每个家庭都十分崇拜他们自己选择的偶像,但是似乎大众对这些所谓的神并没有总是真心地尊敬。一旦人们的祈求迟迟得不到回应,这些神就经常被抛弃,人们就转而去别处烧香。还有些比较急躁的人,完全蔑视这些不显灵的神,会破口大骂,什么臭神灵,我们让你住在舒服的庙里,崇拜你,喂养你,给你烧香,给你了这么些好处,而你这忘恩负义的,居然拒绝我们的祈求。随后他们将绳子缠在神像身上,将神像拖行在大街小巷里,使他玷污上泥土和脏物,让他赔偿所有的香火钱。在这种行动当中,假如某些疯狂的信仰者偶然间实现了他的祈求,他们会将偶像重新擦洗,再放回原来的座位上,然后再跪倒在神像之前忏悔:实话说,我们太着急了,可您这么难伺候就一点没错吗?为什么让自己受到没必要的击打？您给我们些恩赐就这么难吗？然而已经发生的事情就别去想它了,我们会继续崇拜您,但是您必须忘记这些事情。

李明神甫在南京的时候,记录了一件很有趣的事情,让我们多少可以感受到中国人是如何对待他们的神的。有一个人的独生女儿生病了,在尝试了各种医药而无效的情况下,决定祈求那些神灵的帮助。祈祷、祭献、施舍,为了能治好女儿的病,他做了所有求神的事情。由此得到了不少好处的和尚们,以他们所吹嘘的法力无边的神灵的名义安抚他。然而他的女儿还是死了。悲愤之中的父亲决定要报复,谴责神灵徒有其表。他到当地的法官那里状告那不公正的神灵有欺诈行为,言而无信,应该受到惩戒性的处罚。他在诉状中激动地写道:"如果神灵能治愈我的女儿,那么在拿到我的钱之后还让她死去就纯粹是诈骗。如果神灵没有这个神力,他在这里干什么？凭什么他能是神？我们崇拜他,整个省的人向他祭献都无用了。"对于这个既没有神力还有恶意的神灵,他要求铲除神像及其庙宇,赶走邪恶的守护,并且将他从神降为人。

法官觉得事关重大,就报告给上级巡抚处置。巡抚不愿意接手这和神有关的事情,就又向总督报告,请总督决策。总督在听取了惊恐的和尚们的辩解之后,召见了原告,建议他撤诉并对他说:"你跟这些神灵闹矛盾是很不理智的,他们肯定都很机灵,我担心他们会给你带来厄运。相信我,接受和尚们给你的补偿提议。他们向我保证神灵会理解你的怨气,条件是你不要再将事情搞到极端了。"

可是这个男人,在失去了女儿后已经完全绝望了,宁死也不愿意放弃他的权利,回答说:"我已经决定了,总督大人,神自认为可以犯下任何罪而不受惩罚,没有人敢于起诉他,但是他想错了,我倒是要看看他和我之间谁最狠,谁最顽固。"

总督也没有退路了,只得启动诉讼,同时将起诉者的意见知会给负责提审双方的刑部(Conseil souveraine de Pe-king)。不久后开庭审理,为神灵辩护的一方不缺少支持者,尤其接受了和尚们的金钱的律师们①,更认为他们完全在理,热烈地为神灵辩护,甚至比神灵自己到场辩护都要好。但是他们的对手比他们还要狡猾,为了能赢得诉讼,事先就重重地贿赂了法官,并坚信哪怕魔鬼也不会对那笔钱无动于衷。结果几场争辩下来,他完全赢了这场官司。那个神灵被宣判:在整个帝国内无用,永远驱逐出境,铲除其庙宇;那些推崇这个神灵的和尚们也都受到了严厉的惩罚。

民众的幼稚性的迷信受到了和尚们的细心维护。这些人毫无德行,自小就在舒适、懒惰和厌恶工作的环境中被养大,大部分人通常只是为了生存而成为和尚。为了敲诈那些佛的崇拜者,他们的技巧无所不用其极,在中国有太多这方面的故事讲述了他们是如何欺骗虔诚的佛教徒的。下面引述李明神甫的《中国现状新志》(*Mémoires sur l'état présent de la Chine*)②中讲的故事,可以博得读者一笑。

两个和尚在乡下游荡,在一个富裕农户的庭院里看见有两三只肥鸭。他们立刻在他门前跪下,开始痛苦地呻吟和哭泣。农妇透过窗户看见了他们,立即从家里出来询问他们为什么如此悲伤。他们对她说:"我们知道,我们长辈的灵魂转世到这些鸭子的身体里了,我们实在担心你们会杀死它们,如此我们也将会痛苦而死。"农妇回答说:"我们确实是想卖掉这些鸭子,但既然它们是你们的长辈,那我向你们保证留下它们。"这当然不是和尚们想要达到的目的。他们接着说:"啊!可是您的丈夫不一定像您一样慈悲,假如它们遭到什么不测,我们就死定了。"最后,经过漫长的对话,好心的农妇被他们的行为所感动,而将鸭子送给了他们去喂养,以安抚他们的痛苦。和尚们尊敬地接受了这几只鸭子,并在它们面前跪拜了无数次,可是当晚,他们就饱餐一顿,把他们所谓的长辈们烤着吃了。

这些和尚们了解所有虚伪的招数,他们可以卑躬屈膝、自我羞辱,他们

---

① 律师当然是西方的称谓,清朝时期相应的只有"讼师"或"状师",功能完全不能与律师同日而语。——译注

② 全称应为 *Nouveaux mémoires sur l'état présent de la Chine*,Louis Le Comte,Paris,1696。——译注

假装出一种温和的、殷勤的和谦逊的态度来赢得人们的信赖。人们把他们看作是圣贤，尤其是看到他们常常严格地执行斋戒，静思守夜和在佛像前诵经。如果依靠巧计无法得来捐赠，他们就通过苦修的行为，利用人们的同情心来获得。通常在公共场所，在人流多的交叉路口，能够遇见他们在行人的眼前做出苦修的表演。有些人在脖子和腿上缠缚着30尺长的粗铁链在街上走；有些人用大石块将自己打得浑身是血；还有些人在他们的秃头上顶着烧红的木炭。在这些装扮下，他们会走到人家门口说："您看看，我们为了给您消灾付出了多大代价，您难道就那么硬心肠而不给我们些施舍吗？"

有一个最奇特的苦修方法，被李明神甫亲眼看到并记录下来："有一天，我在一个村子里遇到一位神态安然、和善、谦逊而且衣着干净的年轻和尚在化缘。他站在一个封闭的轿子中，里面紧凑地安置了许多长长的尖钉，使得他只要一动就会受伤。两个受雇用的挑夫慢慢抬着他走街串巷，到人家中去祈求同情。他对人们说：'我关在这个轿子中为你们的灵魂消灾，直到所有的钉子都被买走才会出来（至少有两千多个），每个钉子十文钱，但是任何一个都能给你们的家庭带来幸运。如果你们买它，就是做了一个善行，这不是给和尚们的施舍，而是给佛的施舍。我们正在为他建造一座庙。当然如果你们愿意，也可以对和尚们表达你们的慈善。'"

"我正好从那里路过，和尚看到了我，并向我说了同样的话。我对他说没有必要在这世上遭受如此悲惨的折磨，并建议他从轿子中出来，去真正的上帝的庙堂中学习天主的真理，修行会更有益而不会这么艰苦。他平和地但是冷淡地回答我说，对我的建议不胜感激，但是如果我能购买一打钉子，将会对他有更多的帮助，而且肯定会给我的旅行带来好运。'拿着，'他侧身对我说，'拿这些钉子吧，以比丘的信仰向你保证，这些钉子是最有效的，因为它们最让我难受，而价格是一样的。'他讲话的神态和姿势，假如在其他场合肯定会让我笑出来，然而他的糊涂又让我觉得可怜。看到这个被魔鬼附身的可怜人，我感到心中悲痛。他遭受苦难而迷失自己，而一个天主教徒并不必须遭受苦难去自赎。"

不是所有的和尚都是苦修僧。许多人放弃了这种艰苦的化缘方式。为了达到同样的目的,有些和尚使用无数卑鄙手段,甚至杀人。李明神甫提到过,我们就不在这里细讲了。几年前,曾经有一位县官及他的随从们在大路上被一群人拦住寻求救助,这引起了他的好奇心。起因是一些和尚为了庆祝一个特别的节日,在一个宽敞的舞台上竖立起一个高杆,之上悬挂着一个小筐,一位青年人的头露在外面,胳膊和其身体的其他部位都被藏在筐里看不到,只有眼睛能动,满脸的茫然。舞台上,有一名老和尚在向观众解释说这名虔诚的年轻人决定牺牲自己的生命,跳进路边不远处的深河里。"他不会死的,慈悲的神灵会在河底热烈地迎接他。这对他来说实在是再幸福不过的事情了。另外还有一百多人也想得到这种荣幸,可因为他的虔诚和德行超过这些人而被命运选中了。"县官听完这些讲述,说这个年轻人勇气可嘉,可是他为什么不自己表达他要献身的愿望和原因呢?他命令道:"让他下来,我要和他谈谈。"老和尚听到这个命令害怕了,立即反对说如果让那个年轻人开口说话就全完了,厄运就会降临本地。县官回答说:"这个厄运就让我来接受吧。"同时他再次命令年轻人下来。可是年轻人丝毫不动,只是眼露恐慌,眼球乱转,都快掉出来了。和尚见此说:"请您看他的眼神,他的恐慌,肯定是被您吓到了。如果您再坚持让他下来,他会绝望而痛苦地死去。"县官毫不动摇,命令他的手下人从舞台上将那个可怜的年轻人带下来。他们发现年轻人被绳子紧紧捆缚着,嘴中塞着口衔,就给他松绑了。年轻人一被解开就大叫:"啊!大人,请为我做主,这些凶手想要淹死我。我是一名要去参加乡试的学子。这些和尚昨天强行抓住了我,今天天亮前把我绑在这个高杆之上,我既不能喊叫,也不能动。今晚他们要把我扔到河里淹死,以实现他们不可告人的秘密。"他一开口说话,那些和尚就四散逃跑了。但是跟随县官的巡捕们抓住了其中几个。最后他们的头领被扔到河中淹死,其他人被收监,并根据罪行进行了处罚。

意大利耶稣会士利国安[①]神甫(P. Lauréati)在他的一封信中为我们提供

[①] 利国安(Giovanni Lauréati, 1666—1727),意大利耶稣会士。——译注

了另一个故事,帮助我们了解这些道德败坏、生活淫乱的和尚们。从前,在福州(Fou-tcheou)附近有一个著名的寺庙,其中住着那些当地最有名气的和尚。一名医生的女儿要去其父亲在乡下的居所,根据当地习俗坐着轿子,随行的有两个丫鬟。她对那个寺庙很好奇,想进去参拜祈福,并叫人支开那些和尚。庙中的住持很想看看这个年轻女孩长得什么样子,就藏到了祭台后面。当他看到女孩很漂亮,不禁动了淫心,也不顾什么灾祸之类的想法了,就想得到这个柔弱的、没有足够保护的女孩。他立即行动,命令他的几个心腹和尚将两个丫鬟抓住,他自己在女孩的哭喊下夺取了她的贞操。

不久后,医生发现找不到他的女儿了,并听说她去过那个寺庙,并就此消失了。他就去寺庙找人。和尚们说,女孩的确来参观过寺庙,可是她祈福后就离开了。医生跟所有文人一样受过教育,根本不信任那些和尚。他向当地的鞑靼将军请求帮助,去抓捕绑架他女儿的罪人。和尚们以为医生和将军都好骗,就神秘地告诉他们说,佛看上了医生的女儿,就将她带走了。那个绑架的主犯和尚,还想通过动人的言辞说服医生,佛看上了他的女儿的温柔和家世,这将给整个家族带来荣耀。可鞑靼将军根本不信这些胡言乱语,开始在寺庙中到处搜查。他在一块岩石后面听见了微弱的叫声,就前去查看,发现有一个关着铁门的岩洞。打开铁门后,在地窖中找到了被关押着的医生的女儿和另外三十多个女人。将她们解救出来后,将军立即烧掉了那个寺庙及那些祭台、佛像和无耻的和尚。

尽管民众普遍迷信,但是和尚在中国还是比较被蔑视的。大部分疯狂的骗子来自社会底层。为了延续他们的教派并发展信众,他们收买儿童,然后利用十五年到二十年给他们灌输教义,并教给他们所有能够带来丰厚收益的骗钱技巧。这些青年和尚随后将会继承老和尚们的事业,再将他们得到的技巧传授给下一代小和尚。他们几乎都很无知,假如要求他们讲述他们自己的教派的教义,大部分人会觉得很尴尬,无法准确地和详细地讲述出来。

尽管他们没有很严格的等级制度,但是他们认可其中那些高级和尚,称之为大和尚(Ta-ho-chang)。拥有这个级别的和尚可以享受到特别的尊重，并可在宗教仪式中位于前排。和尚们的谋生手段是多样的：有些人专门负责乞食；有些人有口舌之利，并学到了一些中国文学，负责向文人之家和富贵之家化缘；那些年老的和尚，由于外貌显得持重可敬，就向妇女们化缘；这些老和尚会主持某些省份的妇女团体集会，尽管这类集会不多。

这些虔诚的小团体对和尚来说是很赚钱的。通常由十五名、二十名或三十名妇女组成，大部分是有身份地位的、富有的夫人或寡妇。其中一名女士会被选为头领，任期一年。她的家就会成为聚会场所，团体中的所有人共同资助讲经所需的场地装饰费用、节日庆典的费用及和尚们的供养费用。

在这类普通的聚会中，一名和尚会被邀请来，通常都是名老和尚。他进入所有信众集会的堂室中，唱诵佛经。然后，在冗长的唱诵阿弥陀佛声中和令人晕眩的蹩脚乐器的敲打声中结束。最后，大家都上桌享受一顿美餐，并以此快乐地结束整个嘈杂的仪式，但是这样的仪式只是一般的。

在更重要的日子，诵经场会被装点上一些佛像，和尚们会挂出许多幅画，上面画着地狱中的百种酷刑。一名大和尚及他的下级随从会被邀请来。诵经和宴席持续七天。这七天中最重要的事情是准备财物向阴间献祭。如下是执行这个神秘仪式的方法。人们先用彩纸和金纸制造一个房子，如同一个真正的富裕人家的中式建筑格局一样，这个纸房子包含了所有应有的家用容器、家具等。随后纸房子中会被放满许多涂彩和涂漆的盒子，盒子当中再被放置所谓的金条银条，也就是金银纸做的金银条。上百个这样的盒子是用来为逝者赎罪的，因为无情的阎王会惩罚那些没有向他贡献财宝的人。二十几个同样的盒子用来贿赂那可怕的阎王的审判人员。房屋、家具和其他财富也都有各自的用途；都是用来在阴间居住和购买房屋的。所有这些纸质的财富都被纸质的锁头锁起来。人们随后将房子关上，并保存好钥匙。一旦出资建造这个纸房子的人死去，人们就在仪式上将纸房子烧掉，连同钥匙和所有的盒子，虽然它们是纸质的，但灵魂在阴间能得到真金白银。

这些仪式的举行没有确定的时间，完全取决于邀请和尚的人家。和尚们会去所有邀请他们或喜欢他们的人家，但是用金纸当钱可不行。

　　男人们，由上百个信众组成，也有他们特别的聚会。其中最有名的团体是斋戒团、长斋（Tchang-Tchai）。他们一般由一个长老率领，拥有众多弟子，叫作徒弟（Tou-ti）。弟子们称长老为师父（Sʃëe-fou），就是师长-父亲的意思。但凡有点才能和威望，以及对所信宗教的虔诚就能达到师长-父亲这个级别。需要拥有能阐明一本无法解读的手写密文的能力吗，假如这是本被一个家族保存了几代的书？需要拥有神秘的、能够引发奇迹的祷告能力吗？事实是并不需要这些能力就能成为师父，并且得到众多弟子的追随。当这些斋戒者的头领召集聚会的时候，所有弟子都被通知参加，没有人敢不去。方丈的座席位于厅堂的最里面，所有成员在进入的时候都要在其脚下磕头，然后在他的左右排成两列。当所有人都到齐后，每个团体会诵念他们自己的秘密经文，然后所有人一起吃饭。中国的这些斋戒者和欧洲人所理解的长期不食用食物不同。他们的斋戒只是要保证终生不食肉、不食鱼、不饮酒、不食葱头和大蒜及所有使人兴奋的食物，但是他们每天可以随时进食、随便进食。我们觉得这种斋戒在中国并不困难，因为大部分民众习惯于靠食用草本植物和大米而生存。此外，斋戒者这个职业对于他们的头领来说很是有利可图，所有与会的成员都要向师父上供。这些钱财聚在一起，每年能带来的收入相当巨大。

　　朝圣之地在中国可一点儿也不缺少，每个省都在一些山上建有或多或少被崇拜的寺庙。迷信吸引着虔诚的人们从很远的地方来朝拜。进圣山朝拜之人必用跪拜的方式爬山，那些由于年龄太大、身体残疾，或者被事情缠身而不能亲自参加进山朝拜的人，至少会委托一位朋友为他带回一张由和尚在特殊地方做过标记的大画幅。画的中央画着佛像，佛像的衣服和身边画着许多小圆圈，其作用是这样的：佛教信徒在脖颈上或胳膊上挂着一串念珠，念珠上有一百粒普通的小珠，被八颗大珠分开，一颗有小葫芦那么大的珠子处于顶端。信徒们在手中捻动珠子的同时，口中念着神秘的阿弥陀佛，而每一次念及此句时都伴随着跪拜。一旦跪拜了跟念珠数量相同的一百次后,就会在被和尚画过符的纸上、在佛像旁边的圆圈上画一条红道。这张画纸就成为其一生中的祈祷记录。为了保证其真实性,信徒们会不时邀请和尚到自己家中来核实画出红道的数量,并盖章。这张纸在葬礼上会被隆重拿出,放在带锁的盒子里。它有个名字叫作路引(Lou-in),等于是去冥界的护照。所有这些手续都办全是需要花一些钱的,但既然是为了能够成功通过那个危险旅程而准备的,花钱多少就不是问题了。

和尚们俘获了幼稚的中国人的思想和信任,能够带来巨大的利益,而通过这些利益,我们能感觉到他们会多么反对天主教的发展和针对欧洲传教士的迫害心理。为了丑化传教士,他们什么诽谤和荒谬的责难都做得出来。一会儿说我们这些外国人到中国来的目的是侵略中国,我们传布新的教义是拉拢众多支持者的狡猾办法,而当欧洲的舰队和军队侵入的时候,虔诚的支持者能给我们带来许多帮助;一会儿说我们外国人只能依靠巫术去证明我们的教义,只能依靠金银去吸引弟子,我们有仿制和掺假金银的秘方,因此并不缺少这些金属。

他们向一些人坚称,传教士会将新教徒的眼睛挖下,用来做成眼镜去观察别人。又向另一些人宣教说,传教士来中国就是为了收买灵魂,因为欧洲那里缺乏灵魂,而一旦相信传教士们的教义,通过某些魔力,那些可怜人的灵魂就会被送到欧洲,无法逃脱。他们会说:"看着吧,你们的鲁莽将会带来奇怪的厄运!"如果说这些荒诞的指责吓到了底层民众,对于文人和善良正派的人群却没什么影响,这只能加重他们本来已经有的对和尚的蔑视。

第六章　其他迷信

　　对物理和自然现象的认知缺乏,滋长了中国人幼稚的迷信习俗,也使得骗子们的技巧容易成功。那些一知半解的学者、妇女等大部分民众,对任何一件偶然或意想不到的事件,都会认为其中隐藏着某些鬼神的启示。这个鬼神,产生于每个人自己的妄想之中。有人觉得他在神像当中;有人觉得他在一棵老橡树当中;有人觉得他在高山之上;有人觉得他附体于深海蛟龙。为了安抚这个恶魔,人们发明了无数奇怪的仪式和祭祀礼仪。有些人以另一种方式去想象这个可怕的敌人:据他们说,这是一种动物的魂魄或精灵,比如一只狐狸、一只猫、一只猴子、一只乌龟、一只青蛙。这些动物活了很久之后,就有能力脱离自己的肉身,变成精。这些精喜欢折磨人,搅乱人们的计划,让人发烧,染上黏膜炎和胸膜炎,等等。因此,当人们生病时,他们除了召唤道士(Tao-ſſé),也不知道还有其他什么医生。不久,整个家里就会回响起道士们为驱逐害人精灵而做的喧嚣的祈祷声。

　　另外三种迷信的习俗使得中国人更是误入歧途。第一个是算命,就是推算命运。所有中国的城镇中到处都有占卜者:通常是一些瞎子或贱民,为了几个小钱,走家串户向人们推销自己的预言。他们的专业是迷惑普通人。人们不得不佩服他们从某些星座组合中,还有生辰中所得到的众多感应。他们有时会预言即将到来的厄运,更多的时候是预言官爵的升迁、经商的获利、学业的成功。他们会指明病因,并且基本上都认定是得罪了什么神灵。他们给出的神奇药方,就是通过祭祀或和尚的祈祷来安抚这个神灵。假如偶然之中他们的预言实现了,他们就变得更加令人信服。而假如他们的预言没有实现,对他们的技艺也没什么影响,人们会说这个人不专业。

　　第二个迷信习俗是求签、八卦或打卦(Pa-coua ou Ta-coua)。有好几种方法,其中最常见的是在一尊神像前烧一炷香,磕几个头。神案上放着摇杯,其中装满了扁平的、半尺长的小签,上面画着许多晦涩难懂的字,每个签子都隐藏了一个神谕。在跪拜和所有祈福仪式完成之后，求签者随意摇掉一支签，交给陪同他的和尚解签。假如没有和尚陪同，为了解读签上的谜语，可以到墙上张贴的标牌上寻找解语。求签在中国非常普遍，当人们计划出行、买卖、开始诉讼、缔约婚嫁之时，都不忘记去求签。如果不问问前景，他们会觉得不够谨慎。

风水（Fong-choui）是另一种中国迷信，也可能是人类思想所能达到的最荒诞的偏见。它的表面词义是风和水，决定了房屋的位置、墓地的位置，以及所有其他建筑的位置是否吉利。假设在一个中国人的房屋旁边，有位鲁莽的邻居建造了另一不同形制的房子，如果其房脊的角度直对着老房子的侧墙或者房顶，那么完了，老房子的主人会被恐惧所笼罩，他和其子孙都会被这个不吉利的角度影响终生。建造新的房屋经常会引发两个家族之间的无比仇恨，并通常变成是地方法庭要处理的诉讼事件。如果诉讼达不成共识，起诉的房主只剩下一个办法，就是在自己的屋顶之上，树立一个巨大的用陶土烧制的怪兽或者龙，这个怪兽眼睛瞪着那个不吉利的角落，张开巨口如同要吞噬那凶险的风水；如此才能让人感觉安全一些。

建昌（Kien-tchang）[①]的地方官巡抚曾经因为有座教堂的高度超过了他的府邸，就在其房顶之上竖立了如此一个守护龙，他甚至对此还不放心，又自作聪明地去改变其房屋的角度，令人在距离教堂两百步远的地方建造了一堵三层楼高的影壁或者宽墙，用以阻挡所谓的天主堂（Tien-tchu-tang）的影响。不幸的是，继任巡抚之死，却被归因为这堵墙：这位官员的胸部染上了严重炎症，口吐白痰。人们毫无疑问地认为是那堵白色的影壁所造成的。人们即刻将墙涂成了黑色，期望因此能够阻止病情的发展。官员当然还是死了，人们都认为是因为那改变墙颜色的有效办法执行得太晚了。

如果要讲述中国人有关屋室吉利的所有迷信想法，简直讲不完。有关于房门形状的，有关于哪天动土和如何建造煮饭的灶台的。但是他们在风水上最关注的，是关于墓地位置和朝向的选择。为这类建筑选择位置，成了

---

① 今四川西昌。曾设有巴黎外方传教会的宁远教区。——译注

某些江湖骗子的专业,他们帮人去选择山丘和其他合适的地点。一个中国人一旦认为地点选得很好,就会不惜代价去获得那块土地。大部分中国人都认为命中所有的成功和财富都取决于风水。如果某人比旁人聪慧有才,如果某人很年轻就能成为翰林学士,如果某人有更多的子孙,如果某人比旁人身体健康,如果经商时能够成功获得暴利,这都不是因为他们自己的聪明、努力和诚实,而只是因为他们家有个好风水,因为他们家的祖屋和墓地处于有利位置。

第七章　犹太人在中国

在一个如此古老的帝国当中能发现有一个犹太教堂，这太有趣了。我们必须讲一讲。这个犹太群落是在汉朝时期被发现的。汉朝开始于公元前206年。如今只剩下几户人家，生活于开封，也就是河南省的省府。耶稣会士骆保禄①神甫（P. Gozani）让我们第一次了解到这些生活在中国的犹太人的存在。我们就听骆保禄神甫自己讲一讲发现犹太人的故事。

"两年前我开始去探望那些被当地人称为挑筋教（Tiao-kin-kiao）的人，我想既然他们是犹太人，就应该能从他们那里找到《圣经·旧约》。但是由于我一点也不懂希伯来文，因此遇到了很大的问题，也害怕无法成功，就放弃了这个想法。然而自从您告诉我说您将会很高兴从我这里得到这些人的消息，我就尽我所能去仔细地和如实地了解他们。

"我首先给他们写信致意，他们回复了我，并且客气地前来看我。我随后去回访他们的礼拜寺（Lipaï-fou），也就是犹太会堂。所有人都聚在那里，并与我交谈了很长时间。我看到了他们的碑文，有的用中文，有的用他们自己的文字。他们给我出示了他们的经书（Kims）②，并且允许我进入他们的会堂中最秘密的地方。这个地方是他们自己人通常也不被允许进入的，只有掌教（Cham-kiao）也就是会堂的堂主可以。但即使是掌教本人，每次进入这里都要怀着崇敬的心情。

"桌子上放着十三个圣幕，每一个都由幕布罩住。摩西的经书③被存放在这十三个圣幕之中，其中的十二个分别代表以色列的十二个部落，第十三个代表摩西。这些经书都是抄写在长长的羊皮纸上，并卷成卷。我被掌教允许打开一个圣幕，展开羊皮纸书。我看到了清晰公正的字体。鉴于其中

---

① 骆保禄（1659—1732），其全名现代法语写作 Giampaolo Gozani，意大利入华耶稣会士。——译注
② 我们保存了骆保禄神甫的中文字原文，与其他新去的耶稣会士所写的不尽相同。
③ 即"摩西五经"，又称"摩西五书"。

一部书在开封府遭受黄河洪水淹没之时被幸运地抢救下来,字迹受到水淹,几乎被擦去了一半。这些犹太人就仔细抄写了十二部副本,小心地存放在我刚才介绍的另外十二个圣幕之中。

"在会堂的其他两个地方,我还看到几个古老的藏经盒,其中保存了许多部小经书,包括他们的教规,那部被他们称为大经(Ta-kim)的摩西五书,被分割成几部分收藏在盒子里。这些经书是他们做祈祷时用的,他们给我展示了其中几本,看起来应该是用希伯来文写的,有些书比较新,有些书比较古老并有撕破处。所有这些经书都被仔细保管,甚过保管金银财宝。

"在他们的会堂中心,有一个高大漂亮的讲道台,配以考究的绣花靠枕。那是摩西的教座。每逢星期六①和其他重要节日,人们取出摩西五书放置其上诵读。我还看到一块万岁牌(Van-ʃui-pai),上面写着皇帝的名字,但既没有塑像,也没有画像。教堂朝向西方,他们向上帝礼拜时也是朝向西方。上帝被他们称为天、上天、上帝、造万物者(Teao-van-voe-tché)和万物主宰(Van-voe-tchu-tcai)。他们告诉我说这些名字来自中文经书,他们借用来表达上帝。

"从会堂出来,经过一个堂室,我好奇地看到有许多香钵。他们向我解释是用来祭拜先祖(Chim-gins)或他们民族卓越人物的地方。位于堂室中央的最大的香钵是为他们的教祖亚伯拉罕(Abraham)准备的。其他的香钵依次是用于祭拜以撒(Iʃac)、雅各(Jacob)及其十二个孩子、十二宗派子(Chel-cum-pai-ʃe)、以色列的十二支后裔或部族。随后是摩西、亚伦(Aaron)、约书亚(Joʃué)、以斯得拉(Eʃdras)和其他几位卓越人士,有男有女。

"从这个堂室出来后,我被他们引导到客厅继续交谈。由于我随身携带的《圣经》后页上面有用希伯来文标写的旧约名称,就出示给掌教看:尽管字迹不太清晰,他还是看出来了并告诉我说,名称写的就是他们的《圣经》,或摩西五书。他拿着我的《圣经》和他的《创世记》(Bereʃith)②,与我一起对

---

① 他们的安息日。
② Bereʃith:他们称为《创世记》的书。

比，从亚当开始直到诺亚，每个人的名字和年龄，发现完全一致。我们随后又简要对比了摩西五书中的名字和纪年，包括《创世记》《出埃及记》《利未记》《民数记》《申命记》。掌教告诉我说他们称这五书为 *Berefith*、*Veelefemoth*、*Vaiicra*、*Vaiedabber* 和 *Haddebarim*，总共五十三卷，《创世记》十二卷，《出埃及记》十一卷，余下三书各十卷。他们将书卷称作"Kuen"。他们为我打开其中几卷并读给我听，但是我已经说过我不懂希伯来语，因此对我来说完全没用。

"我向他们询问《圣经》其他几书的名称，掌教说他还有其中几部，余下的则没有。在场的某人补充说，有几部书在黄河大洪水时遗失了。为了保证我所讲述的事情完全正确，必须要懂希伯来语，否则什么也无法保证。

"最让我感到惊奇的是，他们从前的拉比在《圣经》所讲述的真实事件当中掺入了几个荒谬的故事，并直到摩西五书。故事讲得如此荒诞以至于我忍不住笑了出来，也让我怀疑这些犹太人是不是塔木德信奉者（Talmudiftes），因为他们曲解了《圣经》。在既懂希伯来文又对《圣经》了如指掌的人当中，只有一个人能够掺入如此荒诞的故事。

"使我的疑点得到证明的是，这些犹太人又告诉我说，早在明朝年间①的费乐德（Rodrigo de Figueiredo）神甫②和如今的恩理格（Chrétien Enriquez）神甫③曾经多次到访他们的犹太会堂。而正是由于这两位智者并没有特别在意向他们索要一部《圣经》副本，使我感到他们大概认为其《圣经》已经被塔木德信奉者所篡改，不再是基督降生前的那个纯洁版本。

"这些犹太人在中国被称为挑筋教，保留了一些《旧约》中规定的仪式，比如割礼，据他们说起始于教主亚伯拉罕，也的确是这样的；逾越节（Azimes），为了纪念走出埃及并干脚穿过红海的逾越节羔羊；安息日和其他

---

① 明朝自 1368 年开始统治，到 1644 年终结。
② 葡萄牙入华耶稣会士费乐德（1592—1642），他于 1642 年在开封调查犹太人时，恰逢黄河大泛滥而死于水灾中。——译注
③ 奥地利入华耶稣会士恩理格（Christiano Enriques，1625—1684，原文名称写作 Chrétien Enriquez）于 1662 年或 1663 年访问了开封及那里的犹太教堂，以进行实地考察。——译注

一些古老的节日。

"所有这些犹太人如今只剩下七个家族,这是他们的姓氏:赵(Thao)、金(Kin)、石(Che)、高(Cao)、张(Theman)、李(Li)和艾(Ngai)。他们之间都有联姻,但不与回族(Hoei-hoei)或伊斯兰教徒(Mahométan)混合,因为他们完全不同,经书不同,宗教礼仪也不同,甚至他们卷胡须的方式都不同。

"他们只在河南首府有自己的犹太会堂。我没有看见有祭台,只有摩西讲经台,一个香钵、一条长桌、一些大烛台和油脂蜡烛。他们的会堂与欧洲的教堂有些关联,分为三个殿,中殿安置着香桌、摩西讲经台和皇帝的画像,还有我讲过的存放他们摩西五书的十三个圣幕,这些圣幕都是做成拱形的。中殿成了祭坛,而旁边的两个殿是向上帝祈祷和崇敬时用的。从会堂里面可以到达周边任何地方。

"今天如同从前一样,在他们当中有学士和另一个与学士级别不同的进士(Kien-ʃens),我就冒昧地问他们是否尊崇孔子。他们说与其他的中国文人一样尊崇孔子,也参加他们在先贤祠当中举行的隆重仪式。他们接着说,根据中国人的习俗,他们每年的春季和秋季都要祭祖,就在会堂边上的堂室里。他们不会用猪肉做祭品,而用其他牲畜肉,在普通的仪式上通常只在瓷盘中放入菜肴和果酱,同时焚香和礼拜,或者跪拜。我又问他们在家里或在宗祠里是否摆放祖先牌位。他们回答说既不摆放牌位,也不摆放画像,只是摆放些香钵。但其中做过官的例外,那些做过官的名字和官位会写在一个牌子上。"

骆保禄神甫补充说,这些犹太人在他们的碑文中将其宗教称为以色列教、一赐乐业教(Yʃelals-kiao),有时又叫作古教(Kou-kiao)、天教(Tien-kiao或 Loi de Dieu)或挑筋教,意味着他们将畜肉中的血、神经和血管剔除,以便于血放得更干净。他们告诉神甫说他们的祖先来自西方,犹大(Juda)王国,也就是约书亚出埃及并穿越红海和沙漠后征服的地方。从埃及出走的犹太人有六十万。他们还向他讲起了士师(Juges)、大卫(David)、所罗门(Salomon)、以西结(Ezéchiel)的书,以及他们为了复活乔纳斯(Jonas)干枯的骸骨,将其存放在鲸鱼的肚子里三天,等等。我们可以看到,他们除了摩西五书,还有其他几部神圣经书。

他们还告诉这几位传教士说,他们的字母表由二十七个字母组成,但是通常只使用其中的二十二个,这倒是与圣哲罗米(S. Jérôme)所说的一致,他说过希伯来人有二十二个字母,其中有五个是重复的,或至少写的方法不一样。

这些犹太人每逢星期六就不生火也不做饭,而是在星期五准备好第二天需要的食品。在犹太会堂诵读《圣经》时,他们会用透明的纱布遮住脸部,以纪念摩西蒙面下山颁布"十诫"和上帝的律法。

骆保禄神甫向他们提及《圣经》中预言和承诺的弥赛亚(Meſſie)。而当传教士告诉他们弥赛亚的名字是耶稣时,他们显得很吃惊,回答说在他们的《圣经》里面,写着有一位圣人叫作耶稣,是西拉(Sirach)的儿子,他们不知道这个新的耶稣。

与犹太教徒相比,伊斯兰教徒在中国发展得更多,他们六百年前就进入这个帝国,并创立了许多机构。在相当长的时期中,他们的发展依靠联姻和联盟,但是一直以来,他们似乎特别关注去扩张他们的教派。他们的主要方法是大量高价购买那些偶像崇拜的孩子,这些儿童由于家庭贫困,很容易被其父母出卖。然后收养他们,给他们行割礼。在山东省发生大饥荒的时期,他们收买了不少于一万名孩子。他们会帮助这些孩子结婚,给他们建房子,甚至形成一些村落。逐渐地,他们的徒众越来越多,势力也越来越大,在某些地方甚至驱逐了那些不信先知和不去清真寺的人。

我们在这里不介绍那些教廷委派的欧洲传教士的作品,所有涉及天主教在中国设立和发展的资料,都已经在《通史》①中讲述了,因此这里只是一些补充。

---

① 此处应指的是冯秉正的《中国通史》。——译注

卷 三

道德习俗

第一章 婚姻

在中国政府和其他亚洲政府，甚或几个欧洲政府之间，我们可以观察到某些关联。中国人的道德习俗与已知的任何民族都不一样，而且亘古不变。中国人还和他们四千年前一样，按着同样的方法，做着同样的事情。

公共礼仪是严格被遵守的，因为经常受到监督。婚姻，作为保证社会秩序所必需的和有效的纽带，历来被所有立法者所重视和鼓励，在中国尤其受到保护。在其他地区发生的扰乱平静生活的婚姻丑闻，在中国却极少发生，说得更夸张些，几乎都没有。针对家庭稳定的破坏者而言，法律所规定的惩罚是可怕的。引诱妇女是死罪，不管是已婚的还是少女。我们能确定的是，在习俗和法律的双重环境之下，习俗所确立的保护措施帮助了法律，也几乎使得法律变得多余。

中国的女人几乎被限制到从来不出家门。还有更甚的情况：中国男人在结婚前从来没见过他们的妻子。他只能通过某个女眷或其他妇人，也就是媒婆的描述来了解她的长相和身材。当然如果有人在年龄或长相上欺骗他，他可以离婚。这时法律就来帮助他纠正习俗的滥用。

那些牵针引线的媒婆，同时也会参与商议新郎将要交给新娘父母的嫁妆钱，因为在中国，不是父亲给女儿嫁妆，而是新郎给新娘嫁妆，或进一步说，丈夫买妻子，妻子也就成为了其丈夫的私人财产。

婚礼的日期由新娘的父母确定，他们会仔细地在历法中寻找一个好日子，因为这对双方都很重要。在这期间，两个家庭之间会交换礼物。未婚夫向未婚妻赠送一些首饰，比如，几个戒指、耳坠等，他们可以相互通信，但是还不能相见，所有这些举动都通过第三方完成。

婚礼那天，新娘被安置在一顶封闭好的轿子当中，所有的嫁妆都由一队男女混杂的人士担负着走在轿子前后。另有一些人走在轿子周边，手持火把或烛台，哪怕是中午。一个乐队，包括短笛手、双簧管手、鼓手，走在轿子前面。

家里人跟在后面。轿子的钥匙由一名可靠的家仆掌管：他必须将钥匙交给新郎。新郎官身穿盛装，在自己的家门口迎候送亲队伍的到来。等他们到达后，将钥匙交到新郎手中，新郎赶紧打开轿子，这时他才可以评估下自己的运气，看看新娘是否中他的意。有时也会发生新郎不满意的情况，将轿子门立刻关上，打发新娘和送亲队伍回去。他仅仅会损失掉那笔嫁妆钱。

如果新娘被接受了，她就走下轿子和新郎一起由双方亲属陪同走进礼堂，先拜天四次，再拜新郎的父母。刚一结束，新娘就被参加婚礼的女士们领走，一起庆祝一整天。新郎也同样，与参加婚礼的男士客人们一起欢庆。在中国的宴会上通常都是如此，男士和女士是分开来活动的。

我们这里所描述的是普通家庭的普通婚礼仪式，其排场根据双方家庭的社会地位高低和财富大小成比例增减。

在民法那一章节中，我们已经看到，中国男人只能有一个妻子，但同时他又可以买几个妾。使用类似习俗的古老民族，通常是为了增长人口。这也是所有想要纳妾的中国男人面对其妻子时所使用的理由，他尤其会向其妻子解释说，如果他纳妾，也是为了妻子能被更多女人所服侍。

妾在地位上更像女仆。正妻的权力施加在她们身上如同对待女仆一样。甚至她们的孩子都属于正妻，当然这些孩子将来也会与正妻的孩子一起继承其父亲的遗产。假如正妻去世了，他们必须为她戴孝三年，其间放弃他们的考试，放弃他们的职务和工作，而假如是他们的亲生母亲去世了，他们反而不必如此，当然这也很少见。

有一些丈夫，出于需要儿子的考虑，如果正妻无法生出儿子，会以此为理由纳一个妾，而一旦得到了儿子，就将妾休掉，随她自由嫁给任何人，更多的时候，他会给她找一个新丈夫。

失去正妻的鳏夫，有时会将一名得宠的妾升级为妻。这时就不像他初次娶妻的时候，不必再考量她的地位是否与己般配，也不用再执行前述的那些礼节。

男人们的妾很多都是来自于扬州和苏州（Sou-tcheou）。她们在所有女子所擅长的艺术方面得到专门的培养,如歌唱、弹奏乐器等。她们其中有很大一部分人是在别处被买来的,培养完了之后还会被卖掉。这个买卖使这两个城市区别于其他城市。

客观地说,普通人纳一个妾的权力只是在习俗中被默许,并不被法律所认可。法律只许可皇帝、皇亲国戚和官员有纳妾的特权,甚至只允许皇帝拥有多个姬妾。

一个地位较高的寡妇很少会再嫁,尤其当她有了孩子时。有些更特殊的情况:假如她的未婚夫在娶她之前死了,那么她可以解除所有的契约。那些普通家庭的寡妇,即使有了孩子,也可以随意再嫁。但赤贫家庭就没有这个权利了,她会被亡夫的父母卖掉。

交易一旦达成,一伙亲信会带着轿子来,将寡妇关在轿子当中,直接送到她的新丈夫家中。

通常家主很愿意使他的奴隶们成婚,尽管《关于埃及人和中国人的哲学研究》的作者[1]错误地持有相反的观点。他们其实有充分的理由这么做:奴隶们的孩子也属于主人,将会成为主人新的财产。此外,有了孩子,其父母也就有了新的牵挂。

中国的妇女,哪怕是权能最高的,也几乎从不出自己的闺房。她们的闺房通常处于家宅中最隐秘的位置,她们日常的交往局限于与其奴仆之间。《礼记》中要求,每个家宅中至少要有两间屋子,外间丈夫用,里间妻子用。两间屋之间必须有墙或者隔断分开,门必须仔细关好。丈夫不进入内室,妻子没特殊理由不出到外室。书中还补充说,妇女不是自己的主人,没有任何东西属于她,她只在她的内室有权力发号施令。让人觉得有些奇怪的是,这本书还将唠叨作为可以休妻的几个理由之一。

但是,假如结婚之后,她的父母双亡了,或者她为去世的公公或婆婆守孝过三年,就没有任何理由可以被休掉了。

---

[1] 即科尔内耶·迪保尔·鲍(Paw, Corneille de Pauw),详见《中国通典·出版者告读者书》中的介绍。——译注

第二章 儿童教育

《礼记》中要求,儿童的教育从一诞生就开始。我们觉得这纯粹是从身体角度而言的。书中允许使用乳母,但是要求孩子的母亲要仔细选择。乳母必须是外貌和举止谦逊,行为善良,话少且从不撒谎,性格温柔,与同辈和气,对长辈尊敬。要求真是太高了,能达到这样标准的乳母应该很少见;但是与其他地方相比,中国式的教育和道德习俗,使得这种选择比我们想象的要容易。

此外,这些充满了信心和乐观的准则,似乎可显示出一些新的和有益的真相。它们肯定是有益的,但是其实一点也不新奇。

一旦幼儿的手可以放到嘴边了,就被立刻停止哺乳,然后教他用右手吃饭。如果是男孩,六岁起就开始教他识数和身体各个部位的名称。七岁起,他会被与其姐妹分开,既不允许与她们一起用餐,也不允许与她们坐在一起。

八岁起,开始了礼貌教育,进出人家需要有什么规矩,遇到年长者或年老者有什么规矩。九岁开始学习历法,十岁上公立学校。师傅教他读写和算数。十三岁开始学习音乐,直到十五岁,而他唱的都是道德格言,由此,孩子们更容易进入学生的角色,这同时对他们这个年龄来说也是一种游戏。很久以前,曾经所有的课程都是由诗歌组成的,而如今的学习方法变得繁重了。中国历史上著名的学者朱熹(Tchu-i)认为这令人遗憾,他说,初看起来这个方法没什么大不了,然而这个没什么大不了却有重要的后果,我们改变了方法,可是学习变得更容易了吗?

十五岁起,男孩子开始身体的锻炼,学习射箭和骑马。如果他足够努力,到二十一岁时将可以佩戴人生第一个冠巾,并且可以穿戴丝绸和裘皮了,而此前他只有权穿戴棉布衣服。

中国人还使用另外一种方法来帮助儿童的智力发展。他们选择几百个最常见的物品名字，至少是眼前随处可见的东西，比如：人、动物、仆人、花草、日用容器、日常物品、房子、太阳、月亮，甚至是天。随后刻下或画下这些物品的名字，并将这些名字贴在相对应的物品之上，以此来帮助孩童理解那些字的意思。这个做法很像最近在法国发明的一种游戏，这不是我们唯一一件从中国人那里学来的东西，虽然我们不说。

我们同情他们没有一个字母，尤其同情他们的孩子要学习几千个意义不同的字。最开始，孩子们手中的书是简要版的，包含了他们所需要学习的内容和教学的方法，都是由短句组成的集合体，或者三字一句，或者四字一句，总是押韵的。他们必须在晚上汇报完成白天所学习的内容。体罚在中国是很常见的，如同在法国一样。一个忽视自己学业的学生，或者有几次没有完成作业的学生，就会被强迫趴在一条长凳上，在穿着衬裤的情况下，打他八到十板子。我们的鞭子和中国人的板子可能都有些过分，但至少他们允许穿着衬裤。

学生们在艰苦的学习过程中，每年的放松时刻有新年的假期一个月，加上年中时的五六天。

学习从入门书籍逐渐过渡到涵盖孔子和孟子学说的四书。但只有在他们认识所有的字，也就是每个词的实质意思之后，才会给他们解释书中的含义，这方法对于他们来说都是令人厌恶的，毫无疑问不适合我们。的确，在他们学习识字的同时，也在学习使用毛笔。如下就是这种双重方法：他们首先会得到一些大纸，上面写着或者印着红色的、字体相当大的字。他们必须使用黑色的墨水和毛笔，描写那些红色的字，必须符合红字的线条和轮廓，如此使他们不知不觉地习惯字的笔画。随后，让他们将字体小些的黑色字帖放在下面，上面铺上练习纸描写。这第二种方法在法国并不陌生，但为什么我们不借鉴另一个方法呢？

对于一位中国文人来说，字写得好是一个很大的优势，这也是为什么年轻人自小就被要求练手的缘故。字体整洁是参加第一级学位考试的基本要求，否则可能被解除考试资格。杜赫德神甫讲过这么一个有趣的案例：一位准备参加学位考试的学生,没有按照规矩写"马"这个字,而是使用了简写,就因为这个原因,尽管他的文章很出色,还是倒霉地被拒绝了,并遭到了官员的嘲笑,说一匹马没有四只蹄子无法走路。

当学生头脑中有了足够多的词,就可以开始写文章了。他们学到的规则,与我国将要学习修辞的学生相比增加了许多。但是我们的老师通常给出的是主题的论据,而中国老师是用一个词指明主题。

学生会考在中国很普及。二十或三十个同姓氏的家庭,通常共享同一个供奉祖先亡灵的宗祠,在这里,他们每个月组织两次同宗子弟的练习。每位家长轮流出题和评价文章的好坏。但是这个特权也是有代价的,他必须承担学子们的晚餐,而根据他的指令,饭菜会被送到宗祠当中。假如谁家的子弟没有参加这个练习,其家长会被处以二十文钱的处罚,而二十文钱在中国也不是个小数目,因此罚款这种事情很少发生。

这类民间组织的考试对于普通教育制度而言没有任何影响,但是所有学生必须参加每年组织两次的、由称为教官(Hio-Koüan)的文官监考的会考,这类考试在帝国的所有的省份都很普遍,春季一次,冬季一次。有时候,文官们会召集这些学生在一起,考查他们的进境并维持一种竞赛状态,否则他们的水平难以提高到所应该达到的程度。最后,州县的长官们也愿意承担这些责任,他们每个月召集一些家离自己的官署不太远的学生,奖励其中文章写得最好的,并且自己承担所有参加考试学生的费用。

欧洲人很难想象中国的君主们对文学的重视程度。对我们那么支持的路易十四,在这个方面也无法与他们相提并论,甚至与那些源自鞑靼荒原的君主都无法比。在每个城镇,甚至每个村庄,都有执教的老师教导年轻人的学业,包括所有中国人能够学习的学科。富裕的家庭会为孩子雇佣私塾先生,教育并陪伴孩子,培养他们的品德、行为举止和礼仪,如果孩子的年龄允许,也会教导他们历史和法律。在法国有几个私人教师可以完全满足这些条件,但是他们可享受不到那些脆弱的对手在中国所得到的待遇。

大部分私塾先生已经拥有了文人的一级或二级学位,并且会继续他们的晋级考试。学生们某一天看到他的先生成了总督也从来不会惊奇。

举行考试的场所，总是个重要的地点，哪怕是在小型的城市里，但如果是在首府级的城市里，通常是在学宫。考生们都被单独关在一间四尺半长、三尺半宽的房间中，房间的数量有时能够达到六千个。入场之前，他们会被仔细检查，以确保没有携带任何书本或者字条。除了笔墨，他们被禁止携带其他任何物品参加文学学位考试，否则会被驱逐并取消所有考试资格。从入场开始，考生就无权再与任何人沟通。每个房间关闭后还要再加上封条，监考官监视着任何人不能通过房门说话。在我们的大学考试中，不会将监督措施做到这种地步。通过这些，我们也可以看到，中国的学校没有从我们的大学借鉴任何东西，而我们的大学是否也没有从中国人那里借鉴任何东西呢？

成功通过这些考试的学生，如果被评价为经得起官员的考查，就结束了他的童生教育，但是假如他通过了各个学位的考试却没有获得第一个职务，他的学业就不会结束直到其生命的终点。

对于中国女孩子的教育，我们没有太多可说的。她们被教导要回避外人、谨言慎行，甚至闭口。假如出身富贵，倒是可以学习一些娱乐性的才艺。总而言之，在中国，也如同在亚洲其他国家，她们的角色是完全被动的。

第三章　男女的服饰

在城市中，不管是两个阶层的人还是男女不同性别的人，民众的服装式样几乎都差不多，只有某些装饰品能够区别他们的等级和尊贵程度。如果佩戴了没有权利佩戴的饰品，将会遭受严厉的惩罚。

通常，中式衣服由一件垂悬到地的长衫组成，左下摆翻卷到右边，并由四到五个相隔较远的金扣或银扣固定住。衣服袖子自肩部很宽，直到手腕处逐渐变窄，并以马脚铁的样子终结并遮盖到手，只露出手指头。中国人用丝带缠腰并留着丝带两头悬垂至膝盖处。一把刀鞘插在腰间，内装一把刀和两根当叉子使用的筷子。

在这件长衫之下，穿一条薄厚不一的衬裤，根据不同的季节来选择布料：夏天用麻布，有时也外套一条白色塔夫绸衬裤；冬天用夹心缎子，或棉布，或生丝布，在北部省份用毛皮。他们的衬衫总是很宽松，而且很短，根据季节采用不同的布料。所有人在衬衫里面还穿一种丝质网，以避免衬衫紧贴皮肤。

天气炎热的时候，中国人肯定会露出脖颈。天气寒冷的时候，他们就戴一条绸缎的，或貂皮的，或狐狸皮的围脖。冬天时，他们会穿夹了羊毛或棉花和丝料的衣服。富贵家庭的人或穿产自鞑靼的全貂裘皮大衣，或穿狐狸皮加貂皮边饰的大衣。春天的时候加个鼬皮内衬，尤其还在外衣上面披一件鼬皮制的又宽又短的披肩。

颜色的使用是有严格限制的，只有皇帝和皇子们有权穿戴黄色。有些官员穿红色缎制衣服，但只限于正式场合，他们平时穿黑色、蓝色或紫色衣服。庶民的衣服颜色主要是黑色和蓝色，其材质总是棉布的。

汉族人历来没有光头的，总是仔细地爱护他们的头发。鞑靼人作为征服者，强迫汉族人如同他们一样，剃去大部分头发。中国人爱护自己的头发就跟以前的俄罗斯人爱护自己的胡子一样。为了实现这场革命，包括为了强迫他们改变自己服装的形制，接受鞑靼式的服装，都曾经流了许多血。这期间比较特别的是，这些征服者强迫汉族人接受他们的这点儿意愿，却在同时，采纳了汉族人的法律、习俗和组织构架。他们想通过这些举措使汉族人忘记国家易主了，但是他们感觉到服装的不同能够使汉族人回想起本来需要他们忘记的事情。对一切事物都有决断的亚历山大做得更好，他接受了波斯人的习俗，保留了他们的服装。一定是鞑靼征服者相信他们的裁缝比汉族人的裁缝更灵巧。

因此，在我们所描绘的图像中，中国人似乎是秃头的，然而这完全不是自然的。他们留在头顶或者头后的头发可以被称作是法定发型，通常被编成很长的辫子。夏季的帽子是一个倒漏斗形的圆帽，内衬锦缎，外覆细藤皮，帽子顶部系着一簇红色的鬃毛，一直垂到帽檐。这是由某种牛腿上的鬃毛制作的：鬃毛很细也很容易染色，尤其是染成红色。这个头饰，所有人都可以佩戴。

还有一种专门给官员或文人佩戴的帽子，形状和前面描述的一样，但是内衬和外层都是绸缎的，内里红色，外层白色，帽顶一大簇漂亮的红丝，随风飘逸。权贵们在骑马时或者天气不好的时候佩戴普通的帽子，因为它比其他帽子更防雨，也能足够避免日晒。冬季时，他们还有一种很保暖的无边软帽，外镶貂皮、鼬皮或者狐狸皮，顶饰红丝。这些裘皮镶边有时能值五十两银子。

有身份的人出门总是穿靴子，通常由缎子或其他丝绸，甚或棉布制作，但总是染色的。这些靴子既没有鞋跟，也没有护膝，很容易穿到脚上。骑马时还有另一种靴子，由牛皮或马皮制作而成，加工得很柔软。他们的靴袜是由一种提花织物和棉布衬里做成的，比靴子的高度要长，还有帆布或绒花镶边。这种靴子不太适合冬季穿用，夏季时也还有更轻便的鞋。在自己家中，人们通常穿丝制平底鞋。对于庶民来说，所有国家都一样，穿着暖和就行了。中国人常穿的是黑色平底鞋。再补充一下，对一个中国人来说，穿着合乎规矩的人不能没有他的扇子，就像不能不穿鞋一样。

对于女士的衣服，我们所能讲的不多。端庄似乎比外形更重要，可能还有妒忌心起作用。她们的裙子很长，直到脚尖，上部完全封闭，长袖如果不是挽着，可一直坠到地上，很少有机会能看到她们的手。她们除了脸部，其他身体部位都被遮住了。至于衣服的颜色，就取决于她们自己的选择了。黑色和紫色是年长的妇女常用的颜色。

年轻妇女会使用脂粉，就是一种给她们白色的肤质增色的配方。这种脂粉与法国的女士们所使用的不一样，但是后果却是一样的，就是使她们的皮肤过早产生皱纹。

她们通常的发型是将头发盘起来，点缀上许多金花和银花。杜赫德神甫说："有些妇女使用一种鸟形的头饰，叫作凤凰（Fong-hoang）：远古传说中的一种神奇的鸟。根据佩戴者的身份，凤钗由黄铜或者银镀金制作。凤翅舒缓展开直到发髻的前端，包住鬓角上部，张开的长凤尾在头顶形成一种羽饰，凤身前倾至额头，凤颈和凤嘴伸到鼻子上方，凤颈与凤身之间装有外面看不见的活动铰链，以便在头部的轻微运动中跟随晃动。凤脚插在头发当中并固定住了整个凤鸟。最尊贵的妇女有时佩戴有几只凤钗交叉一起的头饰，组成一顶凤冠。一件这样的饰品就价值不菲了。"

未婚的女孩也有一种饰冠，由纸板上覆丝织品制作，饰冠的前部尖角前探到额头处，上缀珍珠、钻石及其他丰富的饰物。头部其余部位点缀鲜花或手工花，钻石簪子就插在头花当中。

至于普通女性佩戴的头饰，我们就没有必要提醒了，它一定是更简朴的。如果年纪稍长，一般就裹一块细纱巾，其使用方法很像某些法国女人早晨使用的宽头巾。她们将它称作包头（Pao-teou），就是裹住头的意思。

任何民族都不免有一些奇怪的习俗，中国人的奇怪习俗是尽力维持女孩子的小脚，几乎如同她们刚出生时那么小。一个女孩刚出生，她的小脚就会被乳母紧裹起来。这个酷刑将一直持续到脚不再长大。后果就是，中国女人与其说是走路，不如说是挪步，但是拥有一双小脚是如此珍贵，以至于她们认为付出的代价是值得的，她们为了保持小脚，甚至会主动承受更多的痛苦。这就是习俗的力量。有人认为这个习俗的缘由是嫉妒心,也有人认为是政治原因。他们说,这样做可以使女人更喜欢孤独,也使她们不能独立生活而必须有所依靠。最终,中国妇女几乎从来不出家门,只有她的丈夫和几个家仆能够见到她,不过这期间,她在化妆打扮上所花费的时间,丝毫不比一个要在舞会上或者歌剧院包厢里出风头的法国妇女所花费的少。

鞑靼女士的服装与汉族女士的略有不同之处。她们的裙子也很长,但是上装没有那么长。她们的裙子也是自上部封闭的,而且在胸部有宽大的翻襟。她们的普通发饰就是一顶帽子,与现在我们的女士所佩戴的差不多,但是位置更靠后,也没什么点缀。她们经常手持一杆长烟袋,并会熟练地使用。我们的确可以说,每个国家都有自己独特的风俗。

如同我们在法国所能观察到的,农民的穿着与城里人不一样,主要是由一件粗布衬衫,外穿一件长至大腿的棉布上衣所组成,宽松的衬裤系在腰间,脚穿一种类似拖鞋或木质的翘尖鞋。我们有人刚刚试穿过。

白色是中国人的哀悼色。父母健在时,其子没有任何权利穿戴这个颜色,在三年的守丧期间,他也没有权利穿戴其他颜色,即使三年守丧期结束了,他也只能穿戴单一颜色的衣服。法律禁止儿童穿戴丝绸和裘皮。法律还规定男子第一次加冠的时间和方法。加冠礼的主持人亲自将头冠戴在青年人头上,并会说:"记住穿上成年人的衣着,就脱离了幼年。抛弃掉孩童的偏好和情感,举止要严肃认真,勇敢地去培养智慧和美德,赢得长寿和幸福的人生。"[1]这个仪式很受他们重视:中国人对所有能够促进秩序和培养品德的事情都安排得很隆重。在一个人生命的每个重要阶段,提醒他所应担负的新的责任,这应该是有益的,但是利用这种公众仪式的方式去提醒他,更能够使他记忆深刻。

---

[1] 古代男子加冠礼祝词:"始加(冠)祝曰:'令月吉日,始加元服,弃尔幼字,顺尔成德。寿考惟祺,介尔景福。'再加曰:'吉月令辰,乃申尔服,敬尔威仪,淑慎尔德。眉寿万年,永受胡福。'三加曰:'以岁之正,以月之令。咸加尔服。兄弟具在,以成厥德,黄耉无疆,受天之庆。'"——译注

第四章　房屋及家具

中国的建筑,特别是那些纪念性建筑和皇家宫殿,它们的面积之大,比它们的华丽程度更令人震惊。北京的皇宫可以与一个大城市做比较。王侯们、高官们和富裕人家的宅邸能够拥有四到五进前院,在每一进院子中都有一组房屋,正面有三个门,中间的比两旁的更大,两只石狮点缀在两边。客厅很干净,配备有椅子和其他家具,但我们看不到什么华丽的东西。接待密友的房间备有同样的设置。女人和孩子的房间是禁止外人进入的,哪怕是主人最亲密的朋友也不行。

花园很容易吸引到欧洲人的关注。英国人是最早模仿他们的,我们接着模仿了英国人。花园中有树丛、湖泊、山、岩石,或自然的,或人工的,其间有许多不规则的曲径,通向不同地点,总给你意外,还有迷宫等。如果花园的面积足够大,他们会在当中开辟饲养鹿、麂子和其他野兽的园子。水塘当中养着鱼和水鸟。

中国人与埃及人有一个共同点,就是都喜欢规模庞大的建筑。他们在宽敞的厅堂外面,竖立起巨大和华丽的柱子:所有古老民族都喜欢宏伟建筑。中国的两个省(山东和江南)可以为全国提供大理石,但是中国人不太懂石雕技术,也不太会利用它们。他们用大理石造桥,建门槛和铺路。他们建造的一些牌楼和石塔也是使用这种珍贵的石材,但是艺术情趣不高,他们雕刻师傅的水平有限。

他们对室内的装潢不太感兴趣:既看不到镜子,也看不到挂毯和镀金贴面。此外,他们只在一个专门的客厅里接待来访者。客厅一般是在其他房间的前面,与其他内室并不连通。客厅中通常悬挂着彩色丝绸吊灯,配有书房、屏风、桌子、椅子和很多瓷瓶。这类瓷瓶的艺术情趣已经被欧洲所超越,但是在其他方面还没法与之相比。家具上通常都涂着漂亮的漆,我们至今无法仿造。这种漆透明得使木纹都可以显现,又光亮得可以像镜子一样反射光线。漆上面还画有更漂亮的金色、银色或其他颜色的图案。

中国人不了解也不会制造我们那些精美的毯子。最富有的人家使用白色绸缎作画,上绘花鸟和山水风景,等等。有时,他们用大字写上几句有关德行的短语,通常难以理解。贫穷人家能将墙刷白就满足了。另外还有些人家用纸糊墙,这种墙纸,欧洲富人也会用来装饰房间。

他们①的床在冬季的时候会装配上双层绸缎床帐,而夏季时,就用简单的白色塔夫绸床帐,上绣花鸟和树木,有时候也使用很细的罗帐,既能防蚊蝇,也能通风。木床一般是上色的、贴金的和配以雕饰的,与我们的床的形制差不多。

普通人家只是用粗布床帐,床垫就是简单的棉垫。在北方地区,人们睡在砖炕上。根据家庭成员的多少,这种砖炕的宽窄不一,并可用安置在旁边的炉灶为它加热,用的是煤而不是木头,煤烟由一根烟囱导出房顶。假如不愿立即躺在加热的砖炕上,他们使用一种类似我们的帆布折叠床的架子垫在炕上。需要的时候,拿去架子,换上床垫或席子,床就变成一种沙发,所有人既可坐在上面,也可在上面工作。那个炉灶同时也是普通家庭用来煮肉、煮茶或煮酒的,因为中国人从来只喝热饮,哪怕气温很高。

我们原本以为这些地区的富贵人家会使用不同于普通人家的床,然而实际上差不多,也都是靠烧炉灶来加热。不过炉灶会被安装在墙里,并从外面生火。欧洲式的炉子也经常是这么安放的,但是中国人并不是跟我们学的。

---

① 这里讲的还是富人。

第五章　餐饮

　　跟我们一样,许多古老民族喜欢在餐宴上进行展示。君主常常在宫殿柱廊之下设宴。可能因此法国和其他国家才使用巨大的餐具,但是在亚洲,由于东方人的妒忌心,这个方式行不通。中国百姓根本看不到皇帝进餐,没有一个近臣能被允许陪同皇后用膳。

　　富贵之人在饮食上从不缺乏奢华之举,并且有严格的规范。如下是一本古老书籍中所列举的要求:"当宴请他人或赴宴之时,要注意所有礼仪,不贪食,不贪杯,嘴和牙不能出声,不啃骨头,不将骨头丢给狗,不呷剩汤,不表露对某个菜或酒的特别爱好,不当面擦洗牙齿,不饮热酒,不拒绝他人倒给你的菜汁而自己另配菜汁。小口进食,仔细咀嚼肉食,口中不能填得太满……先帝们为宴请宾客确立了法令,主人必须单独向每位举杯饮酒的客人致以敬意。"这简直就是我们的儿童礼仪规范,我们却全部错误地抛弃了,而中国人保留了全部。

　　邀请的礼节丝毫不比宴请本身简单。一个邀请需要至少发三次邀请函才会被看作是认真的,通常是宴会前夜一封,宴会当天早晨一封,宴会即将开始前再一封。宴会的主人需要亲自迎接每一位来宾。他首先分别向来宾表示欢迎,随后有人将放在漆托盘上的一盏酒递给他,酒杯或是银制的,或是木制的,或是瓷的。他要双手举杯向所有来宾致敬,走到大厅前面,宴会厅根据习俗通常是家中最大的院子。在那里,他要抬头并举杯向天,随后将杯中酒倾倒在地上,如同古时奠酒浇祭一样。

　　随后,他要将瓷杯或银杯满上酒,向来宾中最为尊长的人敬酒,并将酒杯放在这位尊长前的桌子上。尊长会试图阻止主人如此多礼,同样斟满一杯酒,并将它放在主人的桌子上。根据中国礼仪,在这种情况下,主人要再次坚持向尊长敬酒。还需要补充说明的是,在这类宴会上,每位来宾都有单独的桌子,而主人的桌子位于最后一个。

家务总管会陪同主要来宾至座位就座,座椅由带花的丝毯覆盖。再一次相互谦让:来宾对接受如此重要的座位安排表示不安,然而他们会坐下去。其他宾客也都如此模仿。对礼节简而言之,每个人都会相互谦让。最终,尊位会留给在座中最年长者或地位最高者。外国人还能获得更高的尊敬。

桌子被排成两排,中间留出宽敞的通道。就座之后,四五个着装华丽的演员走入大厅,他们全体向来宾鞠躬,头几乎能碰到地面,然后其中一人向宾主介绍他们可以即刻演出的剧目名录。名录在客人手中转了一圈之后送到主宾手中,最后由主宾选择想观赏的剧目。表演在水牛皮鼓、长笛、短笛、喇叭和一些中国特有的乐器声中开始,这些特有的乐器恐怕除了中国人,其他人难以欣赏。

演出即刻开始。庭院中铺上毯子,演员们从旁边几间屋子中出来表演。观众比来宾要多,因为习俗是允许一些没有被邀请赴宴的人进来观看演出的。女人们这时也可以来观看演出,但是透过一种竹丝和蚕丝编制的遮光帘观看,这样她们可以看见外面,而外面的人看不到她们。

宴会不是从吃饭开始,而是从喝酒开始,而酒必须是纯的。家务总管首先要跪在来宾面前,邀请大家举杯。每个人用双手举杯直到前额,然后再降低到桌面以下,最后举到嘴边,大家一起慢慢地饮,重复三到四次。家主请宾客们饮干杯中酒,并且以身示范,随后将杯底示人,以鼓励每个人模仿他。

桌上的菜肴点是在喝酒的时候被更换,每位客人能得到二十四道菜,都是肉类的,炖肉形式的。中国人在进餐当中从不使用刀,两根尖头的象牙制或银制筷子被当作叉子来使用。别忘了,只能在被家务总管邀请之后才能开始吃,每当举杯或者上新菜的时候都要重复这个礼节。

类似我们所喝的肉汤或鱼汤,只在宴会过半当中才上,通常盛在瓷盆中,附带一些小面包或小面团。人们用筷子夹住面包,蘸着汤吃,而这不必等到什么信号,也不必与其他宾客一起。宴会继续下去,所有礼节又都恢复了,直到有人为你上茶。拿到茶之后,就可以起身到另一个客厅或者花园当中。这是主餐和甜点之间的休息时刻，也是在此时，演员们可以去吃饭了。

甜点跟宴席一样，也是由二十至二十四道组成。有各种糖、水果、果酱、火腿、或腌制或煮熟的咸鸭、各种小鱼、海贝。宴席上的礼节再次恢复，来宾们重新回到刚才的位子上就座。有人为他们换上更大的酒杯，家主邀请宾客们喝更多的酒，并再次以身示范，宾客们通常都会模仿他。

这些宴席从日落前开始，直到半夜才结束。他们有一个跟英格兰一样的习俗，就是给仆人们一些小费，数量多少根据宴席的品级来定，主人自掏腰包。他先品评一下仆人们的服务，然后向其中一名示意，将小费发给大家。这个习俗只适用于包含戏剧演出的宴请。

每位客人坐着轿子回家，并由几位仆人开路。仆人们打着油纸灯笼，有时灯笼上会用大字写着主人的官阶和名字。在这个时辰出行的人，假如没有这种器物，会被巡查扣留。第二天，千万不能忘记亲笔回谢晚宴东道主。

鞑靼人为古老的汉族人宴会礼仪带来了一些变化。以前只使用汉族人的致敬，现在同时使用汉族人和鞑靼人的致敬。某些以前不知名的菜肴，现在常见，也能证明征服者带来的变化。此外需要补充的是，鞑靼厨师也比汉族厨师更受赏识。

我们说过，他们的许多菜肴都是炖煮的，但是味道都不一样，也很辛辣，却没有我们的那么昂贵。杜赫德神甫说："法国的厨师，对于能够唤起食欲的精致口味，会被中国厨师的发明所震惊，他们在炖菜方面尤其远超法国人，而且还更便宜。"不同的香料和香草，配以不同的剂量，组合出多种口味。他们还会利用简单的、本地或是山东省出产的蚕豆，加入些面粉或米粉，做出无数种形状和口味各不相同的菜肴。

我们并不吃惊地了解到，王公们的宴席上最常见、最受欢迎的菜肴是某种鸟的窝和鹿筋。鹿筋首先被晒干，然后掺入豆蔻和胡椒花，封存起来以备后用。食用的时候，先将它们用米汤泡软，再用羊羔汤煮熟，然后加入几种香料。

至于燕窝，它们来自于东京湾（Tong-king）、爪哇岛（Java）和交趾支那等地的海边悬崖。那些造窝的鸟,其羽毛很像我们的燕子,它们造窝的方式也跟燕子相似,唯一不同的是,它们的窝是用小鱼和海水泡沫一个个黏在一起的。人们在雏燕刚一飞出窝的时候将燕窝取下,因为需要的不是燕子,而是它们的窝。收获的燕窝能装满许多小船,这也成为了当地有利可图的一门商业。这种特殊的食品的属性是可以显著提高与其一同加工的肉的口味。

在那些隆重宴会上,还有些有名的菜肴可能对于欧洲的阿比修斯(Apicius)[①]的耳朵来说都难以接受。一位中国官员喜欢吃野牝马肉、熊掌和其他一些猛兽的爪子。这些肉类大部分来自于暹罗、柬埔寨和鞑靼地区。为了防止肉的腐败,在发运之前都会在其上撒盐。中国人从不缺少野味,也不缺肉禽、鱼类和水鸟。

南方地区的人通常食用大米比面粉多,尽管面粉在中国并不缺乏。他们用面粉做的馒头,用蒸锅蒸不到一刻钟就行了,很柔软,更妙的是,如果蒸熟后用火再烤一下,就更符合欧洲人的口味了。山东省还有一种用面粉做的饼,其中加入一些令人开胃的香草,这种组合使得饼的口味极佳。

他们的酒与我们的根本不同,既不属于一类,口味也完全不同。它们完全不是用葡萄,而是用大米酿造的。他们使用的是一种特殊的大米,有多种酿造方法。最普通的方式是先将大米浸泡在水中二十天或三十天,先后在其中加入一些不同的配料,然后加热,等到完全液化之后就开始发酵并产生一种蒸汽般的泡沫,有些像我们的新酒。泡沫之下就是纯酒,将它过滤之后再倒入上釉的陶土坛子当中。剩下的酒糟,可以制作一种白酒,度数几乎和欧洲的一样高,他们甚至可以制造出度数更高、更易燃的白酒。

产自三级城市无锡(Vou-fie)的酒很受欢迎,这得益于他们那里天然优越的水质。产自绍兴(Chao-hing)的酒更受欢迎,因为那里的水被认为是最纯净的。这些酒在全国都有流通,而在首都,官员们的酒席上几乎不用其他产地的酒。

---

① 古罗马美食家阿比修斯,西方的第一部食谱《关于烹饪》(*De re coquinara*)的作者,传说他得知自己再也没有钱供自己吃美味的食物之后,甚至要服毒自杀。——译注

中国人,更多是鞑靼人,还喝一种欧洲人毫不了解的酒,就是羊酒。它的度数很高,但是口味很差。我们不太了解这种用羊肉酿造的白酒的做法。康熙帝有时会饮用。听说他认为我们的白兰地口味更好。

以上介绍了中国人宴席上的菜肴和酒。需要声明的是,不能用奢华的宴席去和普通的餐饮相比。中国人生来朴素,猪肉是最富裕人家的基础食材,每天都吃,因此就会饲养大量的生猪。他们的猪肉比欧洲的猪肉更易消化,味道也更好,也没有亚洲其他地区所担心的问题。我们因此知道中国产的火腿为什么有名。

中国大部分平民百姓,跟其他国家的一样,都是生活在贫苦之中。他们能吃到马肉或狗肉就很满足了。街头还有出售猫肉和鼠肉的等。极度贫困人群的存在会妨碍大多数人的舒适生活;在这种国家,应该在努力发展农业的同时大力发展商业,中国人没有忽视农业,但是他们似乎还没有认识到商业的重要性。

第六章　公共及特别的节庆

　　我们已经介绍了中国皇帝如何庆祝立春,在同一天,整个帝国一起庆祝这个节日。每个城市的长官一早就从官邸出来,头戴花环,坐着轿子,由众人和各种声音簇拥着;许多人举着旗子和火把开道,随后是乐队,轿子四周有人抬着上覆丝毯的架子,丝毯上画着著名的司农人物或这类故事。街道是新铺的,每隔一段竖立起牌楼,每条街都张灯结彩,每家每户都灯火辉煌。

　　在这个节日仪式上,人们抬着一头泥塑牛游街,牛角漆成金色。这头牛由四十名男子艰难地抬着,一名儿童跟在后面,一只脚穿鞋,一只脚光着:扮作勤勉之神(Eſprit du travail & de la diligence)①。他不断用鞭子抽打假牛②,做出赶牛前行的样子,所有农民手持耕具跟在后面。走在队伍最后面的是一些头戴面具的人和演员,为观众带来一些滑稽的表演。

　　长官走向城东门,如同去迎接春天;他将会从这里返回他的官邸。随后,人们将土牛身上的装饰撤下,打破牛腹,从中取出众多小泥牛,并将其散发给众人。土牛的碎片也同样散发给大家。最后,长官通过一个赞美农业、鼓励农耕的讲话结束仪式。

　　中国人还有另外两个节日,其仪式比庆祝立春的仪式还要更隆重。这两个节日一个是新年,一个是灯笼节③。新年使一切事务都暂停了,不管是当地的还是国家的事务。所有官署都关闭,邮递也停止;人们互赠礼品;下级官员给上级拜年;孩子们给长辈拜年;仆人给家主拜年;等等。这就是杜赫德神甫提及的:辞旧岁。全家人当天晚上聚在一起举行盛宴,没有外人会被允许参加,但是随后的日子就开放了。到处都是游戏、宴席和演出。所有

---

　　①　勤勉之神即芒神。——译注
　　②　这便是打春牛的习俗。县府的开耕仪式由县官主持,乡村的春耕仪式由民间组织主持。历代沿袭,唐宋尤盛,至今已有3000多年。这种习俗,一般以四人抬泥塑春牛为象征,由春官执鞭,有规劝农事、策励春耕的含义,也是喜庆新春、聚会联欢的形式。——译注
　　③　灯笼节即元宵节。——译注

店铺都关门,每人都穿着他最漂亮的衣服。人们走亲访友,几乎就跟我们过新年时一样,但是中国人将走亲访友这个事情做得跟过节一样认真,而对于我们来说,不过是一种碍事的礼节。

灯笼节是新年一月的第十五天,但是它从第十三天晚上就开始了,并到第十六天夜里结束。描述一下这个节日,比指明它的日期和来源更容易。整个帝国在同一天,同一时刻,点亮灯笼。城市、乡村、海滨、河堤,到处都张灯结彩,式样不一。在最贫穷的家庭中也能透过窗户和庭院看到灯笼。富裕人家可以为一个灯笼破费二百法郎。大臣、总督和皇帝的灯笼可以昂贵到三四千法镑(livre)①一个。歌剧巴奴日(Panurge)②刚刚给我们描绘了这个节日的草图,但是华丽程度差得远。

这些灯笼都很巨大,有的是用六块面板组成,用彩色或者镀金的木框围住。面板上面覆盖着透明的丝绸,上绘花鸟动物和人像。另有些灯笼是圆形的,用蓝色透明角状物制作。灯笼当中安置许多灯和蜡烛,每个折角系上彩色丝带,灯笼顶部盖上一块雕刻花冠。

我们的所谓投影机,中国人也有,也可能是我们从他们那里学来的。皮影戏在灯笼节中就能看到。

杜赫德神甫写道:"以前,他们在灯影上显示王子、公主、士兵、小丑等人物,人物的动作与配音是如此的协调,以至于我们觉得就像是影子自己在说话。"这就是皇宫的皮影戏。

他们还有制作长蛇灯的技艺,蛇灯体内自蛇头至蛇尾点着灯,长度能达到六十到八十尺,还能让蛇灯像真蛇一样扭动。

中国人的焰火是很有名的,也的确值得称赞。它们在节日期间被大量使用。每个街区都有焰火喷射。一名传教士描绘了两种焰火,我们在此转

---

① 作为货币单位,"livre"可音译为"里弗尔"或意译为"镑"或"法镑"。其与英镑和里拉同源于拉丁文"libra",最初是重量单位"磅",后用于表达货币单位"镑",等于一磅银的价值。与英镑不同的是,法镑只是个计量单位,是没有真正流通的货币。——译注

② *Panurge dans l'Isle des Lanternes*(《巴奴日在灯笼岛上》,法国歌剧,1785 年在巴黎皇家音乐学院第一次上演), Étienne Morel de Chédeville, André-Ernest-Modeste Grétry, *Bibliothèque nationale de France*, *Musique*(*F-Pn*):L-5352(1)。——译注

述一下。第一个焰火的主体是红葡萄架形状的,葡萄架被点燃后并没有自我烧毁,其他部分也只是逐渐烧毁。它能喷出像红葡萄和绿叶一样的火焰。

另一种焰火是在康熙皇帝面前放的。用半打带长签的粗圆筒插在地上,圆筒中的焰火能喷到十二尺高,落下时化成金雨的模样。

那位传教士接着说:"这个节目之后,紧接着是一个用两根木桩或柱子吊起的大箱子,将其点燃后能从中喷出雨点般的火焰和几个灯笼、几个写着彩色大字的牌子、硫磺焰火和半打圆柱状的吊灯,在火光的不同层次中成环形排列,白的和银的色彩使人看着很舒服,并突然间将黑夜照耀成白昼。"

"最后,皇帝亲手点燃了一组焰火,片刻之后,火焰在整个广场上燃起。广场有八十尺长,四十到五十尺宽。不同焰火或被挂在木杆上,或被插在纸壳上。我们看到许多耀眼的火箭飞向天空,同时,众多灯笼和吊灯在广场上亮起。"

"游戏一共持续了半个多小时,时不时地,能够在紫色和蓝色的火焰当中看到类似葡萄架上的一串葡萄的火焰形状,等等。"今天,或许法国在焰火表演上的技术走得更远,但是在康熙帝时代,应该到中国来寻找典范。

中国人所有类型的公共仪式都很隆重。一名总督的出行,其仪仗堪比皇家:普通的仪仗队有近百人,其中八人抬着轿子。总督会身穿礼服,坐在金色的轿子当中。两名鼓手走在仪仗队前面,敲着铜鼓警示行人;另外八人抬着漆牌,上面用大字写着总督的职衔;随后是十四名旗手,旗子上有他职位的象征,比如:龙、虎、凤凰、龟(tortue volante)等其他带翅膀的动物①。六名军官举着宽大如铲的牌子,上面用金字写着官员的荣誉品级。另外两名随从,一名举着三层的黄色丝绸伞盖,一名背着伞套。两名骑兵弓箭手走在护卫队的前面,其他护卫举着点缀有四层丝花的镰枪。还有两队护卫跟在后面,配备的武器不尽相同,有的是长柄木槌,有的是蛇形长矛,还有的是大

---

① 译者怀疑这里的"龙、虎、凤凰、龟"即是指"青龙、白虎、朱雀、玄武",因为它们都是中国古人想象出来的神兽,法语里没有与之相对应的词,所以原著作者把它们翻译成会飞的"龙、虎、凤凰、龟"。因仅是猜测,故选择了直译。——译注

锤,有的是月牙铲,其后还有大斧和长矛。这还不是全部,还有一些配备了三尖戟,或箭或斧子的士兵,由两名军官率领,守护着装有总督大印的印盒。另有两名鼓手,敲鼓警示路人。两名戴着配饰有两根鹅毛的毡帽的军官,手持棍子,不断呵斥路人们要肃静和尊敬。另两名手持金龙棍。在他们身后是一队执法官,手持鞭子或扁棍,或铁链,或弯刀,或丝巾。两名信号旗手和一名队长指引着这队人马,并走在总督前面。总督的侍从和奴仆走在轿子周围,离他最近的是一名手持大扇的官员。几名配备不同武器的卫士跟在后面,再后面是军旗手,军号手,以及众多仆人,全部人员都骑马,并随身携带着官员们常用的第二顶软帽,装在盒子里面。①

如果总督夜晚出行,在他队伍前面举着的不是我们欧洲常用的火把,而是干净的大灯笼。透明的灯罩上写着官员的职位、爵位和等级。这也是为了警示路人停下脚步,坐着的人要站起来表示尊敬。有谁不遵守这些规矩,就会遭到棍棒的打击。

总督的这种出行排场,与皇帝在某些场合出行时的盛况相比,还差了许多。比如他出宫去天坛祭天的时候,首先是二十四名鼓手排成两列,随后是二十四名喇叭手排成两列。喇叭有三法尺长,开口直径有八法寸,使用梧桐木(Ou-tong-chu)制作,上饰金环。它的形状像钟形,其声音与鼓声配在一起很协调。接着是二十四名长棍手,手持七到八法尺长的棍子,棍子漆成红色,金叶装饰。然后是一百名戟手,戟尖相交叉;一百名长矛手,长矛漆成红色,上饰花朵,两头镀金。随后是四百人手持大灯笼;四百人手持火炬,使用一种耐烧的木材;二百名长矛手,长矛上或装饰着不同颜色的丝绒花,或装饰着狐尾、豹尾等动物尾巴;二十四名旗手,旗子上绘有被中国人分成二十四节气的黄道标志;五十六名旗手,代表不同星座;二百人手持金色长棍支撑的扇子,上绘不同动物;二十四人手举遮阳伞盖;然后是一个内含各种物品的奢华橱柜。

皇帝本人这才在队伍中出现,他身穿华服,骑在一匹披甲的战马之上。

---

① 原著将此段描述得比较混乱。——译注

后面有人为他举着伞盖,足够为他和他的马遮荫;一百名轻骑兵,几名内侍和十名奴仆牵着马环绕在他的周围;马缰绳和马鞍都是镶着金丝和宝石的。

他的身后是两列队伍,身穿礼服的所有亲王、法王(Regulos)和王公大臣;五百名年轻贵族;一千名身穿红色长袍的奴仆,长袍上绣着花朵、金星和银星。在他们后面,是由三十六人抬的一顶敞篷大轿和一顶一百二十人抬的密闭大轿,四辆大车。每个大轿和大车都配有五十名守卫。其中两辆大车由大象拉着,另两辆由身着刺绣马衣的马拉着。最让人吃惊的是为队伍断后的还有两千名文官和两千名武官。我们的国王出行时也会有几千人的队伍,但是我们那里可找不到两千名文官。

有时候,皇帝和大臣们也会坐船出行,虽然随行队伍不一样,但是其排场程度几乎是一样的。

第七章　特殊娱乐

　　本章比较简短：相对于消遣，中国人更了解义务。这是个严肃的民族，只在命令之下或在某些习俗之中才变得快乐。然而他们还是有喜剧演员，有喜剧和悲剧，但是没有一个从属于政府和国家的剧院。大部分演员都是流动的，谁出钱就去谁那里演出。二十年前，有些中国舞剧曾经让我们觉得很有意思，但是没有什么能证明中国有真正的舞蹈。

　　狩猎，这个欧洲贵族热衷而又享有特权的活动，在中国只是个普通的娱乐。任何人想要独自狩猎，都可以使人将猎物围在一个封闭的园区。耕农有权杀死任何破坏他的农作物的动物。

　　捕鱼对中国人来说更是商业和渔业，胜过玩乐。他们有许多捕鱼的方式。渔网用来做大批量的围捕，鱼线用来做个人的垂钓。在某些省份，人们豢养一种羽毛类似于乌鸦的鸟，其颈和喙都很长，喙部很尖并呈鹰钩状。人们训练它去捕鱼，就如同我们训练狗去捕猎。

　　这种捕鱼方式是在船上操作的。黎明时分，在河边可以见到许多小船，鱼鹰们栖息在船头。渔夫划着小船在河中腾挪，然后用桨猛击水面。鱼鹰见到这个信号后就纷纷下水，潜入水中并叼住所遇到的鱼的身体中部，返回水面并将猎物叼到自己栖息的船上。渔夫拿到鱼，然后抓起鱼鹰，将其头部朝下，顺着其颈部将它已经吞下的鱼倒出来。原来鱼鹰的喉咙处被专门安置了一个圆环，阻止其将鱼吞到腹中。鱼猎结束后，渔夫会将圆环取下，并喂给它们食物。值得注意的是，如果鱼太大，鱼鹰们会相互帮助，一只去咬鱼尾，一只去咬鱼头，然后一起将猎物交到主人那里。

　　还有另一种渔猎方式，只有中国人在使用，然而却很简单。他们在窄长的小船两侧钉上一块两尺宽的木板，上涂光亮的白漆，木板以一种不易察觉的外倾角度接近水面。在月明之夜，人们将船驶到朝向月亮的一侧，以便于月光的反射更强。鱼在游动中经常会混淆木板所反射的颜色和水的颜色，它们一跳跃就落到了船里。

　　士兵有他们自己的渔猎方式，就是用他们的弓箭。箭和弓被用长绳系在一起，既可避免丢失猎物，也便于射中猎物后能及时拉回。也有人使用鱼叉来抓泥沼中常见的大鱼。

　　这些差不多就是我们所了解的中国人的娱乐了。他们不知道赌博和商贸游戏。他们有乐师和歌手，如同我们以前的行吟诗人，但是却远没有戏剧，也没有值得聚集大众观看的正规表演。中国人只是遵照礼法所允许的娱乐范围，其中确定了每年三次的公众聚餐，在每个城市的三个等级中举行。法律不仅规定了能够参加聚餐的人员条件——他们或者是德高望重的学者；或是退休的官员，不管是文官还是武官；或是民众首领；或是公认正直的公民，法律还规定了仪式细节如每个县的县官主持宴会。其目的是维护本地的人群之间的关系，缓和那些不知不觉中产生的敌对和有害的争吵。有一件事可以证明这种聚会的肃穆气氛，就是在这种场合，他们不像我们会宣读一些警句或恭维话，而是宣读几个法律条文。主持人还会以皇帝的名义补充说："我们聚首在这庄严的宴会上，不是为了一起吃喝的享乐，而是为了我们之间互爱互敬并向君王表达衷心，向我们的父母表达敬爱，向我们的兄弟表达柔情，向我们的祖先表达尊重，向我们的朋友表达忠诚，向我们的亲属表达爱心，还有表达我们期望与邻里和同胞保持和谐的信念。"[1]这还不是全部，歌手所唱的歌词和伴奏的乐曲也都与这个讲话有关。这类宴会不如说更像是一个训导大会。

---

[1] *Nouveaux Mémoires fur la Chine*, tom. Ⅳ, pp.148–149.

第八章　公众及个人的仪式，相遇和访问时的礼仪

这些仪式很少涉及习俗，而更像是法规。法律规定了所有我们认为似乎并不重要的事物。每个人，不管身处什么等级，从上至下都有自己应该使用的称谓；面对他人的礼节和他人对己的礼节；应该接受的礼遇和应该给予他人的礼遇。没有与权利和偏好相关的任何冲突，而这两点却是曾经引发争执、流血和传递仇恨的。

拜会某人，在中国是一件重要的事情。它所要求的预备程序，对欧洲人来说是毫无所知的，或是不必要安排的。先说说如何访问所住城市的县官。拜访时必须携带价值不等的礼物。习俗要求附带一个镶金的长条漆盒，盒中分为八或十二个隔断，每个隔断中填满不同的果酱。

"一到会客厅，他们就排成一行，深鞠一躬，然后跪下磕头，除非官长阻止他们，这也是他通常所作的。一般情况下，他们当中地位最高的人会双手高举酒杯，向官长敬酒并高唱祝词：福酒（Fo-tʃiou），带来幸福的酒；寿酒（Cheou-tʃiou），带来长寿的酒。随后，另一人上前，手捧果酱，敬献给官长并说这是寿糖。其他人重复三遍这个仪式，并唱同样的祝词。"[1]

假如有一位县官因公正、勤勉和亲民而名声远扬，这种幸运会偶尔发生吗？县里的文人会通过一种特殊的方式来证明公众对他的评价。他们会让人制作一件由不同颜色的小方块缎子组成的衣服，有红色、蓝色、绿色、黑色、黄色等。他们将选择县官的生日那一天，将这件衣服敬献给他，并且安排有隆重的仪式和各种乐器的伴奏。他们先到县衙的外厅等候，等到县官受邀到来之后，他们就向其展示这件衣服，并请县官穿上。官长先表示为难，并宣称自己不配如此的荣誉，然后表示服从文人们和民众的请求。人们将那五颜六色的衣服给县官穿上，那些不同色彩代表着民众中的不同阶层，预示着他能够统领所有人。

---

[1] 杜赫德：《中华帝国全志》第二卷，第104页。

这件衣服,虽然他只会穿戴它一次,但是其家族会细心地保管它,就像对待一个特殊的荣誉称号和勋章一样。这种超现实的做法,似乎更象征着他本人从来没有被玷污。

拜访上级总是安排在晚餐之前的时间里,事先一定要空腹,或至少不能饮酒。含有哪怕一点儿酒气的拜访都会被认为是对受访官员的失礼。当然,假如拜访是属于当天的回访,也可以安排在晚餐之后,紧急事务可以忽略普通程序的。

每年的年初、某些节日、朋友的婚礼、儿子出生、获得升迁、家中有人去世、远途旅行之前等,所有这些时段都要求人们安排中国式的相互拜访,并在这些场合赠送与受访者相匹配或者受访者需要的礼物。

任何拜访都必须事先派人传递一个访帖,叫作帖子(Tie-tʃée)。这是一种红纸的信笺,折叠成屏风状,并用金花轻轻封闭。其中一折上写拜访者的名字,信笺的内容根据受访者的地位和官职使用不同的尊称。比如:"您领地的诚挚的朋友,您永远的弟子,在此向大人您致以崇高的敬意,顿首拜(Tun-cheou-pai)。"如果是拜访一位熟络的朋友,或者是一位普通的人物,帖子可以是简单的一页纸;假如拜访者或受访者正在守丧期,帖子就使用白色纸。

如果受访者的地位高于拜访者,如果他愿意,可以回避这个拜访。接受帖子就意味着接受了拜访。他会交代给传信人说,不必费力,请不要下轿。在这之后,或于当天,或于三天后,受访者会回帖,或是简单的答复收到,或是接受确实的拜访。

对于王公大臣,接受拜访的礼仪是这样的。假如来访者的地位同样重要,就会被允许不下轿,直接抬着穿过主人府邸宽敞的前两进院子,来到客厅门口,主人在此迎接。

在这个客厅当中,两名仆人举着遮阳伞和主人的大扇,呈相向倾斜状,使得外边的视线无法见到主人。来访者同样由一个自己的仆人用大扇遮挡着,直到双方走到合适的互敬距离才被拿开。

中国礼书中所载的礼仪细节正式开始。需要致敬的次数,头要低到胸前,礼节用语的使用,相互称谓的使用,相互跪拜,或左或右的拐弯抹角。主人通过一个手势,邀请来访者进入客厅,并说:"请请(Tʃin-tʃin)。"来访者回答:"不敢(Pou-can)。"并进入客厅。主人尊敬地指给来访者他的座位,甚至会亲自用自己的袖子擦拭客座,除去灰尘,以示座椅的清洁。

双方落座后,来者会严肃地阐明来访的理由。主人也会严肃地回答,并常常倾身示意。每个人都笔直地坐在椅子上,决不能靠在椅背上,视线略微向下,双手扶在膝盖上,双脚朝前,指向同一个方向。任何心不在焉的姿态都会被看成是一种侮辱。

稍后,一名穿着整洁的仆人会用托盘端上茶,茶杯数与客厅中的人数相等。拿取茶杯的手法,喝茶的姿势和还给仆人的方式,都在礼法中有所规定,必须逐字遵守。

拜访结束离开时的礼仪同样严肃而烦琐。主人陪同客人至轿旁,目视着客人上轿并一直等到轿夫起轿。在此双方需要再一次相互告辞。

我们已经说过,大部分拜访通常会伴随着礼品相赠。在这种情况下,会有一个礼单(Ly-tan)随附着帖子。这是一张红纸,上面写着赠者的名字和礼物的详单。如果赠者就是来访者本人,他就会亲手将礼单交给受访者。受访者也亲手接过礼单,再转手交给自己的仆人。作为感谢,一个深鞠躬回礼通常是必需的。只有在来访者离开后,主人才会阅览礼单,根据情况再决定是接受或拒绝这些礼物。如果主人决定接受全部或部分礼物,就会留下礼单,并写一封回谢信。如果只是接受部分礼物,会写明退回的礼物名单。如果主人决定全部礼物都不接受,就会退回礼单,并随附一封回谢信或致歉信。上书璧谢(Pi-ʃie):这些是珍珠,本人不敢触碰。

假如前来送礼之人不是本人而是其手持帖子的仆人,他将会受到同样的礼遇。有时候送礼者只是在礼单中写上礼物的名称。收礼者在礼单上面打勾表示接受,随后送礼者会立即购买礼物,并送至收礼者家中。一封回谢信也会即刻写就,而假如收礼者退回了几件礼品,会写上玉璧(Yu-pi):余下的都是珍珠。我们已经说过了,在中国,珍珠的使用是被禁止的。

书信的交往,即使是在普通人之间的,也有一定的规则。假如是向一位备受尊重的人物写信,礼节就更加复杂了。必须使用一张白纸,折成十至十二道褶子,信要从第二褶开始写,而署名必须在最后一褶。

根据不同的场合,信件所使用的字体也不能一样。字体越小,会被认为越尊敬。根据收信人的不同级别,信件所使用的术语和行列间的留白都是有规定的。但是无论如何,风格必须与普通会谈有所不同。信件上需要盖两个章,一个盖在本人的名字上,一个盖在信的开头第一句话上。通常,他们也会在信封纸袋上盖章。这种信封是事先备好的,带有好看的镶边;这是我们刚从中国偷走的小东西。但在这里,信封是双层的。要在第一个信封上写这两个字:"内函(Nuy-han)"。将信装在里面,然后再将这个信封装入第二个更大更厚的信封当中。这第二个信封是由红色纸条包着的,纸条上写明收信人的名字和尊号,旁边再用更小的字体标明省份、城镇等地址,最后,在这个信封上标明寄出的日期。将这第二个信封的上下两个封口封住后,再在其上盖上封戳,包含护封(Hou-fong)二字,就是保护、封存的意思。

在中国,人们相互致敬的方式,哪怕是在下等人之间,也比我们的复杂。在这里,一个简单的鞠躬或者脱帽礼可不够。普通的致敬方式是双手相抱于胸前,真诚地上下摆动,同时尽量低头,并且相互说"请请",这是一个包含许多意思的恭维词,与我们说的差不多。假如会面之人的地位高于自己,那就必须双手相抱,高举过额头,再降低到地,同时将身体深鞠躬。

当两个许久不见的老相识相遇,他们会相对跪下磕头、站起来、再跪下,重复这个礼仪两到三遍。在普通的寒暄当中,他们会说:"近来可好?"回答者会说:"很好,托老爷鸿福(Cao-lao-ye-hung-fo)。"当他们看到某人身体健壮时,会对他说:"永福(Yung-fo)。"意思就是您面色红润,面露幸福。

当中国人向另一人求助时,会说:"啊,请费心!所求之事是否办成了?"请求者会说:"感激不尽(Ste-pou-tʃin)。"如果是应答一个友善的提议,会说:"不敢,不敢,不敢。"还有一个习俗,就是在宴请结束之时,主人向客人们说

"有慢(Yeou-man)"或者"怠慢(Tai-man)",意思就是招待不周。在我们无法对中国有所了解之前,是无法知道这类说辞的存在的。

有关致敬的客套,再补充一句。当两名等级相等的官员在路上相遇之时,他们不会下轿,只是双手相抱,举到额前,直到双方相互看不到对方为止。但是如果有一名官员的等级高于另一名,低级的官员就会下轿,或者下马,向上级深鞠躬。此外,这种礼仪在城镇和乡村是同样的,既然在法律中都规定了,那么不管在哪里都要遵守。

第九章　续前章，个别情况中的交谈方式和套语

当中国人向其上级说话时，从来不使用第一人称和第二人称：他既不说我，也不说你；比如当他对上级表示感谢时，他会说："阁下给其奴仆的恩赐令人不胜感激。"一个儿子向其父亲说话时，从来不是以其儿子的名义，而是以其的孙子的名义，哪怕他自己是家中的长子，并且已婚。①

通常，他会使用自己当时的名字，因为中国人根据不同的年龄阶段和地位的变更会使用不同的名字。家姓是在出生时就确定的，同一个男性先辈的所有后人都使用同一个姓。一个月之后，父母会给孩子起一个小名，通常会使用一个花草的名字，或是动物的名字。在孩子成功通过公立学校的学习之后，这个小名会改变：老师会给学生再起一个名字，而学生会将这个名字与自己的姓连接起来。成年之后，他会求助于他的朋友们帮助他再起一个名字，这个名字将会被保留终生，除非他在地位上有很大的进步。那么他将根据地位和成就获得一个功名。从此他不会再起新的名字了，更不会更改家姓。当然，如同其他国家一样，地位很高的人总是可以有例外的。

我们已经描述过总督出行时的排场。当他离任被其有效治理的省份之时，人们给予他的荣誉更是可以令人得意的，因为那是民众自发的。在其告别省会城市的旅途上，离城大约二到三古里的路旁，几个桌子会被整齐地排列着。桌子都由长至坠地的绸布缠绕着，桌子上烧着香；尽管是在白天，蜡烛也是点燃的；桌上还布满了蔬菜、水果和肉类。为他而准备的酒和茶放置在另一个桌子上。

送行群众跪在路旁，头磕在地上。一些人在哭，至少是装作在哭；一些人请求他下轿来接受人们对他最后的感谢；一些人向他敬献酒和食物；还有些人拽住他的靴子，并向他倾诉。这些官员穿过的靴子，变成了珍贵的纪念

---

① 此处原文没有更多的解释，疑是原著作者存在误解。 这里所指的谦卑语大概如"不肖子孙某某""孩儿某某"等。 ——译注

品。那双被群众脱下的靴子会被装在一个盒子当中,并悬挂在城门之上。另一些靴子会被其友人收藏,就如同法兰西战士收藏蒂雷纳(Turenne)之剑或者贝亚尔(Bayard)之剑那样。

第十章　重商情怀,买卖方式及相互猜忌

我们完全不是为中国人歌功颂德。这个国家是世界上最需要相互猜忌的地方,这种互不信任甚至是被习俗和法律所允许的。买家会随身携带着秤,否则会很容易上当,在所购买货物的重量上被欺骗。我们已经说过,价值取决于重量。商人们的信条是买家原则上总是尽量压低购买的价格,甚或什么也不支付,如果卖家允许。出于同样的原因,卖家也会使尽手段从买家那里获得尽量多的收益。他们说,并不是商人欺骗买家,而是买家自己欺骗自己。

拿中国内陆的商业规模来说,整个欧洲也无法与其相比;但另一方面,整个中国的国际贸易规模也同时无法与任何一个欧洲强国来比。

中国众多的河流和运河使得所有商品的运输都十分便利,众多的人口也加速了商品的流通。一位商人运送到城市中六千顶当季的软帽,用三四天的时间就可以全部售完。尤其是在中国开店的费用很低。只有一个埃居甚至比这更少的家庭,也能利用这仅有的财产来成就一个商业家族:他们买来微不足道的物品,稍加微利后快速转手出售,一点点积累资本,直到几年之后,常常能看到他们的小铺变成了商店。

欧洲最多人光顾的集市,与中国大城市中买卖人群蜂拥不断的集市相比,也只能是一个缩略的参照景象。我们可以说,他们中的一半人试图欺骗其他人。尤其是针对外国人,中国的商人们毫无顾忌地展现他们无尽的贪婪。杜赫德神甫提及一个例子,可以予以佐证:"一艘英国船的船长曾经与一位广东的商人做生意,后者应该向他提供许多捆生丝。货物准备好了之后,英国船长带着翻译一起来到中国商人那里,检验货物是否完好。他们打开第一包,看到货物很好,跟他希望的一样,但是打开其他包之后,发现都是霉变的生丝。船长十分生气,大骂那个中国商人恶毒和欺骗。商人却冷静地听着,并对船长说:'先生,您要骂就骂您的翻译吧,他曾向我保证说您不

会来验货的.'"

底层民众特别会造假,能完全改变他们所出售的东西。您以为买到了一只阉鸡,您得到的只是鸡皮,其他部分都被取走了,而被换成其他东西。这个假鸡做得如此逼真,以至于在准备吃它的时候才能被发现。

我们讲到过多次中国的假火腿。这是一块用木头雕琢出来的火腿,上面粘上一层土,再覆盖上猪皮。经过艺术家一般的上色和修正之后,只有用刀才能识别这个骗局。

那些职业盗窃犯的技艺同样十分高超。他们很少使用暴力手段,通常你被偷之后根本就找不到他们。在中国很难不被偷窃,也很难抓到现行的偷窃贼。

中国人很不善于海上贸易。在他们的航海旅程中,从来没有穿越过巽他海峡(Sonde)①。他们最远的航线就是在马六甲(Malaque)附近,直到亚齐(Achen);或在巽他海峡附近,直到巴达维亚;或在北部海域,直到日本。他们将从柬埔寨和暹罗收购的货物转运到日本出售,获利可以达到百分之两百。

他们在马尼拉(Manille)的贸易盈利较少,通常利润降低到百分之五十。他们在巴达维亚的贸易收益更高,此外,荷兰人也使尽手段来吸引华人。中国商人偶尔也会光顾隶属于暹罗和交趾支那的亚齐、马六甲、Thor、北大年(Patane)和六坤(Ligor)②。他们从这些不同产地获取黄金和锡,尤其是餐桌上所使用的奢侈品和其他一些非生活必需品。

阻碍中国人在海洋贸易上取得进步的巨大障碍是,他们对此根本就不感兴趣,还有他们糟糕的造船技术。根据他们的说法,改变先例的做法,对帝国的法律和构成将是有害的。

---

① 巽他海峡,位于印度尼西亚苏门答腊岛和爪哇岛之间。——译注
② 古港名。一作六昆。即今泰国马来半岛的洛坤(那空是贪玛叻),古为马来族建立的洛坤帝国之都城。——译注

第十一章　葬礼

葬礼是中国人所有礼仪中最重要的。任何一个人死去,对于他本人来说都是荣耀的一天。当他生命已逝的时候,却能收到比生前更多的致敬和尊重。

当一个人死后不久,家人会给他穿上最华贵的衣服,佩戴上所有显示其身份和地位的饰品,并将他安置在新买的或者死者生前自己准备好的棺材当中。因为对于一个中国人来说,其生前最大的愿望之一,就是自己准备好自己的棺材,而不是将这个负担加在其后人身上。哪怕只有九到十个皮斯托尔(Pistole)①的人,也会将大部分钱花在这上面。有时候,棺材在家中被毫无用处地保存二十年,但是对其主人而言,这是他最珍贵的家具。假如情况相反,某人没有其他经济来源,通常是他的儿子会将自己出售,以为其父亲谋得一副棺材。

有些富人花费上千埃居购买珍稀木料所制的棺材,上绘不同花朵。普通的殷实家庭就简单多了,一般使用半尺厚的木板制作成的棺材,也通常会保存很长时间。为了能长久保存,他们会在棺材上刷树脂和沥青,再在外面上漆,这样同时能阻挡不好的气味散发出来。

将尸体剖开的方法在中国不存在。他们觉得,分开埋藏身体、心脏和内脏的方法简直是无法想象的残酷和惩罚。在欧洲所常见的将尸骨叠放在一起的方法,同样将会在中国引起公愤。中国人必须是身体完整地被埋葬,除非他是出于事故,丢失了某部分肢体。如下是埋葬的方法:人们首先会在棺材里撒上一些石灰,随后将尸体放入,头下垫着枕头,其余空间填满棉花,使得尸体能被稳固地安放而不至于晃动。他们也使用棉花或者其他材料来固定尸体。石灰和棉花也可以帮助吸收尸体中流出的体液。

尸体需要被停放七天,假如有特殊的原因,也可以缩减到三天。在这期

---

① 皮斯托尔,法国古币名,相当于10个法镑。——译注

间,所有被知会的亲属和朋友都将过来吊唁死者。最亲近的亲属甚至会留在死者家中。棺材将被放置在灵堂中,堂中布满了白色的绸布,间或一些黑色或紫色的,还有一些丧葬专用的装饰。棺材前放置一张桌子,上面安放死者的遗像或者一块名牌,由花朵、香和点燃的蜡烛环绕着。

习俗是向棺材祭奠,就如同其中的死者还活着一样。人们会跪在桌前,磕头触地几次,随后点燃事先准备好的几炷香和蜡烛,放置在桌上。死者的好友,或者被认为是好友的,在吊唁仪式上会或真或假地哭泣。

吊唁完成后,死者的长子和其兄弟们会向吊唁者致意。他们从棺材旁边的幕布后面出来,不是走着出来,而是爬着出来,一直爬到吊唁者身前致意,随后再爬回去。幕布后面还藏着女眷,她们会不断地发出悲惨的哭叫声。

参加完吊唁仪式的人,将会被引导到另一个房间,有人给他们上茶,有时也有一些干果等。一位远亲,或者一位家中的朋友,会被安排来接待和送别来客。

居家离死者家不太远的朋友会亲自前来吊唁,而由于距离太远或其他原因无法亲自前来的朋友,会派一名家仆携带吊唁信前来。所有这些来访都会被死者家中的长子回访,但是通常都是通过信件的形式。因为习俗是,当他前来回访时,主人不要在家中。

出殡的日子会被通知给每一位亲属和朋友。通常,每一个人都会参加。仪式的过程大概是这个样子的。

出殡队伍由一队男人开路,他们排成一排,举着不同的牌子,有的代表奴婢,有的代表虎、狮、马,等等。随后几队人排成两排,有人举着旗子,有人举着飘带,或者插满香的香炉,还有人用不同的乐器演奏着悲伤的曲调。因为在所有的古老民族当中,葬礼上的音乐都是必不可少的。

乐器演奏者就走在棺材的前面。棺材被一个穹顶式的华盖所覆盖,华盖全部由紫色丝绸制成,四角点缀着绣制的白色丝绸缨穗,间或一些饰带。棺材就被安置在这个华盖的底下。它们一起,由六十四个人抬着。死者的长子,身披麻袋,手拄一根木棍,整个身体弯曲着,紧跟在棺材后面。他的兄弟们和侄子们跟在他后面,但是他们不会身披麻袋。

随后的队伍是亲属和朋友,所有人都身穿丧服。在他们后面,还有许多白布遮盖的轿子,其中坐着死者的妻子和奴婢。哭喊声主要就是由她们发出的。中国人在这种仪式上的哭泣,尽管声音喧嚣,但通常是有哭法的,以至于对我们欧洲人来说,那哭声听起来就像是一种民俗习惯和规矩,而不像是悲伤过度的渲泄。

最后,出殡队伍终于走到墓地,将棺材放入事先准备好的墓穴中。在这附近,还有一些为葬礼而临时搭建的棚子,其中摆放着桌子,在此,所有参加葬礼之人在事后会被邀请参加一场丰盛的宴席。

有些时候,宴会之后还要再次向棺材祭拜,但通常都简化为向死者的长子表示感谢,而长子只是用手势答复。假如死者是帝国的重要人物,有些亲属就会在一个月,甚至两个月内住在死者家中,并每天同死者的后代们一起守灵。他们会被安排在事先专门为他们准备的客房里。

此外,葬礼的奢华程度会根据死者的身份贵贱和地位高低而不同。在康熙皇帝长兄的葬礼上,送葬队伍超过一万六千人,所有人都分属于不同的礼仪规制要求。

陵园处于城市外围,通常选址在山区。在陵园种植松树和柏树是这里的风俗。我们知道,这个风俗在其他民族中也存在,而他们之间并没有任何联系。中国人的墓地形制根据不同省份和其财富的多少而不同。贫穷之家只能满足于用草棚遮盖棺材,条件稍好些的用砖砌成一个墓穴。富足家庭会按照马蹄铁形建造墓茔,再涂成白色,形制美观。权贵们的陵墓就更加奢华且令人惊叹了。首先棺椁会被安置在穹顶型的墓穴当中,然后再用大量夯土将墓穴覆盖,大概直径十尺,高度十二尺,就像一顶帽子。夯土之上再覆盖石灰和沙子,使得它们混合成一种坚固的黏合土。墓茔周围对称排列并植满不同种类的树木。墓的正面摆放有一张打磨得十分光滑的汉白玉制作的大长条桌。桌子中央安放着一个香炉,两旁都配有花瓶和精致的烛台。

这还不是全部,在墓地附近,还排列着几排雕塑,有军官、太监、士兵、配鞍的马、骆驼、狮子、龟等。杜赫德神甫告诉我们说,这些作品放在一起,能产生一种感人的效果。我们觉得,相对于我们精美的纪念碑而言,这里更使人震惊的是数量。

我们知道,中国人出于孝道,能将他们父亲的遗体留在家中保存三到四年。守孝期是三年,而且在这期间,他们不能食用酒和肉;不能参加任何庆典的宴会;也不能参加任何公众聚会。在城里露面首先是被禁止的,此外他们常用的轿子通常都用白布覆盖。这些普通规则是所有处于守孝期的中国人都必须遵守的。但是对于将其父亲遗体留在家中保存几年的人来说,还有其他规矩:他在白天不能坐在椅子上,只有一个用白色哔叽布包着的木凳可坐;晚上只能睡在一张铺在棺材旁的芦席上,不能睡在其他床上。当一名中国人去世在非其本人出生所在的省份时,他的子孙们有权利将他的遗体运送到其祖先的墓地埋葬。这个权利也是个必尽的义务。没有尽此义务的儿子将会被他人看作是耻辱的,他的名字也将永远不会出现在用于缅怀家族历史的宗祠之中。这个我们随后会讲到。此外,棺材不能从任何城市中间穿过,只能绕过城墙的一部分再回到正途。偶尔,皇帝的特批可以减少一些繁复程序,但是无论如何,绝对禁止将一名新死去的人埋在一个旧坟墓之中,除非旧坟墓完全丧失了原先的样子。

至于宗祠,如下是它的用途。这是一个宽敞的建筑,由整个家族共享。所有家族分支都在年中的某些时刻汇聚于此。有时候能有七八千人,他们的财富、身份和地位都不尽相同,但是在这里,没有身份的区别,文人、手工业者、官员、耕农,都并排走在一起,只按年龄来排列他们的顺序。年龄最长者排位最高,哪怕他是他们当中最穷的人。

祠堂中最典型的配置就是一张靠墙的长条供桌,上置阶梯摆设。桌上可以看到曾经得到过帝国荣誉的某位先祖的遗像,或者某位名声远扬的先人的遗像。有时候只有长方形牌位,上面写着家族中男人、女人和孩子的名字,还有他们死亡的日期、年龄、死亡前所拥有的头衔。这些牌位被排成两排,差不多有一尺高。

春天的时候,亲属们聚集在祠堂中。他们有时候也在秋天时来这里,但是这不是习俗中所必需的。在这种场合,家族中最富有之人的唯一特权,就是自费为大家准备一场宴席。需要补充说明的是,似乎宴席首先是为祖先准备的,只有在完成对祖先的祭拜之后,大家才能享用它。

在宗祠中的祭拜活动,并不能免除中国人每年一到两次的扫墓祭奠。扫墓的义务通常是在四月份执行。人们首先会除去坟墓旁边的杂草,随后重复那些祭拜活动,也就是说,祭拜的形式同当初下葬时是一样的。在坟墓前,人们还会献上酒肉,而这些酒肉随后将成为扫墓者的晚餐。

以上就是中国人向去世的亲人们祭拜,并坚持不懈地纪念他们的方式。当初这个做法可能只是出于一个简单的风俗,出于自然感情的流露,但是如今已经变成了任何人都不敢违抗的律条。孔子的名言说:事死如事生。这本是一个建议,但是在中国,孔子的建议都变成了箴言。

至于中国的那些贫穷家庭,不用说他们完全修建不起祭奠祖先亡灵的宗祠。所有繁文缛节都简化为在自己家中显眼的地方放置其过世的最亲近亲属的牌位。当然,国民中最贫穷的那部分人,是不能代表国民整体的道德、习俗和品性的,他们既不能为整体定基调,甚至也不能接受整体的基调。

第十二章　中国人的普遍性格一瞥

　　除非与最早期的中国人生存于同一时代,才敢于准确地描绘出他们原始的性格特征是什么样子的。现代中国人的特征,是经过四千年的习俗所塑造的,是经过纪律的漫长束缚的结果。山脉塑造了他们第二个本性,至少可以肯定地说它减缓了和减弱了第一个本性。如下有一个惊人的例子。走遍法国的不同省份之后,你将在每个省份的居民当中都能找到或明显的、或细微的性格差别,根据这些差别几乎可以猜到他们源自哪里,因为没有任何信号显示他们受到了棍棒和礼仪的管制。而当你走遍中华帝国,似乎所有人都是源自于同一个熔炉,由同一个模子制造的。

　　结果就是中华民族整体上形成了一个温和的、和气的、彬彬有礼的、操守有度的民族,他们关注自己应该做的事情;小心谨慎但对良心并不坚守;不信任外国人并欺骗他们;对本民族有过好的成见,而使人觉得他们和他们所做的其实并不好。为了更好地了解他们,应该将他们看作是一个古代建筑,从日期久远上看值得尊敬,某些部分值得崇拜,有些部分已经损毁,但是它四十个世纪的存在证明了其永久的牢固性。

　　这个如此坚固的基础只依靠于一点,就是不同级别的服从。它自家庭开始,逐渐传递升级到皇位。此外,一个典型的中国人也有自己的爱恨情仇,法律并不总是禁止它们。他生来好打官司,如果愿意,甚至可以在一系列的诉讼中破产。他喜爱钱财,在法国被视为高利贷的活动,在中国是被允许的挣钱行为。他很记仇,但并不喜欢直接报复,那通常是被禁止的,而是等待合适的时机,在不会被处罚的情况下报复。中国人当中犯重罪的很少,犯轻罪的也不多。法律通常只在他们触犯了社会风化的情况下才会被使用。

　　作为中国战胜者的鞑靼人,其品德与被占领民族的大不相同。他们只吸取了其中一些习俗,而保留了自己的特性。鞑靼人殷勤好客、自由豁达,不喜欢伪装，愿意享受财富胜过积累财富。在所有的工作当中，即使是文案工作中，都能渗透出他们解决困难和处理事物时的特色，其灵魂就是行动迅捷。相对于汉族人的深沉和缓慢的思考，一个快速的、简短的判断对他们更有效。一言以蔽之，鞑靼人不仅在武力上战胜了汉族人，在其他方面也能够胜出。

但是您想要在中国人当中找到那种直率、乐于助人的善意和纯洁的德行吗？与其在城市里面寻找，不如到乡下去，到那个以农耕为生的阶层当中去找。相对于比他们的地位更高之人，一名中国农民常常能展现出更好的德行品质。似乎田园生活自然而然地滋养慈爱之心：人们不断地获得大自然馈赠的礼物，并习惯将之散播。此外，不可不了解一些的是中国的历史年鉴，它们会让你知道，在中国历史上，所有的领域中都产生过伟大人物，他们分别来自于不同的阶层。中华民族与地球上其他民族相比，一定是远古时代遗传至今的最神奇的古迹。

卷 四

中国的文学、科学和艺术

第一章 语言

汉语不仅是世界上最古老的语言之一，而且，它的优势还在于它极可能是最古老语言中唯一至今还在口头使用的语言。但是，这种语言有没有变化，在四千年过程中，它是否发生过改变，而现代汉语是否真的就是尧的同代人讲的那种语言？我们不能保证，并且无法以精确的证据支持这种说法。但是，一切真实性的事实似乎完全具备，肯定这种同一性，并且让人相信，这种语言的基础一直保持了原貌。

1. 人们发现，在正史中，甚至在最传奇的故事中，都不存在任何事实使人怀疑中国先民的语言不同于现代中国人讲的语言。

2. 中国的居民自古就没有改变，在中国定居的首批先民至今还继续居住在那里。如果说，后来，在已知的时代，急剧的变革致使原始民族同某些其他民族混合在一起，至少有千真万确的古迹证明，古老的语言一直处于统治地位，而且，新的移民学习这种古老的语言，接受它作为交流工具，正像鞑靼人自他们征服中国以来所做的那样。

3. 最有学问和最为谨慎的文人们一致认为，《书经》的早期作品写于尧在位时期（约公元前2300年），或最晚是写于禹在位时期。据说，在这些早期君主的多次言辞记录中，经过字与字的比较，认为这些君主所用的语言不同于史学家的语言是不符合实际的。

4. 时光保留了一位老人对尧帝的称颂以及这位君主给老人的回答①：尧帝止在巡视他的帝国，一位老人在人群中高喊："但愿上苍恩赐伟大的君主万岁，子孙万代，主宰天下的财富！""你们的祈愿是错误的，"尧回答他，"巨大的财富管理费心；子孙万代操心无穷；长久的生命经常会自行枯萎。""拥有巨大的财富，"老人继续道，"把它们用于关爱不幸者会是欢乐的源泉；如果上苍恩赐高尚纯洁的后代，后代人越多，则作为他们的父亲会更感欣慰；

---

① 此处在原著中是以脚注的形式出现的，与上下文似乎没什么衔接，显得突兀。——译注

如果美德引领世界,则人们同以美德为操守的人在一起从未觉得足够长久;如果美德受到忽视,人们将独自修身,而后自我提升,驾光明的祥云,直至上帝的宝座。"人们也传承了同一时期的两首歌谣,其中一首歌谣唱道①:"太阳升起,我开始劳作;太阳落山,我投身睡眠的怀抱。我渴就饮我井中的水;我饿就食我田中的果:君主的强大与我有何得失可言?"

5.中国最古老的铭文都是用汉字书写的,甚至当尧命令禹负责治理黄河之时,禹在黄河源头处让人刻在一块岩石上的铭文也是用汉字书写的。

6.由于中国人的政治制度正如他们帝国的天然屏障一样,与世界各民族处于隔离状态,他们没有引进任何外国文献。他们的经书承载着他们的历史,他们的法律以及早期的教义是他们学习参照的唯一典籍:命运和一切幸福系于对这些不朽的文化著作的理解和感悟。这些典籍被看作是品味的范本,人们从中汲取写作技巧的规则;人们对之临摹、背诵、努力模仿其文笔。即使时至今日,任何自诩文章高手之人都不敢使用不被经书和其他古代经典书籍认可的语汇。皇帝们在他们颁布的诏书中都谨慎模仿典籍的文笔和句式。这是一种不利于语言革新的尊古理念。

至于人们如今所说的通俗汉语,很难认为它没有经受多次变化。然而,最重大的变化没有影响发音;如果以最古老的诗韵判断,某些字的发音似乎确实发生了变化,但是,它们的数量很少。这些差异应该是轻微的,不很明显,因为中国演员至今还表演着存世千年以上的戏剧,而且,在全中国都能听懂。

汉语如同讲汉语的民族一样都非比寻常,它不能与任何已知的语言相比较,因为它遵循的路径是任何同类规律所不能做到的。汉语没有字母,构成汉语的全部文字是为数不多的单音节字。这些文字一直保留原样,也就是说,单音节字,甚至当人们汇聚两个字表明一件东西之时,或是写,或是发音,它们永远是有区别的,是分离的,永远不会像法语的"bon"和"jour"那样

---

① 《帝王世纪》记载《击壤歌》:"日出而作,日入而息。 凿井而饮,耕田而食。 帝力于我何有哉!"——译注

混合在一起,构成单一的词"bonjour"。

这些单音节词只产生一种声音。当用欧洲字母书写它们时,它们以下列字母开始:ch,tch,f,g 或 j,i,h,l,m,n,ng,p,ʃ,tʃ,v,或尾音字母是 a,e,i,o,或 u,l,n,ng。文字的中间由元音和只发一个音的辅音占据,并且它们总是单音节发音。人们从不将 leao,kieou 读作 le-a-o,ki-e-ou,正如我们法语说 œil,beau,不能读 o-e-il,be-a-u。

汉语只包括大约 330 个基本词和词根。某些汉语词典计算到 484 个基本词和词根。乍看起来,这样少数量的语汇似乎理应构成一种贫乏而单调的语言。但是,当人们知道这些原始字的含义,由于重音、语调、送气发音,以及发音时声音的其他变化之丰富而多样几乎可以无限地增加时,就不会认为汉语言具有这种贫乏性。

中国人区别两种主要的重音:平音(ping)和仄音(tʃe)。平音,也就是说,单一,声音不高不低;仄音,也就是说,通过声音的抑扬转调。平音还分成清(tʃing)和浊(tcho);或,如果愿意的话,分成哑音和开口音。仄音也下分为上声、去声和入声。上声,提高声音;去声,降低声音;入声,即收回音。当提高声音结束时,是上声调,犹如当人们心情不好时用力地讲否定词"non"那样;当人们降低声音是去声,犹如一个胆怯的孩子在大人的迫使下轻声地讲出 oui 中的 i 音那样。入声,是收回声音,某种意义上说是吞音,犹如一个人由于吃惊或敬重的动作而停音和就一个字的尾音发生犹豫那样。送气发音发生在某些以 c,k,p,t 开头的字上,还给这些变体有所增加。

这些发音的差异足以完全改变字的含义。让我们看几个实例。例如 tchu 字,发声时延长"u"音,同时声音变清楚,意为"主"(maître, seigneur);如果以同一声调延长"u"音,则意为"猪"(pourceau);轻轻地快速发音,tchu 则意为"煮"(cuiʃiner);而大声发音,结尾时弱化声音,tchu 则意为"柱"(colonne)了。

又如 tsin 字,根据它的不同重音或发音方式,表示不同的含义。擎 Tsin 意为搁栅 ʃolive;亲 tsin 意为亲属 parent;粳 tsin 意为一种米 espèce de riẓ;倾

tsin 意为全部 totalement；寝 tsin 意为睡觉 dormir；罄 tsin 意为用尽 épuiſer；沁 tsin 意为河流的名字 nom de riviere,等等。

Po 字,根据不同声调的变化,可以表示十一种不同含义；它相继表示玻璃 verre,煮 bouillir,簸扬稻米 vanner le riz,准备 préparer,开明 libéral,老妇 vieille femme,中断 rompre 或剖开 fendre,一点点 tant soit peu,浇灌 arroser,倾斜 incliné,俘虏 captif。且不要以为如同某些人说的那样,中国人讲话时像唱歌一样。所有这些声调的变化细腻而轻微,大部分外国人是听不出来的。然而,这些瞬间的重音变化对一位中国人的耳朵来讲是非常敏感的,它能轻易地抓住差异,如同一位法国人能轻易地听出 l'eau,l'os,lots 的不同发音一样,而这些字在一位英国人或德国人的耳朵听来却是同一个声音。

汉字的组合与配合是其多产的丰富含义的另一个原因。通过对这些基础元素的单音节词的汇集和不同的组合,中国人能够表达任何想表达的东西。他改变,拓展,限制基本词的含义,并且表达其思维的准确性和清晰性。

例如,mou 字意为"树木,木材"(arbre,bois),与其他字搭配,它获得新意。mou-leao 意为"建筑材料"(du bois préparé pour un édifice)；mou-lan 意为"木条或木栅栏"(des barreaux ou grilles de bois)；mou-hia 意为"木匣"(une boîte)；mou-siang 意为"木箱"(une armoire)；mou-tſian 意为"木匠"(Charpentier)；mou-eul 意为"木耳"(chanpignion)；木奴 mou-nu 意为一种橘子 une espèce de petite orange；mou-sing 意为"木星"(planete de Jupiter)；mou-mien 意为"木棉"(coton)；等等。

Ngai,或更准确的是 gai 意为"爱"(amour)；je-gai 就是"热爱"(amour ardant)；tse-gai,即"慈爱",父亲对儿子的爱；king-gai 即"敬爱",混有敬意的爱；ki-gai,即"极爱"(溺爱),盲目而无限的爱；等等。有位传教士只是从"爱"字就总结出一百多种不同的含义。

人们能够感受到从这种叠加技巧中理应产生出多么丰富而又多么令人吃惊的表达法之变体。因此,汉语对每件东西的许多名字都有满足各种需要,各种情感,各种技艺的专用语汇,这些语汇和表达法表示各种情形,直至指明能够改变指定对象的最为轻微的差异。对于法语中的 veau, taureau, bœuf, geniſſe, vache 五个字,汉语却能提供大量的其他词语表达这些动物的不同年龄、缺点、用途、颜色的种类、形状、多产状况等。每当母牛孕产时,便有了一个新名字,而当它变得不能生育之时,便有了另一个名字。为牺牲而养肥的雄牛有其特殊的名字,而当人们将它引向祭坛时,它便改了名字。时间,地点,甚至牺牲的性质都使它另取新的名字。皇帝的宫殿名字也一样,人们用于指明构成宫殿的各个不同部分的全部词汇便可以编成一部"专用词典"了,专用于这种皇家居所的语汇是约定俗成的文字,当宫殿是属于王储或高官的居所时,这些用语便被其他文字所取代。

全部汉字都没有词尾变化。其中,大部分汉字都可以相继用作动词、副词、名词和形容词:它们在句子中的各自位置便决定了它们在句中的性质。形容词永远置于名词之前。

中国人只有三个人称代词:ngo,我;ni,你;ta,他。在它们之后加上缀词 men(们),便成了复数。这个表示复数的缀词适用于所有的名词。例如,人们说:gin, homme(人);gin men, les hommes(人们);ta, lui(他/她);ta men, eux(他们/她们/它们)。

汉语的动词只有现在时、过去时和将来时。当它们以人称代词引领之时,它们是现在时,加上缀词"了"(leao)指明过去时。缀词"将"(tſiang)或"未"(hoei)指明将来时。

我们仅限于这些简单的概念,就这种语言语法机制做拓展的详述要有一部专著才行。我们也不做汉字历史、根源和构成的长篇叙述,就这些方面,人们已经写了大量的著作。知道汉字有八万个,而大部分中国文人要用一生的时间学习它们才够。然而,也不要以为必须掌握这些全部的字,因为掌握八千或一万个字便足以顺畅地表达,并且能够阅读大量的书籍了。大多数的文人只掌握一万五千或两万个汉字,很少有大学士能够掌握四万字。

很重要的发现是汉语中存在四种语言或用语①。

1.古文(Kou-ouen)或经书和其他古代经典的语言。今天已不再使用。但是,包含于《书经》中的语录和《诗经》中的歌谣证明人们最早期是讲这种语言的。这种用语或这种文体有一种令人望而却步的简练,对于缺乏训练的读者而言是看不懂的。古文中积累的概念,相互堆积,可以说,正像一位传教士表述的那样,各种概念"被捣碎在文字中"。没有任何东西超越这种写作方式,它积聚思想的力度和深度、隐喻的大胆、形象的辉煌、文笔的和谐等都达到极至。但是,这种古文很难听懂,它要求一种艰辛的沉思默想。然而,一切优秀的文人都能听得懂,而且像欧洲文人读贺拉斯(Horace)和儒凡纳(Juvénal)一样,读起来兴趣盎然。

2.文章(Ouen-tchang)。这是庄重而高雅的作品中使用的语言。根本不用于口语:人们只是借用其中的某些警句和某些礼貌用语。文章丝毫没有古文的那种简练和极其庄重感,但是也接近古文,因为它简洁,高雅,富于表现力,充满了自然和流畅。它屈从于为之美化的各类文学样式;但是,它不大适应于形而上的模棱两可以及抽象科学的刻板行文。

3.官话(Kouan-hoa)。这是朝廷、在位人士、文人们的用语,也是整个帝国通行的用语。朝臣、贵妇们讲起话来都很优雅,尤其是在北京和以前朝廷所在地的江南省。官话中接受同义词以缓解单音节词的简练;代词,连接句子和表达话语清晰度的关系语词;介词、副词、虚词用以取代其他语言中发生的格变、语式、时态以及单复数变化。

4.乡谈(Hiang-tan)是中国百姓的方言。每个省、每个城市以及几乎每个村庄都有自己的方言。在许多地方,除了字义有变化,发音的不同经常到了难以辨认字义的地步。

中国文人区分五种主要书法。第一种名为"古文"(Kou-ouen),这是最

---

① 将汉语分为四种文体的方法可参见 Chrétien Louis Josephe de Guignes(小德经,又译为小德金,1759—1845)的 *Voyage a Pékin, Manille et l'Ile de France: faits dans l'intervalle des années 1784 à 1801* vol.2, Paris, 1808, pp.391-395。——译注

古老的书法,已经几乎不存任何遗迹。第二种为"篆字"(Tchoang-tſée),一直使用到周朝末年,这是孔子时代通用的书法。第三种为"隶字"(Li-tſée),从秦朝开始。第四种为"行书"(Hing-chou),用于印刷,如同欧洲的字母圆体和斜体。第五种为"草字"(Tsao-tſée),发明于汉代,这是一种听任毛笔发挥的书法:它要求执笔的手轻松而训练有素。但是,它大大地改变了文字的形象。它只用于医生开处方、书籍的序言、异想天开的铭文等。

中国人极为重视书写正确而又优美的才华。他们经常更看重书法而不是最考究的绘画。人们发现,有的中国人不惜以高昂的代价买进一页古字书法,如果他们觉得字写得好的话。他们推崇书法直至在最普通的书籍里,而且,如果一旦有书页掉落下来,他们会心怀敬意地把掉落的书页捡起来。外行地使用这些书页,走路脚踩它们将会被视为不可原谅的大不敬。甚至泥瓦工、木匠有时都不敢自作主张地撕掉贴在墙上或木头上的一张印字纸。

古代中国人不比希腊人和罗马人更了解标点法。现在的中国人出于对古代的尊敬,在他们高雅文笔的著作中,乃至理应呈送给皇帝过目的奏折中都不敢使用标点法。不管经书怎样隐晦难懂,人们仍然不加标点地印刷,除非是经书伴有评论和用于蒙学时才例外。

第二章 诗歌

　　一般说来,中国人只忙碌于可以引导他们获得荣华富贵的有益学习,并不重视诗歌。作诗的艺术很少引起政府的注意和鼓励。人们写诗是出于爱好,无事可做,但是,根本不是以写诗为业。人们说某个文人有写一手好诗的才华,差不多就像在欧洲谈某个龙骑兵队长善于拉小提琴一样。然而,对诗歌的爱好却是相当普遍,而且,很少中国作家不将其部分闲暇时间用于写诗;人们甚至举出从未写过诗的名家郑楠松(Tʃeng-nan-ʃong)作为非常特殊的例子,人们由此将他比作海棠花,假如海棠能有袭人的香味,那它便是最漂亮、最完美之花了。

　　当规则是取自自然,那么规则便到处是一样的,因此,中国诗论并不远离贺拉斯(Horace)和布瓦洛(Boileau)的规则。人们可以从名为 Ming-tchong 的一本古籍残卷里所阐明的规则进行判断:"一首好诗,其主题必须有趣,叙述方式引人入胜;必须表现出才华横溢,措辞高雅,光彩而卓绝。诗人必须纵览哲学的最高领域,但也从不脱离真理的狭窄小径,也不沉重地停留其间。高雅的爱好只允许他可有使之接近目标的差距,而在不同关照下更有横生情趣之妙。如果他言而无物,或言之缺乏这种气势,缺乏显示犹如颜色之于眼睛的这种明显地表现精神上的激情和坚毅,那便是他的大败笔。崇高的思想、连续的形象、温馨的和谐产生真正的诗歌。必须以高贵的笔触开篇,描绘讲述的一切,让人瞥见所忽视的方面,将一切归于终点,而且是飞速地到达终点。诗歌讲的是激情、情感、理性的语言。但是,诗歌使人代其声,它必带有年龄、地位、性别的语调,以及每个人的固有思想……"

　　中文诗作有其规则,并不比法文诗作遇到的困难少。写诗选词尤其难。中国诗句只接受最强有力、最生动如画、最和谐的语词,并且必须总是以古人赋予的含义使用它们。在《康熙皇帝诗集》(康熙皇帝死于 1722 年)出版中,人们竟至关注到通过取自最伟大诗人的实例来说明这位君主使用过的全部习语。如此这般的研究工作表明，而且意味着一个民族的严格而精妙的审美观。每句诗只能包含一定数量的字，所有的字都要根据数量规则安排，而且都要以某种韵律结束。构成诗节的诗句数量不是确定的，但是，诗节必须呈现同样的后续结构，以及同样的韵律安排。中国语言包含的诗歌语词数量之少使得必须减少韵律的束缚：允许诗人作四句诗时可有一句不押韵。

中国诗人没有我们神话中那些引人入胜的想象资源。他们以多种方式弥补欧洲诗歌采取的美化手段：1.与他们的语言特点相适应的大胆而巧妙的隐喻。例如，把鹰称作"九霄之主"，把松鸦称作"话鸟"，把卧榻铺的席子称作"睡眠王国"，把羊羔称作"跪哺"，把头颅称作"理性圣殿"，把胃称作"食物作坊"，把眼睛称作"额头之星"，把耳朵称作"听觉之王"，把鼻子称作"泉水之山"，等等。2.他们利用多种动物名字，取其寓意，例如，龙、虎、雀鹰、燕子，他们用以取代 Jupiter, Mars, Mercure, Flore。3.经常借用他们经书中的优美习语，善于巧妙地应用它们。他们会用《诗经》中的"同心"（Tong-ʃin），就是他们只有一颗心，表达"丈夫与妻子"。他们会用"天穷"（Tien-kiong），亦即上天的穷人、可怜人，称呼"寡妇和孤儿"。4.他们很会利用上古时代的习俗与习惯，传承箴言，并且经常模仿言谈举止。他们的历史、皇帝的言行、古代文人的警句等，也给他们提供了大量精致、优美、经常妙趣横生的典故。例如，唐代一位画家，当他要画一头发怒的老虎时，他的习惯是在大量饮酒之后才拿起画笔，由此，Hoa-hou（画虎）当今的含义是"bien boire"（喝多量的酒）。一位哲学家，为了逃避迫害，退隐到荒漠中，只有一眼泉水和桃树为伴，由此产生 Tao-yuen（桃源，桃树与源泉）习语，借以表达"贤人的孤独"。一位皇帝瞥见一处粗壮竹子的篱笆，竹子根部满是茁壮的嫩枝，说道："你们看，这是多子父亲的象征！"此后，诗人们称 Tchou-ʃun（竹笋，竹子的嫩枝），系指"继承父业的儿子"。史书中谈到一位寡妇自己割掉了鼻子，以便不被强迫再嫁，因此说"一个女人不会自己割掉鼻子"已成为一个极为讽刺性的习语。这些实例证明：才华、想象力、热情都不足以造就一位"中国诗人"，在这些天赋的基础上，还必须拥有通过学习和下功夫获得的广博的丰富的知识才行。

《诗经》是中国古代诗歌的最为珍贵的宝库，它在经典著作中占据第三位。这本诗集包括 300 首诗①，是保存在周代皇家图书馆数目庞大的藏书。这些作品是由孔夫子于公元前 484 年编撰的②。《诗经》分为三部分：第一部分名为《国风》，表现各王国的风俗，包括民间流行的诗歌和歌谣，是历代皇帝③视察其帝国时命人收集的，并由此判断公共习俗的状况。第二部分名之为《雅》(Ya)，优秀高雅之意，分为《大雅》与《小雅》，"大优雅"和"小优雅"；这两部分包含颂歌、歌谣、赞美诗、哀歌、讽刺诗、祝婚诗等。第三部分名为《颂》，即颂词，呈现圣歌，以及人们在献祭和祭祖仪式上咏唱的赞歌。所有文人们都一致认为，这些诗歌中有许多首属于文王和他的儿子武王时代，也就是说，它们追溯到直至公元前 12 世纪末，其余的诗篇出现在后来不同君主的统治时期，直至孔子时代。中国人在谈到这些诗的高雅、温柔、自然以及古代的审美观时，都滔滔不绝，赞不绝口。他们承认，后来年代没有产生过可与之媲美的作品，他们说："六德(les six vertus)就像是《诗经》的灵魂，任何世纪都没有减少《诗经》中光彩花朵的光泽，而且，任何世纪也将不会开放如此美丽的花朵。"

为了更好地说明中国诗歌状况，我们将摘录《诗经》中的几首诗，它们是由一位传教士翻译的，他与北京传教团失联已经有几年了。

---

① 《诗经》现存 305 篇（《小雅》中有 6 篇有目无诗，不计算在内），古人取其整数，常说"诗三百"。——译注

② 《诗经》于何年编撰学界尚无定论，这里的"公元前 484 年"只是作者的观点。据《史记》等记载，《诗经》系孔子删定，近人亦多疑其说。——译注

③ 此处"历代皇帝"有误，相传是"周王室"。——译注

中国颂诗①

放眼惬意地看一看这壮丽的风景！江水静静地流向平原，而且以其江水构成的长长的运河美化了平原。南方，群山岿然耸立，错落有致；对岸，常绿的芦苇和松树呼唤着微风和清爽。多么迷人的地方！享受您这一切的人们兄弟般地相处，他们之间，永无不和之音。您的荣光，盖世无双！您为之继承的君主选择您为其终生。他的宫殿的蓝图已经绘出：壮丽的高墙耸立；东方和西方，建起了高大的柱廊。您快点来吧，伟大的君主，您快点来吧，诸多娱乐与游戏在期待着您。从人们加固的基石，我深悟到您的智慧！淫雨和暴风都不会把它们摧毁。或爬或走的昆虫都不会闯进您的居所。值守的警卫(侍卫)常常吃惊，最迅急的箭镞能够变形，受惊的鸽子忘记了飞翔，而野鸡被鹰追得惊慌。但是，在您面前，一切障碍融合并消失殆尽。这些柱廊多么雄伟辉煌！这些殿堂浩大宽敞！高高的圆柱支撑着护墙，阳光普照这一切建筑，进入的阳光来自四面八方。我的君主就是在这里休憩，就是在这里，他睡卧在编制精美的长席之上。"我做了一个梦，"他醒来时对我说，"你给我讲一讲这个梦的奥秘。""君王，您的梦都预示着好事。您梦见了熊和龙。熊预示着一位继承人的诞生，而龙则预示着一位公主的诞生。"这就是我的预言。这个期待中的继承人刚刚诞生。他躺在他的摇篮里，自己玩弄一只权杖。围绕其周围的一切壮丽辉煌都不能缓解他的内心之伤。他呼喊着，但这是英雄的呼喊声。您安心吧，高贵的孩子，您浑

---

① 即《诗经·小雅·斯干》
秩秩斯干，幽幽南山。如竹苞矣，如松茂矣。兄及弟矣，式相好矣，无相犹矣。
似续妣祖，筑室百堵。西南其户，爰居爰处，爰笑爰语。
约之阁阁，椓之橐橐。风雨攸除，鸟鼠攸去，君子攸芋。
如跂斯翼，如矢斯棘，如鸟斯革，如翚斯飞。君子攸跻。
殖殖其庭，有觉其楹。哙哙其正，哕哕其冥，君子攸宁。
下莞上簟，乃安斯寝。乃寝乃兴，乃占我梦。吉梦维何？维熊维罴，维虺维蛇。
大人占之：维熊维罴，男子之祥；维虺维蛇，女子之祥。
乃生男子，载寝之床，载衣之裳，载弄之璋。其泣喤喤，朱芾斯皇，室家君王。
乃生女子，载寝之地，载衣之裼，载弄之瓦。无非无仪，唯酒食是议，无父母诒罹。——译注

身的紫气告诉您,您的出生是为了王位和我们的幸福。我也看见了一位公主被简单地裹在她的襁褓中。一块砖,作为她性别的象征放在她的身旁。如果说她无德行,但愿她也无缺憾!她的命运只在于户主夫妇的悉心呵护,但是,他们能够把她引向荣耀。祈望她可敬的父母看到她荣誉实现,并享受其来自各方受之无愧的称赞!

在下一首诗歌中,洋溢着温馨而感人的情感,由此很容易发现悲歌的哀怨特色。

一位被离弃的合法妻子的哀怨①

我们曾被永久的婚姻连在一起,犹如天上的两朵云连在一起,最猛烈的暴风雨也不能将它们分开,我们本应只靠一颗心共生。由于发怒或厌倦产生的最小的分歧也会成为罪恶。而你,就像拔草而留根的人把我逐出你的家门,好像是我不忠于荣誉和道德,不配做你的妻子,不再是你的妻子!你看着苍天,评判你自己吧。哎呀,让我离开,这是多么痛苦啊!我的心拖着我,奔向我离开的家。没良心的!它跟我只走了几步,便把我遗弃在家门口:它离开我才感到快乐。你热衷于奸妇的新欢,而你们现在就像是青梅竹马的兄妹!瞧吧,你的不忠必将玷污你的新婚,毒化你们的温存。啊,天哪!你现在快乐地庆祝这次婚姻。在你眼里,我成了坏女人,你不再需要我;而我呢,我不再需要你的悔恨。在湍急的江水里同你一起划船,我耗尽了多大的力气!为了你家的利益,干什么活儿我不是尽心尽力!为了让你幸福,我牺牲自己。奔你而来的好心人,都是我吸引了他们。而你现在不再爱我了!你甚至还恨我,你鄙视我,而且把我忘记。你就是这样爱财,不爱你的妻子,我让你获得了幸福,而我却失去了美色!为我们的老年,我准备了多少温馨和福祉!另一个女人将给你补偿,而我将在羞辱和痛苦中老去。哎呀,你

---

① 即《诗经·小雅·谷风》
习习谷风,维风及雨。将恐将惧,维予与女。将安将乐,女转弃予。
习习谷风,维风及颓。将恐将惧,置予于怀。将安将乐,弃予如遗。
习习谷风,维山崔嵬。无草不死,无木不萎。忘我大德,思我小怨。——译注

最后的目光是多么可怕！你的眼光中只有仇恨和愤怒。我的痛苦不可救药，它羞辱了我的温存，为我的善行而脸红。

下面的颂歌①写兄弟友谊，是中国最为推崇的诗篇之一。

任何树木都不能与棠棣树(Tchang-ti)相比，春天使其鲜花盛开，千姿百态；任何男人都不能比作兄弟。一位兄弟以其真心的眼泪哭泣他的兄弟。即便是他的尸体悬挂在深渊上的岩石尖端，或深陷在深沟臭水之中，他也将会给他寻得坟墓。斑鸠在树林寂静中孤鸣，而我，在痛苦中有个兄弟分忧。最心软的朋友想的只是抚慰我的痛苦；我的兄弟像我一样感受痛苦，因为这就是他的痛苦。愤怒很可能发生在我们的家庭里，以其毒化的气息伤害我们的心灵。但是，一旦面临危险，我的兄弟就会以其身体保护我。看见我脱离危险，他该多么高兴！看到我幸福他该多么愉快！与父母分享幸福，有兄弟在场，幸福感更大更强。最快乐的节日是有我的兄弟在场；最美妙的宴会是有我的兄弟坐在身旁，因为他的在场使我心花怒放；我全心投向他的怀抱。兄弟友谊拥有爱的一切温柔。一位可爱而贤惠的妻子令你陶醉于婚姻的甜蜜；称心如意的儿女满足你们的欲望。你们要确保你们的幸福吗？是兄弟友谊巩固幸福的保障。琴与瑟在合奏中支持并美化所有的声音。噢，兄弟友谊，你在哪里发扬，哪里的家庭就幸福无疆！你的魅力吸引一切美德，并且远离一切邪恶。

中国诗人不乏仁爱哲学，它们善于在他们的最简短的诗篇中广布仁爱的魅力。下面这首诗②里呈现中国的一位贤人在其隐居中的无忧无虑的生

---

① 即《诗经·小雅·棠棣》
棠棣之华，鄂不韡韡？凡今之人，莫如兄弟。死丧之威，兄弟孔怀。原隰裒矣，兄弟求矣。脊令在原，兄弟急难。每有良朋，况也永叹。兄弟阋于墙，外御其务。每有良朋，烝也无戎。丧乱既平，既安且宁。虽有兄弟，不如友生。傧尔笾豆，饮酒之饫。兄弟既具，和乐且孺。妻子好合，如鼓琴瑟。兄弟既翕，和乐且湛。宜尔家室，乐尔妻帑。是究是图，亶其然乎。——译注
② 即《诗经·国风·卫风·考槃》
考槃在涧，硕人之宽。独寐寤言，永矢弗谖。
考槃在阿，硕人之薖。独寐寤歌，永矢弗过。
考槃在陆，硕人之轴。独寐寤宿，永矢弗告。——译注

活画面。

　　我的宫殿是一间比我身体长三倍的小屋。其中,从无奢华,但洁净无处不在。一片席子是我的床,一件夹层棉布是我的被子,这一切足够我白日坐禅和夜里睡眠。这边有一盏灯,另一边(那边)有一个焚香炉。我听见的只是鸟鸣、风声、源泉的流水声。我的窗子可以关闭,而我的门洞开着,但这一切只是为了贤人安享其乐,因为恶人要逃避这一切。我不像和尚那样剃光头,我不像道士那样吃斋。真理居于我心中,纯洁指引我行动。没有师傅,也没有弟子,我不以我的生命虚幻梦想和书写文字,更不以我的生命磨砺讽刺的利剑,或粉饰赞美词。我既无观点,也无谋划,荣耀与财富都与我无关,一切快感享乐都不能引起我丝毫欲望。我念兹在兹地享受我的孤独和我的休憩。我的休闲来自各方,避开嘈杂喧嚣。我观天,勇气倍增;我看地,心地坦然。我在又不在这个世界。一天又一天,一年又一年:最后一年把我引向港湾,而我经历了自我。

乾隆皇帝在位已经五十年了,他是其帝国最伟大的诗人和最优秀的文人之一。人们记得他关于奉天(Moukden)的长诗,1770年时已经发表了长诗的一种翻译,人们从中发现了最精美的诗歌片段。庞大的农业丛书还收录有这位君主的多首诗篇,描写多种农村话题:新开垦的土地、一场旱灾、夏季农活、一场雨拯救了稻田、已被播种的一片平原、一所美丽的房子、一场冰雹等。人们发现他还写有一首关于茶的赞美诗。在重读他的诗篇之时,我们停下来看看他如下这首诗,兴许,我们的读者将会感激我们给它们重录下来,因为人们少有机会读到一位统领两亿人口的诗人写下的诗篇。

　　这位皇帝诗人讲述凸显其祖先的国度所拥有的各种美不胜收的景观——在这个片段里,他描写辽东(Leao-tong)湾大海呈现的景色,而后讴歌奉天城周围的群山:

　　大海,浩瀚的大海,渐次缩小其岸,深入我们陆地,形成海湾,物产富饶,景观壮丽,唯此大海实为大自然所能呈现的一种最迷人风景。时而，犹如静态池塘，只见其平滑的水面上最美的湛蓝之光；时而，带着轻微的呜咽，模仿着一阵凉风吹来的还有些低沉的声响，海水交替地前进和后退；有时，它怒吼着、吼叫着、鼓胀着，泡沫滚滚，并且急冲冲地拍打着它无法吞没的岸边；经常，海水连续起伏，其形状与动态超越画笔技巧，似乎想要逃逸并全部倾泻出它通常流经的河床。如果它高高地升起，这是为了它高高地跃下；如果它高高地跃下，这是为了再高高地升起；直至经过多样的变化之后，它重新变回到原先的样子。可以说，它就这样恢复了它原先的安静状态，因为白日照耀我们的星辰和夜里发光的群星都正要投入它的怀抱，得以在海水中净化和打扮一新。有谁能指出这诸多奇迹的渊源和原因呢！但是，我们不想深入不可能描绘的东西，我们让苦味的海水在其占据的浩瀚的水域中随意任性地嬉戏或发怒吧，让我们收回思想，放眼注视值得我们关注的一切……山！我就是从你这里开始。铁岭，刺绣的山，你只是在遥远处展现，借以引导旅者的步伐；你只是展现一种形态以及多种特别的颜色，借以停止旅者的疲惫，并使之重新精神焕发；你是他理应择路的清晰标志，借以顺利抵达其休憩的温馨终点……我是让人看到你所呈现的一切壮观、辉煌、优美的景观，抑或是让人看到你令人忧愁或恐惧的场面呢？不，只要讲出你的名字就足以让人们认识你。我妄图描绘这些错落有致的山峰，它们几乎常年覆盖着令人赏心悦目的绿色装饰着你；这些迷人的远景在远处呈现一片几乎感觉不到的山坡，不断地放眼山坡，总有历久弥新之愉悦；这些群起的山峦似乎是按不同的距离在复制；这些纯净的水从诸多瀑布跃身而下，通过不同的路径最终汇聚于平原，形成江河，以及数量无穷的溪流。我妄想描绘这些高耸而雄厚的浑圆山体在远处遮挡白日和夜月的光辉，这些傲然挺立的尖峰，直插霄汉，仍然高高耸立，直达天穹。我更是枉然企图描绘出这些黑暗岩穴、这些庞大裂缝、这些竖立的岩石、这些人们不敢走近的可怕悬崖绝壁、这些令人恐惧的危险峡谷，以及这些望而生畏的巨大深渊的形象。多么生动的雄辩，多么大胆的画笔才能勾画出,甚至才能表现出你在这两方面所呈现的一切部分?你高出于任何表达方式之上。只有你自我显现能够让我们想象你是什么样子。如果说你出奇的美丽与世人眼中的庸俗之物形成强烈反差,这是因为你不只是为了取悦和有益于人类。脚踏土地的野人,爬行中的爬行动物,冲向云霄的飞鸟也都要在你那里找到栖息地和食物:自然之子,这个守护一切、包罗万象的大海的子孙,它们也都有权受到保护。噢,大山,向它们开放吧! 向它们开放你的胸怀;让你的悬崖峭壁,岩洞深渊成为他们中最凶猛者的巢穴;让你的低洼空地和陡峭山岩成为其他动物的藏身之处;但愿你成为众生灵的庇护所;增加你的物产,给它们以吃食;让你清澈的水畅流,以满足它们渴饮之需。我们绝不妒忌它们;我们对你赞赏不已。

中国人几乎了解我们所拥有的各种样式的诗歌。他们有诗节、颂诗、悲歌、田园诗、牧歌、打油诗、讽刺诗,甚至押韵语段。中国百姓有其滑稽剧和特色不一的歌曲。著名的文人不屑为老百姓将最优美的道德格言、各阶层人的义务、文明规则谱成歌曲。他们说:"好谷粒只产生稻草,而后者总是阻碍野草生长。"

淫荡很少玷污中国诗歌。至少,它必须是隐含(隐晦)的,只在借助寓意,或语言特有的精妙的语法手段表达:比如,在某些诗篇里,文字表达一个意思,而孤立的发声却表达另一个意思;在另一些诗篇里,必须削减文字的多个笔画才能理解作者的思想;在一些诗篇里,必须倒着读诗句。但是,不管中国的贝特罗诺(Pétrone)①们使用怎样的技巧和遁词,他们的作品一旦被揭发给政府,他们都必须付出重大代价。几年前,有一位亲王,是当今皇帝的叔叔,在其一位嫔妇的扇子上写下了几句放任的诗,这个嫔妇不慎将扇子借给了她的一个朋友。皇帝看到了这把扇子,他看了诗句,并且命人召集皇家全体亲王集会,当众朗诵这些诗篇,每次他们被召集到宫殿时,会被补充告知:这些诗句是他叔叔写的。当众多次朗读过之后,皇帝才给这位亲王免

---

① 贝特罗诺:公元1世纪拉丁文作家,以其流浪汉淫荡传奇小说著称。 ——译注

除了这种侮辱性的教训。

政府对可能伤害风化的一切采取一系列严格的监控措施,一般说来,一切小说都被法律禁止。当今在位的皇帝痛斥了三部小说,而且这些小说都是被看作为杰出作品的:第一种被标以"刀"(tao,匕首)字,因为它趋向弱化对凶杀的憎恶;第二种被标以"肆"(ʃie,虚假,谎言)字,因为这部小说里充满了胡闹和生编硬造;而第三部小说被标以"淫"(in,不纯,不忠实)字,因为它包含了调情和淫秽的冒险故事。不过,执法当局并不像法律那样严格,使得某些有益的,不伤害风化的小说和逸事趣闻得以出版。任何写书反对政府的作者,以及帮助印书或传播其作品的人都被处以死罪。

第三章　戏剧、修辞、博学著作、翰林院

　　欧洲接受和认可的戏剧规则在中国可就大不相同了。在中国，人们不知三一律，也不知我们所遵守的舞台的规律性和真实性。在中国戏剧中所表现的绝非一次行为，而是一位英雄的完整一生，而且这种表演可以被看作延续四十年或五十年。

　　中国人不分悲剧和喜剧，因此，他们没有适宜于如此不同的悲、喜剧的特别规则。任何戏剧都分为几部分，前边有序幕或人们称之为"楔子"的引子。其他部分或幕称作"折子"（Tché）：可以根据演员进场和出场确定场次。每个人物出场时总以向观众自报姓名开始，他向观众报告他的名字和他在剧中的角色。同一个演员在剧中经常扮演多个角色。例如，某个戏剧由五位演员表演，尽管剧中包括并相继出现十个或十二个讲话的人物。

　　中国悲剧中没有真正的合唱队，但是，剧中串插多处唱段。在演员理应受到某种激烈情感冲动时，他停止台词，开始唱起来。经常有乐器伴奏。这些唱段用于表达重要的心灵活动，譬如引起愤怒、快乐、爱情、痛苦的情绪波动，一个人物当他对歹徒激起愤怒，当他积极去复仇或准备赴死之时，就唱起来。

　　杜赫德神甫在他的丛书里引进了一出中国悲剧，名叫《赵氏孤儿》，是马若瑟神甫翻译的。该剧取自包括14世纪中国元代百种优秀戏剧的集子。伏尔泰先生借用了话题，用于他的悲剧《中国孤儿》。看他是怎样在下面谈中国著作的：

　　　　《赵氏孤儿》是一部难得的名著，它让人认识中国精神，远胜于已有的讲述这个庞大帝国的全部故事。确实，比之当今优秀作品，这部戏是非常野蛮的。但是，如果将它与我们14世纪的戏剧相比较，它也是一部杰作。可以肯定的是我们的行吟诗人，我们的巴左什（Bazoche）①，"快

---

①　巴左什，原意指法院书记团体，后指这些法院书记们组成的滑稽剧团体。

乐儿童和傻妈妈社团"(Société des Enfants sans souci & de la Mère sotte)是不能与这位中国作家相提并论的。只能将《赵氏孤儿》与17世纪英国和西班牙悲剧相比较,而他们的戏剧还没能取悦于比利牛斯山脉之外以及大海彼岸的观众。中国剧的情节历经二十五年,像是莎士比亚和洛北·德·维嘉①的骇人听闻的闹剧,人们称之为悲剧;这是一种不可思议事件的纠结……人们真以为是在读行动中的、舞台上的《一千零一夜》的故事。但是,尽管不可思议,却引人入胜;尽管情节复杂,但是,一切皆最为清晰不过:这就是超越任何时代,任何民族的两大优点。而我们的许多近代剧却不具备这种优点。诚然,中国剧缺乏其他美感:时间与情节的统一,情感的发展,风俗的描绘,雄辩,理性,激情,它缺乏这一切。然而,如同我说过的,这部著作却优于我们那时的所有作品。

中国文人少有戏剧创作,而且,他们在这方面的作品所获得的荣誉不多,因为戏剧在中国,与其说是受到宽容,倒不如说它仅仅是得到允许而已。中国古代贤人一直是贬低戏剧,并把它看作是一种使人堕落的艺术。史书上第一次提到戏剧时,是为了称赞商代的一位君王,因为他废除了这种轻浮而危险的消遣活动。周代的宣王(Siuen-ti)遭到指责,人们要求他从朝廷驱离这种可能有伤风化的戏剧。另一位君王因为生前太喜欢戏剧,并且与戏子交从过密被剥夺了葬礼仪式。正是因为在中国普遍存在种种这样的想法,所有的剧院与妓院处于同等地位,被打发到城市郊区。中国报纸抢着发表的要么是最默默无闻的荣誉勋位获得者的名字,因为他在一场战斗中表现勇敢;要么是向整个帝国宣布孝道行为,或者一个乡下普通姑娘谦虚而腼腆的美德。但是,这些文章的作者如果胆敢侮辱国家甚至鼓吹哑剧、舞蹈、美女表演以及某个故事人物的演员,将会受到惩罚。

让我们看看中国修辞的魅力。它不是建立在规定的信条之上,而是依据模仿那些被认为是语言艺术典范的古代作品。这种修辞不在于对和谐优

---

① 洛北·德·维嘉(Lopez de Vega, 1562—1635)是西班牙"黄金世纪"新戏剧奠基人。——译注

美句段进行某种安排。它产生于生动的表达,高雅的隐喻,大胆地比对,特别是在于对古代贤人的格言和警句的巧妙使用。法律使其能够影响国家的管理,不是像在古代共和政体里那样直接面向聚集的民众讲话,而是通过能够向皇帝及其大臣提出奏章和谏言来发挥作用。在这类要求最为审慎的奏章中,修辞必须限于诱导、反驳、重申,使人感动,使人感到改革的必要性。它必须通过精练的文字,并且初读起来就能产生这样的效果,因为此后不允许任何错误的修饰,绝不允许空洞文字,软弱推理,模糊援引,暧昧证据。李子(Ly-tſé)说:

"日夜沉思默想,写出谏言书的十个字,并且删除其中六个字。雷霆起自王位四周,一个音节足以燃起惊雷,乃至于带来死亡直至帝国深处。"

康熙皇帝命人印刷并颁布了一部《谏言集》,并且亲自补进了自己的意见,其中汇聚了每个世纪产生的此类最佳文本。翻译这部著作可能会提供认知和评价中国修辞的最可靠的办法。传教士们向人保证称许多这样的谏言书堪可与罗马和雅典的伟大演说家们的最佳著作媲美。

在中国,学术性演讲并不比欧洲某些地区获得更多成功。这种雄辩性文章人们称之为辞文(Chi-ouen),一般说来,都是想升级或寻求保持级别的文人们的作品。漂亮但空洞无物的文字堆砌,宏大的形象,虚假而光鲜的思想,以及一切中国式睿智的浮夸都会聚在这些文章中,通常,它们都是以取自经书的某个篇章为基础的。举凡优秀的文人都倡导古人高雅的明晰和雄劲的简朴,他们抱怨这种经院式修辞引进的虚假品味:他们以"金口"(Kiu-keou)、"木舌"(Mou-ché),来讽刺这些微不足道的修辞文章作者。

中国修辞学家拥有奇多的修辞种类。在说服人技巧方面,甚至很难设想一个民族能够确定有如此众多之差异。我仅谈谈几个主要类别,因为要列举完整的名单会使人厌烦。修辞学家们区别为:事物修辞法,其真实性构成全部力量和装饰;情感和信念修辞法,犹如演说家心灵的倾诉;老实和天真的修辞法,排除怀疑和疑虑;衔接和组合的修辞法,是研究和沉思的成果;坦诚修辞法,毫无准备,毫无掩盖;神奇修辞法,以想象迷惑理性;奇特而令人吃惊的修辞法,反驳固有真理,以新奇发现诱惑他人;毁灭和诡计修辞法,以转移注意力骗人,以感人的哀婉撼动人心;形而上学和洞察入微修辞法,总是漫天高谈阔论,以向头脑简单的人不断地述说难以理解的东西强加于人;老生常谈修辞法,貌似抄袭古人的腔调,借古人权威狐假虎威;大气而庄严的修辞法,借天才之力,自我提升直达经书的水平;形象修辞法,犹如百花取悦于人;丰富而迅捷修辞法,展现其理性,积累其证据,倍增其权威;文雅风格与影射修辞法,犹如眼里的月光之对于精神;深度修辞法,呼吁思考似乎只有此种修辞法才能帮助发现各种真理的广度、意义和庄严性;神秘修辞法,借以犹抱琵琶半遮面地展现事物,极力引起好奇心而吸引人和取悦于人;肤浅修辞法,只求出尽风头,丝毫不解决问题;等等。中国修辞学家有多少种类的修辞法,就有多少种类的文笔风格。

中国修辞学家在公开场合中不提倡一向在欧洲经常发生的那样,通过生动活跃的陈词,表情淋漓的手势,响亮出彩的声音,来帮助宣讲的成功。他们差不多像那些野蛮的伊利诺伊人(Illinois),天真地认为他们的传教士发怒了,因为他想以一个感动人的段子,按欧洲方式朗诵出来结束其誓言。中国人不屈就这些做法,他们认为这些行为是假装出来的怪相,或是发怒时的痉挛表现。他们是庄重而镇静的听众,他们希望宣讲者理性说话,而不是靠煽情。他应该掩藏技巧,使人们慢慢地被感动,而最可靠的成功办法是宣讲者自己真诚地表现出激情澎湃。其中一位作者说:

"野鸭不是通过它的叫声,而是当它振翅飞起时,带动了其他野鸭,并且引导着它们。"

中国博学的著作十分丰富,但是,它们很少是个人著作,因为个人既无休闲时间,也无进行此类研究的必要的方便条件。文人在其少年时期的头几年用于学习语言、文字、经书理论。每三年经受一次的考试使他们忙碌不已。通过文学一级后,他们还必须学习达到文学二级,然后,才能达到只有通过统考才能获得的"博士衔"。于是,他们在各部门获得职位,成为外阜省城的长官。在这种新的身份下,他们的工作是如此之多,如此连续不断,以至于他们不可能根据个人爱好进行某种系统的研究；君主的利剑时刻悬挂在他们的头上；他们需要全神贯注，避免发生可能使他们丢掉乌纱帽的任何闪失。

孤立的学者难有机会求助于图书馆是个不利条件。在中国，个人财产变化很大，不能像欧洲大人物和文人家庭那样广泛收藏书籍。如果内阁部长或部队将军的儿子没有什么功绩，他们将陷于贫困，并且回到默默无闻的百姓群体生活。如此这般，他们怎能保存父辈的藏书呢？况且，官员等公务人员由于他们职务的机动性经常处于从一个省份到另一个省份的流动之中，他们很少有对藏书的爱好，他们局限于不可或缺的书籍。文人的唯一资源是大寺院。因为了预防火灾、战争、革命可能造成的损失，政府将部分手稿珍本集中保存到大寺院里，并且每年存放由国家出资出版的所有新版重要丛书的著作样本。诚然，这些庞大的图书馆向所有的文人开放，但是，大部分藏书寺院位于山区，远离大城市。一位有其家庭和职务的文人是否能去山里自我封闭，以便进行学术研究呢？

因此，在中国出版的一切重要著作都出自"翰林院"。这个翰林院由整个帝国最著名、最有学问的文人构成。他们是经过君主本人亲自考查和选择的，留在身边服务。其中的某些人负责为皇帝执笔；另一些人负责位于皇宫四门学校中的公共教育。大部分人住在一栋宽敞而舒适的公馆里，在那里，他们远离嘈杂和一切分心之物，为皇帝下达给他们的各种著作而坚持不懈地工作，共同协作完成任务。他们在这种隐蔽生活中，毫无物质忧虑，整个帝国的文学宝库近在咫尺，享受到自由自在，以及一切能够便于工作的温馨条件。每位文人根据自身爱好和才干人尽其才。他们没有时间压力，人们从不催促他们完成已经开始的工作。自尊自爱将他们联系在一起，因为成功的荣耀虽然并非共享，但是，影响到全体。互相沟通知识必然是充分的，毫无保留，因为一切差错都由团体负责。由此，出自翰林们笔下的作品都具有完美的特性，这在孤立文人的作品中是很少见的。所有的重要历史藏书、辞典、评注、新版古书等，都是出自他们之手。一般说来，皇帝亲手为这些重要著作写序言,作为顶级的装潢。它们由政府出资印制,全部出版都属于皇帝,皇帝把它们作为礼物分发给皇家诸王子、内阁大臣、高官、部署首脑、各省总督,以及帝国的著名文人。纸张、字型、墨、精装封面、装潢……一切都表明出版并赠送这些著作的君主之奢华。个人只能买到作废或伪造的样本。1770年,翰林们在为一部重要著作的新版、增版和修订版工作着,他们对关于历史、年表、地理、法庭判决、字体样本,以及自然史等最引人兴趣之点进行了讨论。这个版本将构成包括一百五十多卷的丛书。

第四章　天文学

在中国，天文学知识非常古老，它似乎可追溯到帝国的建立之初。这种天文学已知的第一部著作出现在《书经》的一个章节里，其中讲到尧帝向他的掌天文官羲氏与和氏教授怎样辨识和确认一年的四季。这段文字对于确定天文学在这遥远的时代的科学状态是很可贵的。下面，看看这位君主是怎样表述的：

　　1. 尧命令羲与和计算并观察太阳、月亮以及星辰的位置和运动。然后，教导百姓与季节有关的事宜。

　　2. 尧说，根据昼夜的对等以及鸟（Niao）星的位置可确定春分。根据昼夜的对等以及虚（Hiu）星的位置可确定秋分。最长的白天与火（Ho）星的位置可标示夏至。最短的白天与昴（Mao）星的位置可标示冬至。

　　3. 尧告知羲与和，期（Ki）是 366 天，为了确定年和四季，必须使用闰月。

从此段文字的第一条可看出，自公元前 2357 年开始的尧时代起，在中国就已经存在由君主任命的数学家负责撰写要颁发给百姓的历法。似乎，历法的作者必须指明星辰进入天象的时间、行星的位置，以及日食与月食。忽视宣布日食与月食的天文官将受到死刑处罚。

第二条告诉我们，古时，人们已经知道，通过白日与黑夜的长短认知二分点（春分与秋分），以及二至点（冬至与夏至）。自那时起，中国人就已经知道利用星辰的运动，用以和太阳在四季里的位置相比较，这对他们而言是相当值得自豪的事情。

第三条证明，自那时起，人们已经知道一年有 365 天零 6 小时，每隔四年，一年应有 366 整天。不过，尧更喜欢钦定闰年用法的太阴年。

中国人总是确定冬至为天文年之始。但是，他们的世俗年之始根据皇帝的意愿是有变化的。有些人将它确定在冬至后第三个满月，或第二个满月;另一些人将它确定在冬至点本身。

中国年一直是由一定数量的朔望月(或太阴月)构成的:十二个朔望月构成普通年份;十三个朔望月则是闰月年。中国人通过月亮与太阳的交会点直到下一次交会所经过的天数计算朔望月,因为在两次交会之间,天数不可能总是均等的,他们接受朔望月时而是二十九天,时而是三十天。

中国人将一天划分为或多或少的均等时段。但是,他们通常将一天划分作十二小时(时辰),是我们的双倍。他们把从一个子夜到另一个子夜算作一天。

在中国,太阳所划出的轨迹自上古时期就已经被认知,而且在此轨迹上总是区分出黄道与赤道。第一种称之为黄道(Hoang-tao)或黄色的路;第二种称之为赤道(Tché-tao),或二分线,因为人们计算出球体的这个大圆圈与两极处于均等距离,当太阳到达两回归线时,白天与黑夜等长。

中国年划分为朔望月,还划分成四个均等部分,亦即四个季节,每个季节包括三部分,即季节之始,季节之中,季节之末,也就是说,每个部分是一个朔望月。其次,这个年还被均分为二十四个等份,亦即太阳在路经我们的黄道带十二宫时所处的各点。这二十四个均等份的每一个包括十五度,这就产生了太阳在它年公转周期的三百六十度。

中国人很久以前就已经认知到月球的奇怪而不规则的运动。甚至在尧统治之前,中国天文学家就已经相当准确地确定出新月和满月的时刻。他们把新月的第一天称作"朔"(Cho),初始之意;将满月之日称作"望"(Ouang),意为"希望,期待",因为民众期待在月圆之日祈求得到某些神灵的护佑。为了表达月亮的阶段,除了数字,人们使用"上弦月和下弦月"等文字,称作"上弦"(Chang-hien),弦在上,以及"下弦",弦在下。他们就是这样指明我们所称的月相。计算闰月的方法是变化的,但是,它总是在进行着的,而且习惯将一个朔望月计算作二十九天或三十天。他们将二十九天称作"小月",将三十天称作"大月"。

关于星辰,中国天文学家按照下列顺序处理天体分布状态:北斗(Peteou)或北方的天斗,这就是我们所称的大熊星座;南斗(Nan-teou)或南方的天斗,包括相对于大熊星座的主要星辰,并且,在它们之间构成星空的南部,其形象差不多就像处于北方的大熊星座样子;五行(Ou-hing)行星,这五个行星是土星、木星、火星、金星和水星;二十八星宿,其中包括我们黄道带的全部星座,以及最邻近的几个星座。

宋君荣神甫为我们留下了关于中国天文学的一部特别著作,他对此曾进行过长期研究。下面,在他给苏歇尔神甫(P. Souciel)的一封信中证实了这个国家的天文学知识,他说:

"中国人了解太阳与月亮、行星,甚至星辰由西向东运动,尽管他们是公元400年才确定的。他们给出的土星、木星、火星、金星和水星的公转周期与我们的计算相当接近。他们从未搞清楚后退和视静止,而且,像在欧洲一样,一些人认为星辰和行星围绕地球转;而另一些人认为一切都是围绕太阳转……通过阅读他们的书籍,人们判断,中国人两千多年以来,相当了解太阳年的数量,同样,他们也了解太阳与月球的周日运动。他们根据日晷的影子测算出了太阳的子午高度,他们相当好地计算出了这些影子,推算出太阳的天极和赤纬的高度;人们发现,他们相当了解星辰的赤经,以及星辰通过子午线的时间;同样的星辰怎样在同一年同太阳一起升起或降落;以及它们怎样时而在太阳升起之时,时而在太阳降落之时通过子午线。""总之,"宋君荣神甫总结说,"阅读中国史表明,中国人自古就了解了天文学方面的许多东西。"

耶稣会士的数学家们,对宗教的热忱引导他们到了中国,他们在拓展这个帝国的天文学知识方面做出了重大贡献。利玛窦(Matteo Ricci)神甫、汤若望(Adam Schal)神甫、南怀仁(Verbieſt)神甫、柏应理(Couplet)神甫、张诚(Gerbillon)神甫、雷孝思(Régis)神甫、殷弘绪(d'Entrecolles)神甫、杜德美(Jartoux)神甫、巴多明(Parrenin)神甫,以及其他许多神甫等,他们都是其才华本身就足以在欧洲使之成名的人物。他们修正了中国天文学中的缺欠,纠正了历法中长期存在的错误,并且交流了观测的新方法。南怀仁神甫在北京观象台发现一些青铜仪器，认为不适于天文学作业，他用新仪器取代了它们，至今这些新仪器仍存在。李明神甫在他的回忆录里对这些仪器有详细的描写。

当今的天文学在北京像在欧洲大部分首都一样运作着。有一个部门（钦天监）下辖一切与观测天文现象有关的机构，它从属于礼部；如同其他一切机构一样，它的名字叫衙门（Ya-men）。构成衙门的成员是一位监正；两位监副，其中之一总是鞑靼人，另一位大概是汉族人；一定数量的负责日常事务的官员。自汤若望神甫，直到继承了刘松龄神甫（P. Hallerſtin）的傅作霖神甫（P. de Rocha），也就是说，自一个半世纪以来，一位欧洲人一直取代了汉人监正。这批天文学传教士一直致力于培养学生，而且，他们总是以毫无保留地传授给他们欧洲特有的知识与方法为己任。因此，皇帝出资支持二百多名天文学家和天文学学生的研究，他们之中至少三分之二的人了解星空状况，都是计算高手，能够制作出与出自我们科学院的星历表同样准确，而且更为详尽的星历表。此外，切莫将这些星历表与用于民间的星历表相混淆，后者包含有各种迷信的预言，以及各种星相学判定之梦。我们现在所谈的只是以星空知识，而且只介绍天文推算结果为宗旨的星历表。天文学家传教士不是这些星历表的作者，他们的职务只限于审查中国数学家的工作，核实他们的计算，以及纠正可能存在的错误，因为被接纳进入钦天监的第一批欧洲人是当时在北京的唯一使团——葡萄牙使团，至今还是这个使团继续给钦天监提供天文学家。

钦天监首要的，也是最重要的职务之一就是对日、月食的观测。通过奏报必须告知皇帝关于日、月食的日子、时辰、发生日、月食的天空位置，以及日、月食的规模和经历时间段。这种计算必须在日、月食发生的前几个月进行，因为帝国划分成范围广大的省份，关于日、月食的计算必须计算出在各省首府的经纬度。这些观察，以及表现日、月食的类型均由礼部和阁老保存，由它们传送到帝国的各省和各城市，以使天象按规定的方式得到观测。

下面是在同样的情况下进行的仪式惯例。在日、月食前几天，礼部以大字布告形式在北京某公共场所公布几时几刻、第几分钟将要发生日、月食，可目测的日、月食在天空中的位置，星座在阴影中的时间，以及从阴影中走出来的时刻。各级官员将受命前往钦天监，身着符合等级的朝服以及爵位配饰，等待天文现象发生的时刻。大家手中拿着描绘日、月食形状及场景的手板。当发现太阳或月亮开始被遮盖时，所有的人下跪，以额头叩地。与此同时，从全城升起一阵可怕的锣鼓声，根据残余的古老信仰，中国人认为，这种喧嚣声可拯救受难之星，阻止它被天龙吞掉。尽管王公大臣们、文人们，以及一切有学识的人今天都知道日、月食只是自然现象，但是，他们仍然遵循古代的仪式，通过这一整套活动，以示国家对所保持的古代习俗的留恋。

当官员们在院子里如此拜倒在地之时，位于观象台的另一些人正全神贯注地观察日、月食的开始、经过和结束，同时将他们观测到的情况与产生这一现象的图形与场景进行比较。随后，他们撰写出观测汇报，盖上他们的印章，让人呈送给皇帝，而皇帝从他那边也同样聚精会神地观测日、月食现象。同样的仪式会在整个帝国范围里举行。

第五章　纸、墨、印刷术等

中国历史学者把当今人们所使用纸张的最早制造追溯到公元前 105 年①。在这之前，人们在棉布和丝织品上写字。由此产生了一些至今遗留的习俗，比如在丧葬仪式上，在大块丝织品上书写悼词，并将其悬挂在棺椁旁，或书写准则和道德格言，用以装饰房间内部。更早以前，人们用雕刻刀在竹片上，甚至在金属片上写字。将多个这样的板条串在一起，汇合起来则构成一卷书。最终，在汉和帝（Ho-ti）②时期，有一位汉族官员创造了一种更适用的纸。他将不同树种的树皮、残旧丝麻布片放在一起，煮烂这些东西，直至成糊状，用以造纸。随后，中国的造纸产业逐渐地完善了这一发现，找到了漂白、抛光，以及使不同纸张产生光泽的秘密。

这些纸张类别多种多样。中国人造纸的原材料有称之为"竹子"的芦苇③。棉秆、构树树皮、桑树皮、大麻皮、麦秸和稻秆、蚕茧，以及多种其他材料，大部分是欧洲没有的东西。

用来造纸的树木或灌木只采用它们的皮，竹子和棉秆是仅有的可以使用其木质物质的材料，通过浸泡等方法，可使之成为液浆。

中国大部分用树皮制造的纸，其缺点是易受潮，易沾尘埃，并且极易生虫。为了防止书籍的受损和败坏，必须经常拍打它们，并且要经常日晒才行。用棉花制成的纸就没有这些缺点，而且棉纸最白，最美，使用最多，可如同欧洲的纸一样长期保存。

这些纸以其光滑和均匀优于我们的纸。如果纸面稍有粗糙不平，中国人使用的毛笔将不能自由游动，也不会写出美妙的笔画。它们还以纸张异常巨大的尺寸而超越欧洲的纸张。从某些造纸厂可以轻易地获得三四十尺

---

① 以蔡伦（约 62 年—121 年）造纸的说法，应该是公元 105 年，而不是公元前 105 年。——译注
② 汉和帝刘肇（89 年—105 年在位），东汉第四位皇帝。——译注
③ 原文如此。——译注

长的纸张。

中国人为了加固纸张,且避免其吸水,则以明矾浸染,一般说来,这会使纸张变脆。但是,如果纸张不经过这道工序,就如同我们的纸张一样柔软,一样柔韧,而且可以从各种方向折叠,不用担心它会断裂。

在北京的某个郊区尽头,有一个分布狭长的村子,那里的居民都是专以做旧纸翻新为生的工匠,他们掌握洗涤的技巧,把旧纸变成新纸。他们的房屋每一间都围有石灰刷过的很白很白的墙。就是在那里,堆积着各种废纸构成的巨大纸堆。不管它们是不是涂满了墨汁、颜料、糨糊,或被任何垃圾弄得污垢不堪,工匠们都不在乎。挑选出精品纸后,他们把那些碎纸装满大筐,运到水边,置于铺石的坡道上,他们用力地洗涤,用手揉搓,用脚踩踩,直至洗掉一切污垢和垃圾。经过这种操作之后,这些废纸变成了不成形的堆状物,随后,他们将之熬煮,搅拌,直至堆状物变成黏稠的纸浆。此时,他们借助格栅,从纸浆中捞出一张张的纸,摞起来。这些纸张通常不是很大,他们将出水的纸张湿着贴到他们围墙的白色墙壁上,在那里,阳光很快将其晒干。而后,他们将纸张从墙上揭下来,并收集在一起。

中国墨不像我们的墨是液体的,他们将墨固体化,并且做成棍状或条状。据史书记载,公元620年前后,高丽国王在其每年向中国皇帝进贡的礼品中,向中国皇帝呈献了多件墨条,这些墨条是用燃烧过的老松树上采集下来的烟黑,混合鹿角而制成。这种墨呈现一种绝好的光泽,致使人们会把它看作像上了清漆一般。中国工匠曾长期摸索高丽人的工序,进行了大量实验后,终于获得成功。中国人拥有了很漂亮的墨,但是,只是到了公元900年左右,才终于达到了完美程度,并且保持至今。

中国墨是用多种材料,主要是松树的烟黑,或燃烧的油烟黑制成。他们在其中加进去麝香,或多种香料,用以纠正强烈的、不好闻的油的味道。他们混合进多种配料,直至使之变成膏状,而后,将它切割,置于小木模具里。这些模具内部都经过精心加工,从中取出的墨条装饰着诸如龙、鸟、树、花卉等各种形象。中国人对但凡与书法有关的一切都极为尊崇,致使制墨的工匠身份,都如同我们的"绅士玻璃匠"身份一样,他们的技艺不被看作是机械职业。

中国最好的,也是最受推崇的墨是江南省徽州制作的墨。任何别的墨都不能与之相媲美。制作此种墨的工艺是一个职业秘密,工人们不仅对外国人保密,甚至对他们的同胞也保密。我们现在只了解他们的某些工序。徽州墨作坊由众多小房间组成,每个房间里从早到晚都点着油灯。每个油灯所用的都是不同的油,每种油产生一种特殊的烟黑和一种不同的墨。但是,通过这些燃油灯采集的烟黑只用于某些价格非常高昂的墨的组合配方中。对于其他种类在中国消费奇多的墨而言,人们使用更为普通的燃料。中国人声称,徽州墨作坊直接取自当地山里盛产的老松树烟黑。据称,他们拥有特别建构的炉子,来燃烧这些松树。他们用很长的管道将松烟引进封闭的小隔间里,管道的内壁覆盖纸张。被引进小隔间里的黑烟,附着在周围的墙上,并且在墙上凝结起来。经过一段时间之后,工匠进入这些隔间里,取走全部烟黑。他们也采集从燃烧过的松树里流出的树脂,让树脂通过铺在地面上的其他管道流出来。

当中国人要写字时,他们在桌子上放置一小块经过抛光的大理石,其一端挖低,以盛一些水。他们将墨条沾湿,在大理石平滑部分研磨,根据用力大小,墨水呈现不同程度的黑色。当他们停止写作时,会特别精心地洗净大理石,不留下任何墨迹。极少量残留的墨迹都足以损害这块具有特别品性的石头。他们使用的毛笔是用动物毛做成的,通常是用特别柔顺的兔毛制成的。

在欧洲尚属新生事物的印刷术在中国很早以前就已经存在。但是,它大不同于我们的印刷术。构成我们字母表的字母数量之少允许我们可以浇铸出同样多数量的活版字模,通过对活版字模的安排以及相继的多种组合,便足以印刷出大量的书籍,因为用以印刷第一页的模板可以提供字模去印刷第二页。在中国,则不一样,中国的文字数量奇多,怎么可能连续地浇铸出六万到八万个字模呢?中国人找到的通融办法是将他们想印刷的完整作品雕刻在雕板上。下面是他们这种做法的程序：他们请书法优秀者将作品誊写在一张薄而透明的纸上。雕刻师将誊写的每张纸粘贴到准备好的苹果木、梨木，或任何其他硬木板上。用凿子根据书写的笔画将文字刻成浮雕，去掉中间的木头。一部书的每一页都需要一块特别雕刻的木板。

因此，可以看出，印刷文字是否优美取决于誊写者之手，一部书印刷得好坏，要看誊写者的水平是精湛还是平庸。而雕刻师的技巧和精准至关重要，它能够准确地表现每一个笔画，往往很难区别哪一个笔画是印刷出来的，还是简单手写出来的。显然，这种方法可以避免排版错误，免除令人厌烦的纠正校样。

这种印刷方式的缺点之一是雕刻版数量太多，难以保存，一个房间仅够容纳印刷一部书的全部雕刻版。但是，中国的出版业者较之欧洲的出版业者的一个明显的优势是他们借助这种印刷方式可以做到卖多少就印多少，哪怕只卖出印刷的一半，或四分之一，也毫无破产风险。而且，在印刷三万或四万册以后，这些雕刻版很容易被再加工，或重新雕刻，用以印刷其他作品。

况且，中国人并非不知道使用我们的活字版，他们有他们的活字版，不是铸铅的，而是木制的。我们就是使用这些活字版每三个月更新一次在北京印刷的《中国状况》。有时，我们也以同样方式印刷发行有限的书籍。

在发送朝廷紧急事务，例如，当颁布必须当夜印刷的敕令之时，他们采用更简短的工序完成。他们在雕板上涂上黄蜡，誊写者可以敏捷地在上面写出文字，雕刻师可以同样敏捷地将文字刻在雕板上。

在中国印刷厂里，人们根本不知道我们的印刷机，刻了文字的雕板只是木制的，而纸张不经过明矾水浸泡，它们不可能经受这种压力。人们将雕板置于水平位置并固定。印刷工操作两把刷子：他用其中最硬的刷子，在墨水中轻轻地浸润，在雕板上均匀擦抹，使之均匀浸润。当一块雕板启动印刷，它可以连续印刷三四页，无须重新浸润墨汁。当纸张贴到雕板上时，工人操作他的第二把狭长而柔软的刷子，在纸面上均匀地来回移动，使之着墨。根据感受到的雕板上墨汁的多少,他会调整用力的大小。一名工人用其刷子可以每天印刷一万张左右。

　　印刷所用墨汁是一种特殊的配方。它是液态的,不同于制作墨条的配方。每张纸只印刷一面,因为纸张薄而透明,不可能支持双面印制,而正反面文字不混淆。因此,一部书的每一张纸印成双页,褶缝朝外,开口位于书脊,被缝死。由此,中国书籍是在书脊处切齐,而不是在切口边缘。普通精装书是用干净的灰色纸板包装。当人们想使包装更优雅,更华贵,便在纸板上装饰以轻盈的缎面,带花的塔夫绸,甚至是金银锦缎。书籍的切口不像我们的书籍切口那样或烫金,或染色。

第六章　丝绸、瓷器、玻璃

华贵的丝织品礼物是通过希腊人之手转运到意大利的,而希腊人又是从波斯人手里得到的。根据赫尔波洛(Herbelot)和最受推崇的东方作家证明,波斯人自己从中国首先获悉了这种丝织品来自于一种珍贵的昆虫。由此看来,中国是饲养家蚕悠久而原生的国家。自上古时期,中国人就已经知悉孵育、养殖蚕和提取蚕丝的技巧。这些精心的活计曾是早期皇后们的事务,利用她们身边的妇女,组织她们在闲暇时间编织和制作绸缎、丝巾,以备在重大祭祀典礼上使用。

种植桑树,养育桑蚕,制作衣料,在中国得以神速地发展。当今,这类产品似乎取之不尽。除了每年向亚洲和欧洲大部分国家大量出口,仅内部消费便足以超出想象,皇帝、亲王、官员、文人、妇女、男女家仆,总之,但凡享有一般殷实生活者都只穿塔夫绸、缎子,以及其他丝织品衣服。只有小老百姓以及乡下人才穿着染成蓝色的棉布服。

整个帝国中最美、最受推崇的生丝是浙江省出产的。中国人以品相之白色程度,手感柔软度,以及粗细来判断其优良程度。当人们购买时,必须小心生丝不要太潮湿,还要注意打开包裹看一看,因为中国商人常有骗人现象,他们在包裹中央放置粗糙生丝,其质量远不如表面看到的生丝。还有时候,他们为使生丝显得好看,用大米水混合石灰对生丝进行加热,以防止当其被运到欧洲之时,人们能够容易地使用它。质量非常纯正的蚕丝,极易加工,一名中国工人能连续摇纱一小时不停歇,也就是说,一根丝不断。

浙江出产的上好丝绸,是由南京的织造厂中全帝国最优秀的工人生产的。皇帝从这里选取所有他自己所使用的,以及他赐予朝廷大员们的赐品。同亚洲和欧洲的通商使得广东工厂里也吸引了大批优秀工人。多年以来,他们已经在这里开始生产饰带、女士长袜、纽扣。一双长筒丝袜只卖一两银子,或七法镑十苏。

中国人生产的主要丝织品是平纹纱和带花纱,用于做夏季服装;各种颜色的花缎锦缎;条纹缎,黑色缎;大颗粒面塔夫绸,带花塔夫绸,条纹、碧玉纹塔夫绸,钻孔塔夫绸;皱绸,锦缎,平绒,不同种类的丝绒,以及许许多多在欧洲不知名的其他织品。

在这些丝织品中,有两个特别的品种用途更为普遍。第一种名叫缎子(Touan-tʃé),是一种比欧洲生产的更结实、少光泽的缎织物,它时而单色,时而布满花卉、树木、蝴蝶等图案。第二种是人们称之为绸子(Tcheou-tʃé)的塔夫绸,用以做衬裤和衬里料。其编织紧密,却极为柔韧,可在手中揉搓、捻磨,而不留任何皱褶。甚至可以像棉织品一样去洗涤它,而不失去光泽。我们在这里不谈茧绸织品,我们在描写野桑蚕时已经做了介绍。①

中国人制作黄金织品,但是,数量不多,因为用途有限。他们不像在欧洲做的那样,将黄金拉成丝,然后跟线搅缠在一起。他们只是将金箔剪裁成纤细的长条,以特别灵巧的操作覆盖并包裹蚕丝。织成品在离开工人的双手之时非常光鲜,但是,它们的光泽只能持续很短时间,因为空气和潮湿会很快使其变得暗淡,由此人们不能使用它做衣服,而只是将它们用作陈设装饰。

中国的纺织机、纺车、摇纱机,以及用以从加工到制作成品所用的一切工具都是非常简单的。如若描写它们,这将会太费笔墨,因为看一眼图示,便可猜得出它们的用途以及它们构成的主要细节。

瓷器是另一个雇用着众多中国人的工商行业。"porcelaine"这个词源于欧洲,构成这个词的每个音节甚至是中国人既不能读出来,也不能写出来的,中国人语言里没有这些声音。很可能是葡萄牙人给我们留下来这个词。不过,在他们的语言里,"porcellana"这个字本身只是杯子(taʃʃe)或碗(écuelle)的含义,而且,他们自己是以 loça 这个通用名字泛指一切瓷器器皿。在中国,"la porcelaine"被称作"瓷器"(tʃé-ki)。

---

① 参见《中国通典》(上部)卷四,第八章《四足动物、鸟类、蝴蝶、鱼类》中小章节"柞蚕(inʃectes à ʃoie)"。——译注

江西省一个名字叫景德镇(King-te-tching)的小镇生产帝国最漂亮、最完美的瓷器。这个著名的小镇长有一个半古法里,据称,它拥有一百万人口①。景德镇的工匠受到与欧洲人贸易的诱惑,在福建省和广东省也建立了工厂,但是,他们的瓷器并不被看好。康熙皇帝自己曾想在北京,在其眼皮底下制造瓷器。在他的命令下,工匠们带着他们的工具以及一切必要的材料,建立了窑炉,但是,产品很少。江西的小镇仍然是面向日本乃至全世界发送优美瓷器的产地。

我们不知道瓷器的发明者是谁,也不知道其制作方法是被偶然发现的,抑或是经过深思熟虑的尝试而获得的,人们甚至不能准确地确定其古老的年代是何时。根据景德镇所处县城的县志《浮梁志》(Annales de Feou-leang)记载,自公元442年以来,这个镇的工匠就一直向皇帝贡献瓷器,而且由宫廷派遣的一两名官员主管此项工作。我们由此认为,瓷器的发明要追溯到更遥远的时代。

幸有殷弘绪神甫给我们的一封信,非常详尽地介绍了中国瓷器的制造情况。这位传教士在景德镇当地有一座教堂,而且在他的新教徒中就有许多人是瓷器作坊雇佣的工匠。就是通过他们,神甫获悉了他自己无法了解的中国瓷器的各个生产工序知识,以及许多细节的解释与说明。此外,他对有关瓷器生产的主要著作做了特别研究。根据他的论述,我们才能在此得以讲述。不过,我们将简化细节,只对中国瓷器的制造操作做一个概述。

在描绘中国的土壤和矿物时,我们介绍了"白不子"和"高岭土",它们的混合物组成了漂亮的瓷泥。② 在这两种主要元素上,必须加入让瓷器产生白色和光泽的油(huile)或釉(vernis)。这种油是一种微白的液态物质,是从制作白不子的石材中提炼出来的,但是,人们选择其颜色最白,其斑点颜色最绿的石材。就按照制做白不子一样的工序进行加工,便可获得这种油:清洗

---

① 参见《中国通典》(上部)卷一,第三章《江西省(Kiang-fi)》中对景德镇的介绍。——译注
② 参见《中国通典》(上部)卷四,第四章《矿产、金属、石材、土壤、黏土等》中小章节"黏土、陶器、瓷器"。——译注

石材,将其研磨成粉末状,过滤其残留物,结果获得一种乳状液体。在一百斤此种乳液内,投进一斤石膏(Che-kao)。石膏是一种类似明矾的矿物质,需要预先将石膏在火上烧红并捣碎。这种明矾起到一种类似凝乳酶的作用,使油黏稠化但仍保持流体状。

如此加工过的"石油"从不会被单独使用,必须还要再加入另一种从石灰和蕨类植物中提炼出的油,同样以一百斤此种提炼油中加入一斤石膏的比例。在混合这两种油时,必须使这两种油达到均匀的稠状,为了确保达到需要的黏度,人们将白不子方片插入到这两种油里,然后提出来检查,看其表面的黏度是否均匀展现。至于剂量的比例,最常用的方法是十份"石油"混入一份从石灰和蕨类植物中提炼出的油。

我们现在已经知道了白不子、高岭土,以及用以覆盖瓷器表面的油或釉子。现在,让我们来说明,瓷器本身是怎样成型、怎样制造的。焙烧前的所有操作都是在景德镇人烟最稀少的地方进行的。在那里,由围墙环绕的宽敞场地内,设有宽大的工棚,许许多多的陶罐一层层地摆放其中。无数的工匠就是在此围墙内居住、劳作,每人都有明确的操作任务。每件瓷器在完工送入炉窑之前,都要经过不少于二十人之手,而这一切都井然有序地进行。

第一道工序旨在于重新提纯白不子和高岭土。而后,将这两种材料混合起来。为了制作精品瓷器,人们将等量的白不子和高岭土混在一起。为了制造中等质量的瓷器,人们使用四份高岭土配以六份白不子。使用的最小比例是一份高岭土配以三份白不子。

混合工作完成之后,人们将这堆混合物置于一个宽大的、用石块铺就,并且各处都用水泥腻缝的池子当中,而后挤压并揉搓,直至其变硬变坚固起来。此道工序因为不能间断,必须持续进行而显得更加艰辛,一旦此项工作停顿下来,其他所有的工匠都将无事可做。人们将如此加工完毕的泥坯分成不同的小块,摊在宽大的石板上,用力揉捏,在各个方向上滚动,十分小心使之不裹含任何空气,或任何异物。一丝头发、一颗沙粒都会使作品前功尽弃。如果泥坯做不好,瓷器便会出现裂纹、爆裂、漏水和变形。瓷器的完美程度取决于这第一道工序。

所有单一作品都是在转轮上制作的。当一个杯子坯完成时，它只像一个无边圆帽。工匠首先给它确定应有的直径和高度，且几乎是在工匠手上施加压力的同时就成型了。工匠必须快速工作，因为他每完成一托板的成品，只能得到三个德尼尔（denier）①，而每一托板要托满二十六件制品。第二位工匠接收到这只杯子后，将它置于基座之上，随后，杯子被传给第三位工匠，后者将其置于它的模具里，并使之成型。在从模具中取出杯子时，必须在同一模具上慢慢地转动杯子，不在任何侧面施加压力，否则，杯子会凹凸不平，或变形。第四位工匠用凿子给杯子抛光，特别是在其边缘部分，同时，要尽量根据需要减少厚度，以使其透明。最后，杯子在经过所有人的手，并对之施以各种装饰之后，逐渐干燥了，也到达最后一位工匠手上，他用凿子挖出杯子脚。这些工匠相互间如此迅捷而灵巧地传送这些器皿，足令观者惊叹。据称，一件烧好的瓷器必须经过七十个人的手。

大型作品由工匠们按部分各自分别加工。当各个相关部分完成，且几乎干燥之时，工匠们将各个部分拼合，并用同样的瓷土原料搅和水将它们粘合在一起。过了一定时间之后，再用刀子在器皿内外抛光，粘合线很快就被釉所覆盖，消失，并且触摸不到了。各种把手，环圈以及其他类似部件就是这样装配的。尤其是用模具，或手工造型的瓷器。诸如欧洲人订购的有凹槽的制品，奇形怪状图案，带有树木、动物、偶像、半身画像的制品。这些不同部分由四五个组件聚合起来而构成，而后使用专门的工具刻画，抛光，并弥补模具无法突出的线条。至于花卉和非浮雕的装饰物，则以印盖之。人们也用事先备好的浮雕组件装饰瓷器，就如同为一件衣服配上刺绣一样。

当一件瓷器成型后，便传到画师手中。这些画坯工（Hoa-pei）或瓷器画师几乎与其他工匠一样穷困，他们没有理论，也不懂绘画艺术的规矩。他们的本事就是某种例行公事，加上一点奇怪的想象力。不过，其中某些人既能成功地在瓷器上，也能在扇面上以及灯笼的薄纱上画出相当有品位的花卉、

---

① 德尼尔是法国旧时辅币名，一个德尼尔等于十二分之一个苏。——译注

动物、风景等。在我们谈到的作坊里,绘画工作是在许多工人之间完成的。其中某人只管在靠近器皿边缘处画出第一个彩色圈,另一个人描出花卉轮廓,第三个人画山水,再一个人画鸟和其他动物。人物画通常是最糟糕的。

中国拥有各种色彩的瓷器,但是,大部分运往欧洲的瓷器是白底鲜蓝色。通体红色的瓷器非常受推崇,当它们完美无瑕时,价格极为昂贵。这种瓷器有两类:一类是均匀油亮的红色,被称为"釉里红"(Yeou-li-hong);另一类是"吹红"(Tchoui-hong),其上色的方式是借助于一种吹管进行的。人们事先备好红颜料,使用一根管子,其一端开口覆盖以密织的纱布,将这端开口缓慢地沾上颜料,而后用管子对着瓷器吹气,如此这般,瓷器上便很快布满了小红点儿。这种瓷器因为少有成功而价格更为昂贵。当吹蓝色颜料时,更有成功把握。有时,当某些情况使然不能使用其他上釉方法时,人们也使用同样手段吹釉。比如,专为皇帝定制的瓷器作品,因为它们极为脆薄精致,只能被放置在棉绒上,又因为不能将它们浸泡于釉中,因为必须用手拿瓷坯才能进行,人们不得已借助吹釉法上釉,每件作品都是这样完成的。

黑色瓷称作"乌金"(Ou-mien),它那特殊的美也使之受到行家的青睐。这种黑色呈铅青色,与我们的聚光镜黑色相像。在这种颜色上混合金色能给这类制品增加一种新光彩。当瓷坯干燥时着黑色。为此,人们将三两青金石混合七两普通石油。根据经验调节剂量,可以获得不同深浅度的黑色。当这种颜料干燥后,就焙烧瓷坯。而后,给瓷器涂上金色,并在一种特殊炉窑里再次焙烧。我们曾经用中国墨试图将几件瓷罐涂成黑色,但是,这种尝试未获任何成功。将瓷器从炉中取出时,瓷器又变成很白的颜色。由于涂成黑色的各部分附着体不足,可能在火的作用下都消失了,或者说是因为它们没有穿透釉层的力量。

"碎釉"(Tʃou-yeou)是一种用白砾石做成的油,其特点是使涂上此种油的瓷器呈现伸向各个方向的无限多的纹理,远看,人们会以为这是破碎的瓷罐,实则器物的各个部件均安然在位。这种油生成的颜色是一种灰白色,如果将它涂于全是天蓝色的瓷器上,该瓷器也会显现出断纹并布满纹理。此类瓷器称作"碎器"(Tʃoui ki)。

在中国，人们制作镂空的壶，其上装饰一条轻盈的花边织物。其中央有一个专门用来盛酒的杯子，而这只杯子与花边是连为一体的。以前，中国工匠们掌握一种制作更为奇特瓷器的秘诀：他们在器物壁上画鱼、昆虫或其他动物，而只有当器物盛满酒的时候，才可看见它们。这种秘诀已经部分失传，不过，如下是记忆中残存下来的某些工序。需要接受如此作画的瓷器必须是很薄的，当它干燥后，涂上稍厚的颜料，根据一般做法，颜料不是涂在外壁，而是涂在内壁各侧面上。通常画的是鱼，这样与器物盛满的水更为契合。当颜料着实干燥后，再覆盖上薄薄的一层用同类瓷土做成的胶水，这样天蓝色颜料就被紧紧夹裹于两层瓷土之间。当胶水层干燥后，再往器物内倒入油。过一定时间之后，将其置于模具和陶车上。因为这种器物由内部变硬和固化，使之外部变得尽可能地薄，但是，不会直至透过颜色层。而后，将器物外部浸入油中，等到干燥后便在普通炉窑里焙烧。制作这类器物要求非常精细的技巧，这种技艺，可能中国人今天不再掌握了。不过，他们仍然不时地进行尝试，以便找回这种奇妙的绘画秘技，但是，他们只获得了部分成功。这种瓷器以"夹青"(Kia-tʃing)——夹层天蓝釉著称。

当中国人想涂以金色时，他们将金料研磨成粉状，并溶解于瓷器底部，直至瞥见水下呈现一小片金色天空。待其干燥后，如果想使用它时，便将其部分溶解于足够多的胶水中。按照三比三十的比例，将白铅粉和金料混合，以用其他颜料上色的方式同样操作便可。

当器皿完成成型、上釉、着色，并加上了其他需要的全部装饰物后，就将其从作坊运送到窑炉，有些窑炉位于景德镇的另一头。挑工双肩各担一个长而窄的托板，托板上摆满了瓷坯件，挑工肩上担负着这些易碎的制品，以一种令人惊叹的灵敏穿越镇上最喧闹、最难通过的街道，尽管做着各种躲闪和预防撞击的动作，却能始终保持平衡。烧炉窑的工作要求新的注意事项，并不亚于先前的要求。在类似门廊的地方，可以首先看到成堆的土钵和土匣，用以装瓷坯。每件器物，不管其大小都有各自的匣钵，中国工匠通过这道工序来模仿大自然,亦即带来果实走向成熟的效果,如此这般,给全部器皿穿上保护性的套装,或防白天过度的日晒,或防黑夜里的凉气。

在匣钵底部,铺一层细沙(sable),再覆盖以高岭土,以便沙子不会粘到器物脚上。将器皿置于这个沙床上,轻轻压一下,使其具有器物底部的形状,以使其不接触匣钵的四壁。匣钵上方没有盖子,将第二个同样装入器皿的匣钵,嵌入第一个匣钵之上,使之完全封闭起来,而又不触及下面的器皿。如此这般,窑炉里垒满了高高的、一摞一摞的匣钵,保护着其中的全部器皿,免于它们直接受到火力的作用。

至于诸如茶杯类的小件瓷器,人们将其装入具有三分之一尺高的匣钵里,每件器物置于土碟上,土碟有两个埃居币那么厚,与茶杯脚同宽。这些小基座上面也铺垫了高岭土。如果匣钵有些过于宽大,瓷坯将不会被置于中央,因为它可能过于远离四壁,也由此可能远离火力的作用。

这些成摞的匣钵在炉窑里被置于半尺高的粗砾石之上,占据中央的匣钵至少有七尺高。每摞底部的两只匣钵是空的,因为火力几乎烧不到它们,也因为有砾石部分地覆盖了它们。基于同样的理由,每摞匣钵最上面的也保持空置。装有最精致瓷坯的各摞匣钵占据炉窑的中央,稍差一些的制品被置于最里面,而在入口处,放置所有体积大、带深颜色的器物。

这些不同摞的匣钵在炉窑里被相互紧靠着放置在一起。它们的上中下各部位被用土块相互支撑和连接起来,以便于使火苗能自由通过,深入到各处,并且均匀地裹挟各摞匣钵。

烧瓷器的炉窑前面部置有一个相当长的前廊以引进空气,从某种程度上说,它如同一个风箱,与玻璃作坊中的拱炉作用一样。殷弘绪神甫说:

"现在这些炉窑比以前的炉窑更大。从前,炉窑只有六尺高和六尺宽;现在,它们有两庹高,差不多四庹深。炉窑穹顶要足够厚实,以确保人走在上面不被火烤得不舒服。这个穹顶内部不是平的,也不是尖顶式的。它不断延长,随着接近位于终端的巨大通风窗而收缩,湍急的火焰和烟云就是从通风窗口逸出的。炉窑除了这个咽喉结构外,头上还有五个小孔,就像眼睛一样,被用破罐子覆盖着,使之缓解炉窑的空气和火力。人们就是通过这些孔眼来判断瓷器是否烧好了。打开靠近大通气窗前面的孔眼,用一把铁钳打开其中一只匣钵,如果见到炉窑中火苗明亮,特别是,如果颜色呈现光泽时,说明瓷器状态良好。于是,间歇停火,并且把炉窑门封闭一定时间。这炉窑在其整个宽度上设有一两尺宽深的炉台。人通过木板经炉台进入炉窑中,安放瓷坯。炉膛点火后,立刻关闭炉门,只留一个必要的开口,以便投进劈成尺把长的、粗细合适的大块木柴。首先要加热炉窑一天一夜,而后,两个人轮流不断地往里头投进木柴。通常一炉窑量要燃烧到一百八十担柴。根据一位中国作家的说法,这个数量是不够的,他肯定地说,从前要燃烧二百四十担柴,而且假如遇到多雨天气,还要再多烧二十担,尽管以前的炉窑要比现在的小一半。首先,要保持小火焙烧七天七夜,第八天时,要用强火燃烧。值得注意的是,放置小器件的匣钵在进入炉窑之前已经另行经过焙烧了。同样必须承认的是,古瓷器要比现代瓷器厚实得多。我们还发现一件当今被忽视的事情:以前,当炉窑灭火后,大件瓷器只是在十天后开炉,小件瓷器只是在五天后开炉。现在,对大件瓷器而言,事实上推迟了几天就开炉,并从窑炉中取出,假如不这样做,它们有可能会爆裂。至于小件瓷器,如果入夜时灭火,第二天即可以从窑炉中取出。表面看来,目的在于为第二炉节省木材。因为瓷器热得烫人,为了取出它们,工匠脖子上挂着很长的披肩。"

  漂亮的中国瓷器在欧洲卖价昂贵有多种原因。除了瓷器商人的巨大利益和中国代理人加在商人身上的利润,一窑炉瓷器获得圆满成功是少见的。甚至,有时一窑炉完全失败,打开窑炉时,发现瓷器和匣钵变成不成形的东西,如同岩石一样坚硬。火太大,或匣钵不符合条件就足以毁坏全部制品。因为天气瞬间变化的影响,加之主事人的经验,还有烧火的木柴质量状况,致使很难达到把火候控制得恰到好处。况且,运到欧洲的瓷器几乎总是根据新的模范要求,更增加了实施的难度。一旦成品有某种缺陷,欧洲商人就会拒绝接受,这样的成品留在中国工匠手里,他们也无法再处理,因为这样的制品不符合中国的审美观，因此，买瓷器的欧洲人也必须为其不接受的瓷器付账。

也不要以为中国工匠能够按照向他所提出的所有商品模型来做出产品。有些模型遇到难以克服的困难，尽管出炉的时候，也能看到有非比寻常的制品，而被欧洲人认为是不可思议的。例如，殷弘绪神甫提到一个整体烧制的巨型瓷灯笼，其中一支蜡烛能够照亮整个房间。这是为皇太子定制的器物。这位太子同时还订购了多种乐器，其中有一种被称作"笙"（Tʃeng）的类似小管风琴乐器，由十四根管子组成，高有一尺左右。工匠们百般努力却未获成功。尽管如此，他们却很好地制作出了悦耳的长笛、箫，以及另一种叫作"云锣"（Yun-lo）的乐器，由许多略带凹面的圆片组成，每个圆片都能发出一个特别的声音。这都是经过多次尝试才得以发现合适的厚度以及焙烧温度，从而获得和声所需要的各种音调。康熙皇帝的父亲曾命人制作二尺半高、三尺半直径的大缸，底部要有半尺厚、四壁厚度三分之一尺。这样的制品可能是用于洗浴或饲养小金鱼的。工匠们努力干了三年，做出了二百多个样品，却没有一个获得成功并可以呈现给君主的。还是这位君主，为了装饰开放长廊的门面，要定做三尺高、二尺半宽、半尺厚的瓷牌。为了制造这样的瓷牌，工匠们努力无果，最终景德镇的官员们向皇帝呈请停止这一工作。

中国工匠最善于制作滑稽的瓷人、奇形怪状的小饰物和动物形象。他们制作的鸭子和乌龟能浮在水面上。殷弘绪神甫谈到一个惟妙惟肖的瓷猫，在猫的头部安置一盏灯，火焰形成它的两只眼睛，其效果如神，因为在夜里，老鼠都被它吓跑了。

中国人根据做工的精致程度和优美程度将瓷器分为几等。第一等是留给皇帝的。如果某些制品流落到公众手里，那是因为它们有污点和缺陷，被认为不配呈现给君主。在专供给皇帝的瓷器中，存在一种稍低档次的瓷器，但这些瓷器不是供皇帝本人使用的，而是按照礼仪规定，作为赏赐品。很值得怀疑的是从未在欧洲见过中国的大型而优美的瓷器，传教士们至少确认在广州不卖这类瓷器。况且,中国人很看重萨克森(ʃaxe)①出产的瓷器,而且更看重法国作坊出产的瓷器。

在中国,玻璃的使用十分久远。史书中记载:在3世纪之初,大秦的国王送给太祖②(Tai-tʃou)皇帝五颜六色的玻璃制品作为厚礼,几年后,一位掌握了利用火将石头变成水晶的玻璃工匠,将此秘密传授给了徒弟,这给来自西方的人带来了无上荣光。我们刚才援引的史书中的段落成文于7世纪。不过,鉴于对玻璃工艺缺乏关注,并见其在不同时期的衰败和复兴,这似乎表明,中国人从未重视过玻璃的制造,他们只是将其看作是一种奢侈品,而不是使用品。他们欣赏我们欧洲的水晶作品,但是他们更喜欢他们的瓷器,更不易碎,用途更广,并且可用以承受热酒。他们的作家们每当谈起假珍珠、镜子、天球体、玻璃窗、屏风,以及汉代制作的大花瓶时,总是表现出对玻璃制品的轻视。我们发现,谈到有关镜子的话题时,据知是用砾石和从海里提炼的材料研磨成粉,其熔炼之火力,如果不能熔化黄金,也将不能熔化这些镜子。人们还记得,一件献给于627年登基的太宗(Tait-tʃou)皇帝的玻璃瓶,据说,这支玻璃瓶奇大无比,一头骡子进入其中,犹如一只库蚊进入罐子里一样,为了将其运入宫中,只能将其吊在网中,架于四驾马车之上。

当朝的皇帝们差不多与他们的前任一样,毫不重视玻璃制品。不过,在北京还是有一家玻璃作坊,由皇帝出资维持,每年只制作一定数量的花瓶和小部件,何况没有任何作品是吹制的。但是,这家作坊像其他许多作坊一样,只被看作是奢华的表现,是宫廷必备的,纯粹是用于描绘皇家的辉煌。这种对玻璃的轻蔑的漠视,预示着中国思想至今仍远离欧洲思想。

---

① 位于德国东部,是德意志联邦共和国的一个联邦州。——译注

② 按照庙号,似乎是晋文帝司马昭(211—265)。中国历史中记载了四次与罗马帝国的交往史。第一次:《后汉书》记载,东汉桓帝延熹九年(166年),"大秦王安敦遣使自日南徼外献象牙、犀角、玳瑁,始乃通焉"。 第二次:《三国志·魏书》记载,公元226年,大秦贾人秦论到交趾,太守送其至吴国首都建业,孙权问秦论"方土风俗"。 第三次:《艺文类聚》卷八五记载,西晋武帝太康二年(281年),大秦来献,"众宝既丽,火布尤奇"。 第四次:《晋书·武帝纪》记载,西晋太康五年(284年),大秦国遣使来献。 ——译注

第七章 医药

中国人的医学研究与其帝国的建立同样古老。他们的医生从来不是伟大的解剖学家,也从来不是有深邃思想的物理学家。但是,从某种意义上说,他们确实实现了令我们欧洲最精明的医生都大为惊叹不已的进步。

阳与阴(chaleur vitale 和 humide radical),这就是中国医生所说的"生命的两个天然本源",血液与精气为其载体。这两个本源存在于人体的各个主要部分,它们在人体各部维持生命和精力。正是在心、肝、脾、肺,以及两肾之中建立"阴"之中枢。他们认为"阳"分布于肠胃,共有六个[①]。"阳与阴"通过气血流通,从这些不同的中枢传送到身体各个部位。杜赫德神甫说,中国医生还认为:

"人体通过神经、肌肉、静脉和动脉,犹如某种琵琶,或谐音乐器,发出不同的声音,或更准确地说,是按照其形状、处境,以及它们各自不同的用途而发出各自特有的调律。通过不同的脉像,犹如不同的音调,以及针对不同乐器的不同指法,人们就可以万无一失地判断出它们各自的状态,如同一根琴弦,或紧或松,拨动不同的地方,用力或大或小,都会产生不同的声调,并且使人听出琴弦是否太紧或太松。"

总之,他们认为,在人躯体的各个部分之间,一方面有直属关系,另一方面又相互运化输通,如此构成了他们的医学系统之基础。他们声称,通过观察患者的气色、眼睛的颜色,检验其舌头、鼻孔和耳朵,并且根据其讲话的嗓音,即可判断患者的状况以及疾病种类。尤其是,他们根据对脉象的认识提出最有把握的预断。他们的脉搏理论十分渊博,且根据情况而变化。他们其中一位古代医师留下了一部完整的脉搏论著,至今仍是他们的规范。这部论著写于大约公元前两个世纪,由此似乎可以肯定的是中国人认知到血液的循环早于欧洲各国。

[①] 中医的六腑是指胆、胃、小肠、大肠、膀胱、三焦。——译注

中国医生在患者家是怎样行医的呢？他首先按住患者垫在枕头上的手臂，而后，将四个指头沿着动脉贴于其上，力量时轻时重。他用很长时间来检查脉搏的跳动，分辨其中的区别。根据脉搏的急或缓，实与虚，均匀或不规律去发现病原，而且他们也不问询患者，即告知患者身体哪里有疼痛，指出哪个部位患病或情况最为危险。他们也告知患者需要多长时间医治以及怎样治愈病症。

这种精确的诊断趋于使人相信，他们在解剖学方面的认知要比欧洲人设想的多得多。诚然，他们从未解剖过，甚至，从未剖析过尸体。但是，如果说他们忽视了对死物的研究，这总是给人许多猜想，他们似乎对于活物有过长期的、深入的、很有意义的研究。大自然本身在人类三千年的观察中也不总是不可理解的。埃及人曾经不允许解剖死者的尸体。然而，希波克拉底（Hippocrate）①却是从他们的经典里创获了他几乎全部的理论。

中国的医学几乎完全是出自经验。他们绝对相信他们的草药。诚然，这些草药确有特殊功效。但是，他们的技巧在于非常熟悉草药，善于调配它们。

中国医生使用草药和某些果实制作他们的大部分滋补药。他们认为这是根治疾病的必要手段。此外，为了控制疾病，他们严格限定饮食，而且绝对禁止患者饮用生水。

他们的草药库涵盖非常广泛，如果相信他们的说法，草药集经常被规范地整理分类。涉及这方面题材的主要著作通俗地称作《本草经》②，分为五十二卷。是神农（Chin-nong）帝首先写出了中国药草的数量和品性。中国人把他看作是他们医学的始祖。他的著作大部分都融入刚才提到的《本草经》当中了。

人参被中国医生看作是典型的上等草药。人们认为它除了众多特殊功

---

① 希波克拉底是古希腊最著名的医生。
② 明代李时珍所著的《本草纲目》是五十二卷，但《神农本草经》，简称《本草经》，原书早佚，撰人不详。——译注

效,还能保持身体丰满、安神、停止心悸、驱邪气、明目、舒心、益智强神、暖胃,以及通上窍,防治梗阻,也能治水肿,强身健体,以及强化各个脏腑,防止肺衰竭,等等。最终,它能延年益寿。但是,在这些几乎完全不同的病况下,人参经常是被重复使用的。人参的加工方法有六七十种,同时也构成同样多的不同药方。

这种珍贵的根药已经变得稀少。以前,它是以等重的银子价格出售。如今,它几乎是以等重的金子价格出售。

中医也广泛使用茶叶。中医认为茶具有诸多令人称赞的特殊品行,尤其如果它是从蒙山(Mong-chan)顶上采集下来的话。中医也叮嘱人们,茶只能是热饮,少量饮用,绝不可空腹饮茶。

中医们说,茶种子本身也有其特别功效。它能够治疗咳嗽和哮喘,祛黏痰。中国的洗染工将其捣碎后用以清洗衣物。

最后,中医们会利用大象的肉、胆汁、皮、骨头及其象牙医治不同的病。骆驼的肉和脂肪、驼奶、毛,甚至其粪便也各有其特殊功效。如果中国大夫们所确信的属实,那么海马就具有一种难能可贵的功效:帮助生命垂危的产妇顺产,同时拯救婴儿的生命。这种海洋生物形状像马,大约有六寸长。一位中国作者声称:"只要将海马置于产妇手心里,产妇就能轻松地生出孩子,犹如到达产期的母羊产子那样顺利。"

中国人崇尚的其他药物还有:黄道蟹化石是应对一切毒液的有效解毒剂;麝香用于治疗诸多疾病,祛除一切邪风臭气、抑郁,治蛇咬,等等。他们对其用途的看法,差不多就如同是我们的医生对大黄的看法,除了他们几乎从不开生吃处方,也不开制剂处方。另一种受到他们重视的根茎,就是他们称之为当归(Tang-coue)的根药。它养血、助循环、保精力。阿胶除了多种功效,有时还能医治和缓解肺部疾病,这一效用是得到实践证明了的。

中国人关于医学的著作非常之多,可以说,当今没有任何国家拥有同样古老的医书。他们在不同论著里融会了诸多医生就同一题材发表的各种著作。对照他们的处方、他们的见解、他们的观点可能引起欧洲人大吃一惊的是在这些汇编里,到处显现着条理、精确和清晰。其中有中医确立的一般原则,任何疾病都是相继作用于心脏、肝、肺、胃、肾,以及内腑。从一种器官过渡到另一个器官便会或引发一个小病变,或全面病变,抑或是剧烈病变,关键是要区分应当直接用药抑制疾病的发展,还是仅仅是为减弱症状而转移病情;最终是加速病症发作,还是延迟抑或等待症状发作。

但是,在治病技术中最为非比寻常的方法之一是中国医生称之为扎针(Tcha-tchin)或针刺。此方法在于用备好的针刺动脉的最细分支,而不使血从针刺处流出来,然后用点燃的小艾蒿球灸灼针刺地方。这种疗法的疗效已被无数康复的病例所证明,这似乎匪夷所思。要知道必须在哪个部位扎针,在多少地方扎针,如何扎针以及怎样取针,这是此疗法的最大秘密。针刺同时,还配以某些内服药物。

如果是四肢麻木、紧张、疼痛等毛病,有另一种特别的而且是最古老的方法可治这些病。将病人置于阻碍并延迟其身体某些部位的血液循环的姿态,强迫其口中减缓呼吸,使其气息以不知不觉的方式从其肺中排出。这种简单的疗法,配以同样简单的药物,以及某种饮食限制,通常会圆满治愈病人。

判断一个人是自缢身死,抑或是被他人勒死,是自己溺水身亡,抑或是死后被人抛入水中,这个技术又是一个只属于中国人的发现。在一些刑事案件里,对法庭而言,这是一个巨大的帮助,在同样情况下,这也能解除我们的法庭的困惑。

在中国,接种的使用远早于欧洲,然而,这不能证明欧洲对接种的发现来自于中国。如果说较之欧洲人这种发现没有引起中国人更多的信任,这是因为中国人有众多的证据证明,当天花变为流行病之时,他们的接种并不能阻止天花的复发。他们也认为,这种病不只是在他们那里存在过。他们追溯其根源大约只有三千年历史。他们给它起名为胎毒(Tai-tou),是说这是"娘胎之毒"。他们区分出四十多种天花。但是经验表明,在中国的热带地区,天花并不太危险,而在寒冷地区,天花也难以传播,只是在温带地区,天花才会造成最大破坏。中国医生还会根据气候、年龄和体质来确定他们对抗天花的办法。

前文讲到尸检,我们只是指出中国司法机构非比寻常的洞察力,借以辨别某人是自然死亡,还是因暴力死亡,哪怕尸体已经开始腐烂。此话题的重要性要求更多的细节,我们以此陈述结束本章节。

人们将尸体从土中挖出,用醋清洗之。挖出一个大约长六尺,宽三尺,以及同样的深度的土坑。在坑中点燃大火,直至坑边的土热得像炉膛。此时,取出余火,倒进去大量的酒,用一张大柳条席盖住土坑,并将尸体安置其上。然后,用搭成拱形的帆布盖住尸体本身以及柳条席,以使蒸发的酒气能够从各个方向作用于尸体。两小时后,去掉帆布盖,此时,如果有受到打击的痕迹就会出现在尸体之上,不管尸体腐败到何等程度也会显现出来。

同样的经验也能适用于没有血肉的枯骨之上。中国人坚信,如果受到的打击是致命的,这种检验会在枯骨上再现出受到击打的痕迹,哪怕没有任何骨折情况。此外,我们这里所说的酒,是用大米和蜂蜜酿制的一种啤酒。关键的提醒,假如在欧洲对这种方法进行检验,这是很值得去核实的事情。

第八章　音乐

相当奇怪的是现代中国人对他们的古代音乐,具有与人们传递给我们关于埃及人和希腊人音乐的同样的想法,并且,他们对古代的乐律感到遗憾,如同我们哀叹失去了古代备受颂扬的、神奇的乐律一样。如果说埃及有其赫尔墨斯(Hermès)①或三倍伟大的墨丘利(Mercure Triſmégiſte)②,以其柔美的歌声最终使人类走向文明;如果希腊人以安菲翁(Amphion)③为荣耀,因为他以其乐律建设城市,以俄尔甫斯(Orphée)④为荣,因为以其竖琴之音使江河停流,使最坚硬的岩石随之起舞。中国也为我们展示了他们绝不亚于埃及和希腊的古代传奇乐者。中国有其伶伦(Lyng-lun)⑤,有其夔⑥,有其宾牟贾(Pin-mou-kia)⑦,他们弹出的琴(Kin)与瑟(Chê)之音,能修养人的品德,并能驯化最凶猛的野兽。

在著名的安提俄珀(Antiope)之子⑧和著名的色雷斯歌者⑨存在前八个多世纪,举世无双的夔对舜帝说⑩:"当我敲响我的磬石(King)之时,所有的动物都来到我的周围,高兴得战栗不已。"根据各个时期的中国作者的说法,古代音乐能让神仙下凡,能够召唤先人的亡灵,启发人对美德的向往,并驱动他们担负自己的义务,等等。这些作者们还说:"要想知道一个王国是否

---

① 赫尔墨斯是希腊神话中众神使者。——译注
② 墨丘利是罗马神话中众神使者,"三倍伟大"是其绰号。——译注
③ 安菲翁是希腊神话中宙斯和安提俄珀之子,以竖琴的魔力建成了忒拜的宫殿。——译注
④ 俄尔甫斯是希腊神话中善弹竖琴的歌手。——译注
⑤ 伶伦又称泠伦,是古代民间传说中的人物。《吕氏春秋·仲夏纪》里记载,伶伦是中国音乐的始祖。相传为黄帝时代的乐官,是中国古代发明律吕、据以制乐的始祖。《吕氏春秋·古乐》有"昔黄帝令伶伦作为律"的一段记载,说伶伦模拟自然界的凤鸟鸣声,选择内腔和腔壁生长匀称的竹管,制作了十二律,暗示着"雄鸣为六",是6个阳律,"雌鸣亦六",是6个阴律。——译注
⑥ 夔相传为尧、舜时乐官。——译注
⑦ 宾牟贾出自《礼记·乐记》。——译注
⑧ 即安菲翁。——译注
⑨ 即俄尔甫斯。——译注
⑩ 《尚书》卷五《虞书·益稷》夔曰:"戛击鸣球、搏拊、琴、瑟以咏。"祖考来格,虞宾在位,群后德让。下管鼗鼓,合止柷敔,笙镛以间。鸟兽跄跄;《箫韶》九成,凤皇来仪。夔曰:"於!予击石拊石,百兽率舞。"——译注

治理得好,国中之人的品德是好还是坏,只要察看下这个王国里流行的音乐就清楚了。"当孔子周游他那个时代割据中国的各个小列国时,也没有忽视这条规则。古代音乐的痕迹还没有完全消失,他凭着自己的经历明白了乐律对人的灵魂、行为和情感能有多大的影响。确实如此,据说,当他来到齐(Tʃi)国时,人们给他听了一段韶乐(Chao)①,就是夔遵照舜帝命令作的曲子,写其传记的历史学家说②:"在三个多月的时间里,他不能想其他事情;最美味的和最精致的菜肴,都不能唤醒他的味觉,也不能激起他的食欲,等等。"

钱德明神甫特别专注研究中国古人的音乐体系。他首先翻译了几位作家的论著,当他收到欧洲寄来的鲁西艾教士(M. l'Abbé Rouʃʃier)撰写的《关于古代音乐论文》时,他对这个原始理论的长期思考才刚刚有了初步眉目。这部杰出的论著对他而言是给他带来了光明,照亮了诸多先前只是似懂非懂的雾中看花般的东西。他觉得,鲁西艾教士的理论非常有效和坚实,适用于他所研究的目标,即音乐本身。钱德明神甫感到非常遗憾的是,这位资深的乐律学专家没能亲自在中国古文化中挖掘,并阐明他本可以有的发现。他对这古老的音乐体系有所认知,并指明中国音乐体系的创立远早于其他民族的音乐体系。

钱德明神甫说:"在收集了当今存世的、分散的最古老档案之后,鲁西艾教士或可发现在毕达哥拉斯之前,甚至在墨丘利之前,中国人就已经知道将八度音划分成十二个半音,他们称之为'十二律',这十二律分成两类,'纯谐律'(parfaits)和'非纯谐律'(imparfaits)③,他们已经知道这种划分的必要性。最终,这十二律的每个律的构成以及其间的全部音程,在我们先前创造的体系中只是十二个半音的三倍级数推演的一个简单结果而已,从基数1直

---

① 《箫韶》,因分九段,又称九韶。——译注
② 《论语·述而》:子在齐,闻《韶》,三月不知肉味,曰:"不图为乐之至于斯也!"——译注
③ 十二律分为阴阳两类:奇数六律为阳律,叫做六律;偶数六律为阴律,叫做六吕,合称为律吕。——译注

到 177147① 全部包括在内。②

"将鲁西艾教士的发现进一步推演,兴许能找到促使上古时期中国人在他们的音阶中只提及五音的全部真实理由,五音宫(koung)、商(chang)、角(kio)、徵(tché)、羽(yu)对应于 fa、ſol、la、ut、ré,而他们称之为变宫(Pien-koung)则对应于我们的 mi,而他们的变徵(pien-tché)相当于我们的 ſi,以此补充他们的音阶,并且填补乍一看出现的所谓的'一直等待被新的音来补充的缺失'。③

"他或许自己会明白,埃及人所确定的音调与星宿之间的关系,音调与黄道十二宫的关系,每天的 24 小时,每星期的 7 天,以及与其他物体之间的关系,只是对中国人的一个不成形的抄袭而已。中国人远在埃及人将黄道划分为十二宫之前,远在他们有了 Sabaoth④ 和 Saturne⑤,以及其他所有能够指明这些关系的不同物体名字的几个世纪之前就已经实现了。

"惊讶于古代中国人在他们对音调的测定中用心如此细腻,而且坚持只用管乐器来定音,鲁西艾教士毫无疑问会得出结论:中国人是他们自己的方法的发明者。兴许,他还能得出结论说,古希腊的七弦琴,毕达哥拉斯的竖琴,他对古希腊自然音阶四音音列的颠倒,以及他的伟大体系的构成无异于对古代中国人成果的剽窃,因为我们无法质疑中国人成就中的'琴'与'瑟',这两件古老乐器本身便包含了一切可以想象的音乐体系。他可能会发现,埃及人、希腊人,以及毕达哥拉斯本人,只是在弦乐上实践了中国人在他们之前谈及管乐时所说过的一切。

"在进一步仔细分析古代中国人使用的不同方法,以确定原始的'律',以及这个'律'的基本音的基础之上,鲁西艾教士或许还能确信,为了获得这

---

① 即 3^{12}。——译注
② 见《论古代音乐》(le Mémoire ſur la Muſique des Anciens),第 9 章,第 57 页。——译注
③ 见《论古代音乐》(le Mémoire ſur la Muſique des Anciens),第 33 页及 129 页。 鲁西艾教士在其书中认为中国的音阶体系中只有五音,不完整,需要被补充,因此钱德明神甫在此借用鲁西艾书中的半句话指出其研究不够深入。——译注
④ 犹太教中指万物之主耶和华。——译注
⑤ 农神萨图恩。——译注

个固定点,这个大自然本身确定的真实的、万无一失的规律,中国人没有被最艰巨的几何学计算所吓倒,也没有惧怕最费时、也是最令人生厌的算术计算,依靠这种计算,他们终于获得了几乎每个音的正确维度、每个音程的正确度数、他们之间互生的合理性,以及它们之间必然存在的不同关系。至少在某种程度上,这些近似值与真正的数值相比是令人满意的。因此,我确信,对古代中国人满怀尊敬的鲁西艾教士,很可能轻易地将他颂扬埃及圣贤的赞美之词转送给中国人,并毫不犹豫地将他起初归于埃及人的广博体系的敬意转送给中国人,或任何比希腊人和中国人更为古老的其他民族。"

鲁西艾教士在有关本论文的一个注解中说,他和钱德明神甫都认为,"每个音的真实维度,它们之间的互生性,总之,真正的音乐均衡,亦即毕达哥拉斯所采用的音乐均衡,确确实实源于古代中国人。但是他认为,博学的传教士①在这里谈到的近似值,只是近代中国人的作品,也就是说,中国人似乎在公元前两三个世纪以来陷于连续错误之中"。

如此长久以来被认为是属于埃及人和希腊人的音乐体系在中国被发现,应该看起来非常出人意料,而且它产生的时间远远早于赫尔墨斯学派、里努斯(Linus)学派、俄尔甫斯学派时代。我们不进入讲述这个体系所要求的巨量细节,我们恳请我们的读者参阅由鲁西艾教士发表的钱德明神甫的论文②,这位具有渊博学问的理论家以其见解充实丰富了论文。这部作品构成《关于中国人的论文集》(*Mémoire concernant les Chinois*)丛书的第六册。

现在说一说乐器。中国人一直区别八种不同的声音,而且他们认为大自然形成了八种发声体,产生"八音",所有其他音都可以按此八音分类。根据下面的顺序,他们设计了八音,以及为产生八音而制作的乐器名称:1. 革音,由鼓发声;2. 石音,由磬发声;3. 金音,由钟发声;4. 陶土音,由埙发声;5. 丝音,由琴与瑟发声;6. 木音,由敔(yu)与柷(tchou)发声;7. 竹音,由管(koan),

---

① 即钱德明神甫。——译注
② 指钱德明的著作《中国古今音乐考》(*Mémoire sur la mufique des Chinois*),1779 年在巴黎出版。这部书构成了《关于中国人的论文集》的第 6 册。《关于中国人的论文集》全书共分 17 册,8000 多页,自 1776 年至 1791 年间出版了 15 册,另外 2 册于 1814 年出版。——译注

各种笛子发声;8.匏音,由笙(cheng)发声。

早期的鼓由一个陶土鼓箱,两端覆盖经过鞣制的四足动物兽皮构成。但是,这种鼓箱太重且易碎,很快就被木头取代了。中国人有多种多样的鼓,大部分形状像我们的酒桶,有些是圆筒形的。

中华民族可能是世界上唯一善于利用石头的特性制作乐器的民族。我们已经介绍了这个帝国出产的不同种类的响石①;用响石做成的乐器叫作"磬",区分为"特磬"(tſé king)和"编磬"(pien-king)。特磬是用一块响石构成,因此它只发出一种音。编磬是由十六块悬挂的响石组合而成,构成古代中国音乐认可的声音体系。这些石块被裁成矩尺形,为发出更低的音,便减少其厚度,相反,为使其发出更高的音时,则在其长度上下功夫。

铜与锡的合金一直是中国钟的材料。它们的形状多种多样,古代钟不是圆形的,而是扁平的,其下部边缘呈月牙形。中国人组成一种由十六个不同钟组合而成的编钟,以使与磬或响石组合乐器相一致。

乐器埙是由陶土做成的,它的远古属性使其在中国人眼里很受尊重。有大埙和小埙的区别。辞书《尔雅》(Eulh-ya)②中说:"大埙像鹅蛋,小埙像鸡蛋。它有六个孔发声,而第七个孔就是吹口。"

琴与瑟发丝音。这两件乐器还是最为古老的乐器。琴有七根弦,由丝线做成。有三种琴,只是大小不同,亦即大号琴、中号琴和小号琴。琴体用桐木(Toung-mou)做成,上黑漆,全长是五尺五寸。瑟有四种,装有二十五根弦,其长度通常是九尺。钱德明神甫声称,我们欧洲没有任何乐器堪可与之比肩。

发木音的乐器是柷,ou③ 和 tchoung-tou④。第一种呈斗形,用椎从内部击打发声;第二种敔呈现一只卧虎,以小棒轻刮其背发声;第三种 tchoung-tou

---

① 参见《中国通典》(上部)卷四,第四章《矿产、金属、石材、土壤、黏土等》中小章节 "响石"。——译注
② 应为《尔雅注疏》:"埙,烧土为之,大如鹅子,锐上平底,形如称锤,六孔,小者如鸡子。"——译注
③ 根据文中描写,实应为敔。——译注
④ 按照发音未查到这种乐器,其形类似拍板。——译注

用十二块小木板连在一起组成,以右手执板,轻触左手掌敲打节奏。

竹子被用以制作众多乐器,由或组合、或分离的竹管组成,凿孔或多或少。所有这些管乐器中最主要的是笙,发葫芦音。将葫芦在其颈处切开,只留下底部,配以木盖,其上凿孔,需要获得多少不同声音便凿多少孔。在每个孔里插入一根竹管,其长度要根据应该发出的声音而定。这种乐器的吹口由另一根状如鹅颈的管子构成,附在葫芦体的旁侧,用以确保气流通过插入的各个竹管。古代的笙由其装配的竹管数量而不同,现代的笙只有十三根管子。这种乐器似乎与我们的管风琴有某种关系。

中国人对我们使用的音符毫无所知,他们没有如此多样的符号、表示声调的差异、声音的各种提高或逐步降低,总之,没有任何东西指明和声所需的音调变化。他们只有几个字符用以表明主要调式,对于学到的所有乐曲,他们只是按照惯例演练它们。因此,康熙皇帝特别惊奇于一个欧洲人在第一次听到某个曲子时就能如此轻易地掌握并记住曲子。1679年时,他在皇宫里召见了闵明我神甫和徐日昇神甫(PP. Grimaldi & Péreira),让他们弹奏以前曾经向皇帝介绍过的管风琴和羽管键琴。他似乎欣赏欧洲音乐,而且高兴听到这种音乐。而后,他命令其乐师演奏一中国乐曲。徐日昇神甫拿起他的写字板,在音乐师演奏时记下了全曲。当他们结束之时,传教士[①]重复演奏了全曲,没有漏掉一个音符,而且,就像他曾经花很多时间研习过这个曲子那样轻松自如。皇帝惊讶无比,难以相信眼前发生的这一切。他不明白,为什么一个外国人能够如此迅捷地记录下他的乐师要花许多时间和精力,借助于几个字符才能牢记不忘的一段乐曲。他大加赞扬欧洲音乐,并且赞赏它所提供的方法,方便记忆,减少辛劳。不过,少许的疑惑使他还想进行更多的考验。他亲自唱了多个不同的曲子,传教士随之记录,并且立即准确无误地重复。皇帝高声叫道:"必须承认,欧洲音乐举世无双,这位神甫(徐日昇神甫)在整个帝国里无人可比。"

---

① 此处指徐日昇神甫。——译注

第九章 绘画艺术

长期以来,中国画家在欧洲是受到诋毁的。但是,我觉得,要公正地评价他们,必须了解一下他们的优秀作品,而不是仅仅根据我们从广州弄到的那些扇子和屏风来判断他们。如果根据圣母桥门上的绘画去评判法国画派情况会是怎样呢?中国人声称有他们自己的勒布伦(Le Brun)①,有他们自己的勒叙厄(Le Sueur)②,有他们自己的米尼亚尔(Mignards)③,他们当今还有享誉全国的画家。但是,没人将他们的作品从北京带到广州,因为它们绝不会被欧洲商人购买。欧洲商人需要的是裸体画、色情和淫秽题材的作品;而且经常是(有些传教士对这种过分行为感到痛惜)他们用高价诱惑广州的蹩脚画家,而获得能够刺激欧洲人感官享乐的画作。

然而,人们似乎相当一致地否认中国艺术家在绘画中对修正、透视法的理解,以及人体的优美比例方面的认知。但是否认他们人像绘画的人都不能与之竞争绘画花卉和动物的高超技艺。他们处理这类题材非常写实,优美而自如,并且他们尤其自炫在细节中突出一种对我们而言可能显得细致入微的精准。有一位欧洲画家讲述,他被召到宫里在一幅巨大风景画前部画莲花(lien-hoa),一位中国画家朋友,指出他在莲花叶子里少画了几根纤维和叶子的几处凹口。"这也许是件小事,"他补充道,"从您的画作角度看,人们不大可能发现什么。但是,一位行家在这里不会原谅这类忽视行为:根据我们观点,真实性是画作的首要价值。"中国讲述绘画艺术规则的基础书籍特别讲到关于草木和花卉。他们对草木与花卉的每一部分都极尽详细之能事,他们指明尺寸和比例,他们分别论述植物的茎、枝、叶子、花蕾、花朵,指明每个季节带来的各个不同的形状和色调。比如,他们将会指明,当一朵花

---

① 勒布伦是法国17世纪画家,设计师,美术界权威,曾主持凡尔赛宫及花园的装修。——译注
② 勒叙厄是法国17世纪画家,以巴洛克风格宗教画著称。——译注
③ 米尼亚尔是法国17世纪画家,路易十四肖像画作者。——译注

完全怒放,而另一朵花刚开始开放之时,两个相像的花茎叶子色调是不同的。总之,在中国,当一位画家提问他的学生"一条鲤鱼头尾之间有多少鱼鳞"之时,人们绝不会感到吃惊。

绘画在中国想必进步不大,因为它不受政府鼓励,政府将绘画列入无聊艺术之列,关系不到国家的繁荣昌盛。皇帝的长廊和书房里挂满了我们的绘画作品,他长期地雇用郎世宁(Caſtiglione)和王致诚(Attiret)修士画画,这两位高超的艺术家得到了他的喜爱,并经常光顾他们的画室。但是,碍于绘画少有政治功能,他丝毫不接受他们关于建立学校、培养学生的建议。这位君主担心,批准这项建议可能会唤醒中国人对绘画的昔日爱好,在先前朝代,这是一种无法控制的疯狂爱好。

在公元前壁画在中国就已存在。在汉代,壁画很是流行,主要寺庙墙上都布满了壁画。此类画在公元5世纪和6世纪有了新发展,亦即中国的奢靡世纪(siècles de luxe),还获得了更多青睐。人们讲述,画家Kao-hiao在皇宫外墙上画的雀鹰惟妙惟肖,以至于小鸟不敢接近,或被吓得鸣叫着飞远了。除了杨子华(Yang-tʃe)的马被许多人认作真马,人们还提到画家Fan-hien的门:据说,当有人进到寺庙里时,如果不是事先被告知,或对门特别当心的话,很可能就想从画在墙上的这个门走出去。当朝皇帝的花园里,有一幅壁画,其上的欧洲村落,会让人产生愉快的幻觉。剩下的墙面呈现风景和山岗,极为巧妙地与后面的远山融在一起,很难想象会有比之更为智慧、更好表现的画面了。这部佳作是由中国画家根据画样画出的。

在中国,三种颜色、四种颜色,甚至五种颜色的雕刻都极为古老,远早于欧洲发现这种雕刻方法的时间。

中国雕刻家的凿子少有使用,因为除了寺庙中的偶像,在这个帝国里少见雕像的使用和豪华展现,这种摒弃始于远古,至今仍被政府保留下来。无论是在广场,还是在北京的公共建筑里,都看不到任何雕像,甚至在皇帝的所有宫殿里都见不到一件雕像。中国唯一存在的真正雕像是用于帝王或一定级别高官的墓地大道上的礼仪装饰,还应该算上置于皇帝、皇帝子女的拱形墓室内部、靠近棺椁旁边的雕像——这还是公众根本看不到的雕像。这种丧葬做法是其他朝代所没有的,应被看作是当朝皇族的特殊做法。

中国建筑并非遵从盲目的惯例。它有其原则、规矩、比例。只要圆柱基座有二尺的直径,它必有十四尺的高度。根据这种尺寸,便可确定建筑物各个部分的尺寸。尽管这种建筑与欧洲建筑毫无关系,尽管它没有向希腊建筑借鉴什么东西,然而,它却自有一种特殊的美感。皇帝的宫殿是真正的宫殿。构成宫殿的众多建筑的庞大、对称、高耸、规整、豪华都表明居于其间的主人之伟大。卢浮宫与北京宫殿的诸多院落之一相比可能像是处于大海之中。但凡进入过这宏伟壮观住所的传教士们都一致认为,如果单独看住所的每一部分不是像看到欧洲伟大建筑局部那样令人陶醉,但至少它们的整体向他们呈现了一个他们此前闻所未闻、见所未见的场面。

几乎所有的房屋和所有的建筑都是木制的。这并不是因为中国缺乏大理石和石头,大部分省份都有丰富的此类建材,并且许多城市里都用各种颜色的大理石铺路。这也不是因为运输困难——在皇帝的各个花园里,到处都点缀着巨大的岩石;各个宫殿都坐落在无比巨大的大理石和方解石基础之上,而且所有的扶梯台阶,不管是多长多宽,都是通体的完整结构。除了担心地震,阻碍人们使用大理石和石料建筑的理由,则是因为南方省份的炎热和潮湿,以及北方省份的严寒可能会使这些房子有害健康和几乎不可居住。甚至在雨水少的北京,人们不得不将毡毯晾在宫殿里窄小的大理石楼梯上;潮湿的空气润湿一切,把一切都变得湿漉漉的。冬季里,过于严寒,北向的窗子一个不能开,而且在三个多月的时间里窗子上一直结冰,冰有一尺半厚。

基于自然气候的同样理由也阻碍了多层建筑。二三层建筑在盛夏和寒冬季节里都不可居住。虽然北京较之帝国其他地方是更靠北的,三伏天热浪滚滚,致使治安机构强迫店铺和作坊工匠们在他们的棚子下露宿,因为担心他们在居室内可能会窒息。高官和富人的居所一般由五进大院子组成,每个院子周围都是住房;多层建筑只会增加多余的房屋。多层房子对百姓而言是更不合适的。百姓家里至少需要为女人准备一个宽敞而僻静的院子，否则，她们的内院将会变成最不整洁和最无聊的监狱。况且，一个小家庭不可能独自占据一套多层住房，也不会愿意与另外一个家庭共享。

然而，当朝廷定都在南方省份时，多层建筑曾在几个世纪里流行。这些皇帝在他们的花园里建起的小宫殿几乎都属于此类建筑，而他们对这种建筑的爱好竟促使他们建筑庞大的正房。据称，高度达到一百五十尺到二百尺，矗立于尽头的亭或塔有时高过三百尺。但是，因为很难长期抵御不利的气候条件，皇帝们甚至在离开南方省份之前就已经厌弃了这种高空建筑。不过，或是为了保留记忆，或是为了突出建筑的多样性，至今在圆明园，在热河（Ge-ho-eulh），甚至在北京皇宫的大花园里都存在一些多层楼建筑。在江南省和浙江省也会见到一些这类建筑。

流经中国的众多河流和诸多运河必然要求建筑数量奇多的桥梁，桥的形式各式各样：有的是加高的拱门形，人们通过平缓的阶梯登上走下，阶梯的台阶不到三寸厚；还有的桥既无桥拱，也无拱门，人们通过平架在桥墩上的宽大石板过桥，就像木板搭桥一样。这些石头有的长达十八尺。这些桥用的是石材、大理石或砖体结构；也有一些是木质结构，或由船只组成。这后一种桥是一种很古老的发明。它们的名字叫"舟桥"（Seou-kiao），就是浮桥，在长江和黄河上有多个浮桥。

在美丽的中国桥中，有一座出名的桥在距离北京三古里的地方，桥长有两百步，桥的宽度恰当。桥的高度及其大部分看起来似乎无用的桥拱使大部分外来人感到奇怪，因为桥下只是一条很普通的河流。但是，当河流被酷暑季节的暴雨填满之时，全部桥拱刚好足以让洪水流过。

中国古书谈到多种巧妙的桥梁，其用途确实大有益处：人们想象一种桥可以在一天内建成，以便取代另一个突然损毁的桥；应对一场水患；方便一支军队的交通；开辟或缩短运送给养的道路。于是，人们有了彩虹桥、杠杆桥、平衡桥、滑轮桥、节流桥、双向摇杆桥、罗盘桥、黑木桥、草梁桥、倒船桥、索桥等。所有这些桥的名字在古书中都有记载，如今已不再被人所知了。

人们会不会以为以前建造桥梁是深受谴责的皇帝们的奢侈爱好呢？人们提到在8世纪建造的一座铜铁桥。隋朝的一位皇帝仅在苏州一个城市里就建造了四十座形式不同的桥。在梁、隋和唐代皇帝们的花园当中，到处都有随性和异想天开的桥，形式和装饰都各不相同。这些奇形怪状的桥（我们如今还能在近代英式花园里看到某些模仿品）引起帝国的一位御史的抗议，他坚毅勇敢地对炀帝——中国的萨丹纳普鲁斯（Sardanapale）①说："陛下新旧花园里毫无用处的桥越是美丽，数量越是增多，各省的一切生活必需品就会逐步毁坏和减少。来自帝国四面八方的成群结队的艺术家奔到京城来，他们将不会成为抵抗正在威胁我们的鞑靼人之士兵；陛下建造了比任何先辈都更多的桥，令人十分担心的是，您将无法逃避他们的胜利。微臣因之痛苦无比，向陛下说出真正的担心，因为陛下陶醉于谄媚者的谎言，只看到了他们奉献的毒酒杯上的鲜花。想一想吧，陛下，一个老官不怕掉头，对您说出真相，他是担心陛下的生命胜过他自己。"

中国的造船业似乎几个世纪以来没有任何进步。他们看到欧洲人频繁出现在他们的海岸线上，看到欧洲人的舰船都没能使他们下定决心进行改革，或完善他们的船只。他们称之为船的这些舰船被葡萄牙人称为Soma或Sommes。最大的船不超过二百五十或三百吨载重，长度不超过八十到九十尺。更准确地说，这不过是些双桅平底船。船首是削平的，没有船首冲角，上部以两个翼型物或突角结束，形状相当奇怪。船尾中间分开，让位给船舵，船舵藏于一个能避开海水的冲击的房间里。这种船舵宽有五六尺，通过固定于船尾上的一根缆索可轻易地将之升降。

中国船只既无后桅，也无舢斜桅，也没有顶桅。全部桅杆只限于主桅和前桅，有时增加一个小的顶桅帆，起不了大作用。主桅占据的位置与我们的船差不多，前桅相当坚固。前桅与主桅相比是二至三的比例，而主桅的长度通常超过船体长度的三分之二。竹席是中国船帆的材料，竹席用整只的竹竿横向在帆面上按一尺的间距加固。两块木板固定着船帆上下两端。上面

---

① 萨丹纳普鲁斯是传说中的亚述末代国王，以奢华生活闻名。——译注

的木板用作桅桁，下面的木板宽一尺，厚度五六寸，用于控制船帆的升降。这类船帆可以像屏风折子一样舒展和卷起来。中国船绝不是好帆船，但是它们却能比我们的更抗风，因为他们偏硬的船帆材质更能承受风。但是，这个优势很快就失去了，因为它们在构造上的缺点会造成偏航。

中国人不像我们用沥青捻缝他们的船，他们使用一种混有石灰的特殊胶水，而这种混合物效果极好，底舱只要有一两口通风井就足以保持全船干燥。他们使用水桶汲水，因为直到现在他们也还没有采用水泵。他们的船锚是用坚硬而沉重的木头制作的，称之为铁梨木（Tié-ly-mou）或铁木。他们声称，这类锚大大优越于铁锚，因为铁锚会走形，而铁梨木锚绝无发生。

中国人相当懂操作，而且他们有相当优秀的沿海驾驶员。但是，他们远洋航行不行。他们只是由舵手驾驶航船，他们按罗经方位航行，以为理应无误，也不担心船体运动，可以说，他们是冒险前行。中国人声称首先发明了罗盘，但是，看来他们不太关注改善这个有意义的发现。

中国很少需要水战，除了在江上，或在其沿海附近，或在日本岛附近进行海战，因此，建造战舰丝毫不能证明它们可被用于远海航行，这是它们所不能维持的航行。这类战舰有不同种类。从属广东海军的船只比福建海军使用的船只更大，更强。福建的船只只是用松木或冷杉木做成的，而广东的船是用"铁木"建造的。在海战中，它们的防护能力更强，操作更方便。但是，它们更沉重，航行起来不如其他船只速度快。这些战舰经久耐用，从不遭虫蛀。有些舰上装备火炮。

巡逻艇是福建省常用的船。舰身两侧钉满了可以很好抵御利刃的竹板。它吃水六到七尺，任何气候下都可以扬帆。它们通常被用来追捕海盗，或者邮递信件。

劈浪船只吃水三四尺，它的船头呈尖形，很容易将水分开。它有一个舵、一个帆，以及四个桨。据说，它既不怕风，也不怕浪。它可承载三十到五十名士兵。

沙上跑船之所以如此命名，是因为它可以在浅水区飞跑。它的船底是平的,沿着海水不深的北海沿岸,在沙子上滑行。在南方海域不使用这种船。

鹰嘴船是中国舰船中最迅捷和最轻量的船。因为它的船头与船尾是同样构造,能够轻易地前进或后退,不用转动船舷。它的上甲板由竹板做成的两堵墙保护,使士兵和桨手免受投射武器的攻击。

我们将不再更多列举这个目录,因为人们清楚感到一支由这样的船只武装起来的完整舰队,在面对欧洲几艘战舰时将会不堪一击。

地名译名对照表

原文	译文
A	
Achen	亚齐
Aſtracan	阿斯特拉罕
Akſou	阿克苏
Altai	阿尔泰
Antchiien	安集延
Apicius	阿比修斯
Aſſyrie	亚述
Ava	阿瓦
B	
Batavia	巴达维亚
Boukarie	吐鲁番
Buckarie	吐鲁番
C	
Cai-fong	开封
Camboye	柬埔寨
Caſghar	喀什噶尔
Cha-hien	沙县
Chan-ſi	山西省
Chan-tong	山东省
Chao-hing	绍兴

Chao-king	肇庆
Chao-ou-fou	邵武府
Chao-tcheou-fou	韶州府
Chen-ʃi	陕西省
Cheouli	首里
Ché-pai	石牌
Che-tʃien	石阡
Choui-tcheou-fou	瑞州府
Chun-king-fou	重庆府
Chun-ning-fou	顺宁府
Chun-te-fou	顺德府
Cobi	戈壁
Cochinchine	交趾支那
Corée	高丽
Coromandel	科罗曼德尔

E

Eurotas	欧罗塔斯河

F

Fo-chan	佛山
Fo-kien	福建省
Fong-kan-hien	封坎县
Fong-tʃiang-fou	凤翔府
Fong-yang-fou	凤阳府
Fou-tcheou-fou	福州府
Fuen-hoa-fou	宣化府

Fuen-tcheou-fou	汾州府

H

Ha-mi	哈密
Hang-tcheou-fou	杭州府
Han-tchong-fou	汉中府
Han-yang-fou	汉阳府
Heng-tcheou-fou	衡州府
Hin-cha-kiang	金沙江
Hing-hoa-fou	兴化府
Hoai-king	怀庆
Hoai-king-fou	怀庆府
Hoai-ngan-fou	淮安府
Hoang-tcheou-fou	黄州府
Hoei-tcheou	徽州
Hoei-tcheou-fou	惠州府
Ho-kien-fou	河间府
Ho-nan	河南省
Honan-fou	河南府
Hou-quang	湖广省
Hou-tcheou-fou	湖州府

I

Iao-tcheou-fou	饶州府
Iben-pira	伊本-皮拉
Indoʃtan	印度斯坦
Ierguen/Ierkin	叶尔羌城

Irtis	伊尔提斯河

J

Java	爪哇岛

K

Kalkas	喀尔喀
Kal-kas	喀尔喀
Kan-tcheou	甘州
Kan-tcheou-fou	赣州府
Kan-ton	广东
Kaoli	高丽国
Kao-tcheou-fou	高州府
Kara-kun	卡拉贡城
Keou-ouai	口外
Kew	克佑区
Kia-king-fou	嘉兴府
Kiang	江（长江）
Kiang-nan	江南省
Kiang-ning-fou	江宁府
Kiang-ʃi	江西省
Kia-ting-tcheou	嘉定州
Kie-che-chan	碣石山
Kien-ning-fou	建宁府
Kien-tchang	建昌
Kien-yeng	咸阳
Kieou-kiang-fou	九江府

Kieou-mi	久米
Kii-ching-kou	达纥升骨城
Ki-ngan-fou	吉安府
Kin-che-kiang	金沙江
King-ki	京畿
King-kitao	京畿道
King-tong-fou	景东府
Kin-hoa-fou	金华府
Kin-kiang	金乡
Kin-tcheou-fou	金州府(处州府)
Kin-tcheou-fou	荆州府
Kint-ching	金城
Kin-tchouen	金川
Kin-yang-fou	庆阳府
Kin-yuen-fou	庆远府
Kio-feou	曲阜
Ki-tcheou	蓟州
Kiun-tcheou-fou	琼州府
Koang-ʃin-fou	广信府
Koa-ping	高平
Koci-tchou	贵州省
Koei-tcheou-fou	夔州府
Ko-king-fou	鹤庆府
Kokonol	青海
Kokonor	青海
Kong-tchang-fou	巩昌府
Kouang-nan	广南

Kouei-te-fou 归德府
Ku-tʃing-fou 曲靖府

L

Lai-tcheou-fou 莱州府
Lan-tcheou 兰州
Leang-tcheou 凉州
Leyde 莱德
Lien-tcheou-fou 廉州府
Lieou-kieou 琉球
Lieou-tcheou-fou 柳州府
Ligor 六坤
Li-kiang-tou-fou 丽江都府
Ling-ngan-fou 临安府
Ling-tao-fou 临洮府
Lin-kiang-fou 临江府
Lin-tcheou-fou 庐州府
Lin-tcin 临清
Lin-tçin-tcheou 临清州
Li-pa-fou 隶八府
Long-ngan-fou 龙安府
Loui-tcheou-fou 雷州府
Lou-ngan-fou 潞安府

M

Ma-hou-fou 马湖府
Malaque 马六甲

Mang-ing-hien	蒙阴县
Manille	马尼拉
Méaco	京都
Merguen	墨尔根
Ming-tcheou	明州
Min-ho	敏河(闽江)
Mong-hoa-fou	蒙化府
Mogol	蒙古
Moug-den	穆克登
Mou-hou-pa	穆护

N

Nang-kang-fou	南康府
Nan-hiong-fou	南雄府
Nan-king	南京
Nan-ngan-fou	南安府
Nan-ning-fou	南宁府
Nan-tchang-fou	南昌府
Nan-yang-fou	南阳府
Napa-kiang	那霸江
Ngan-chan	安顺
Ngan-king-fou	安庆府
Ngan-lo	安陆
Ngan-lo-fou	安陆府
Ngan-y	安邑
Ning-koue-fou	宁国府
Ningouta	宁古塔

Ning-po-fou	宁波府

O

Oby	鄂毕河
Oei	卫河
Ou	槐里
Ouchei	乌什
Ouei-kiun-fou	卫辉府
Ouei-ning	威宁
Ouen-tcheou-fou	温州府
Ouentouʃtan	文图斯坦
Ouʃʃé-hang	乌思藏
Ou-tcheou-fou	梧州府

P

Pai-cal	贝加尔湖
Pao-king-fou	宝庆府
Pao-ning-fou	保宁府
Pao-ting-fou	保定府
Patane	北大年
Pegou	勃固
Pégou	勃固
Pégu	勃固
Pe-tcheli	北直隶省
Petouné	白都讷
Ping-leang-fou	平凉府
Ping-lo-fou	平乐府

Ping-yuen	平越
Pin-yang-fou	平阳府
Poulkouri	布勒琥里湖
Poutala	布达拉

Q

Quang-naa-fou	广南府
Quang-ping-fou	广平府
Quang-ʃi	广西省
Quang-ʃi-fou	广西府
Quang-tcheou-fou	广州府
Quang-tong	广东省
Quei-ling-fou	桂林府

S

Saghalien	萨哈连乌拉
Saghalien-oula-hotun	萨哈林乌拉和屯
San-cian	上川
Satʃuma	萨竹马
Selingeskoi	色林盖思科
Se-ming-fou	思明府
Se-nan	思南
Se-nguen-fou	思恩府
Sennaar	山拿
Se-tcheou	思州
Se-tchin-fou	泗城府
Se-tchuen	四川省

Siam	暹罗
Siang-yang-fou	襄阳府
Sigan-fou	西安府
Si-ngan-fou	西安府
Sin-tcheou-fou	浔州府
Sion	塞恩
Sirinigar	斯利那加
Solho	肃良和
Sonde	巽他海峡
Songari	松花江
Song-kiang-fou	松江府
So-tcheou	肃州
So-tʃien	宿迁
Sou-tcheou	苏州
Sou-tcheou	肃州
Sparte	斯巴达
Suchou du Kansu	甘肃肃州
Su-tcheou-fou	叙州府
Sy-hou	西湖

T

Ta-ho	大河
Tai-ming-fou	大名府
Tai-ping-fou	太平府
Tai-tcheou-fou	台州府
Tai-tong-fou	大同府
Tai-tong-kiang	大同江

Tai-yuen-fou	太原府
Ta-kiang	台江
Ta-li-fou	大理府
Tartarie	鞑靼地区
Ta-tʃin	大秦
Tchang-pou-hien	漳浦县
Tchang-tcha-fou	长沙府
Tchang-tcheou-fou	漳州府
Tchang-te-fou	常德府
Tchang-te-fou	彰德府
Tchao-king-fou	肇庆府
Tchaoʃʃien	朝鲜国
Tchao-tcheou-fou	潮州府
Tche-kiang	浙江省
Tching-tou-fou	成都府
Tchin-kiang-fou	镇江府
Tchin-kiang-fou	澄江府
Tchin-ngan-fou	镇安府
Tchin-tcheou-fou	常州府
Tchin-tcheou-fou	辰州府
Tchin-yuen	镇远
Tchi-tcheou-fou	池州府
Tchou-hiong-fou	楚雄府
Tchu-tcheou-fou	衢州府
Tci-ngin	济宁
Tçi-ning-tcheou	济宁州
Te-ngan-fou	德安府

Ten-tcheou-fou	登州府
Te-tʃin-hien	德清县
Tʃang	吐蕃
Thibet	西藏
Tien-tʃan	天山
Ting-tcheou-fou	汀州府
Tong-gin	铜仁
Tong-king	东京湾
Tong-king	东京
Tong-tchang-fou	东昌府
Tong-tchuen-fou	潼川府
Tong-tou	东关
Tou-yun	都匀
Tʃi	济水
Tʃi-nan-fou	济南府
Tʃing-ho	清河
Tʃin-hoa	清化
Tʃin-tcheou-fou	青州府
Tʃong-ming	崇明岛
Tʃuen-tcheou-fou	泉州府
Tʃun-y-fou	遵义府

U

Udʃi	宇治

V

Vou-leang-ho	无量河

Vou-ʃie	无锡
Vou-tchang-fou	武昌府
Vou-tcheou-fou	抚州府
Vou-ting-fou	武定府
Vou-hou-hien	芜湖县

Y

Yacfa	雅克萨
Yang-tchang-fou	永昌府
Yang-tcheou	扬州
Yao-ngan-fou	姚安府
Ya-tcheou	雅州
Yen-ngan-fou	延安府
Yen-ping-fou	延平府
Yen-tcheou-fou	严州府
Yen-tcheou-fou	兖州府
Yen-tching	长清
Y-ly	伊犁
Yong	雍
Yong-ping-fou	永平府
Yong-tcheou-fou	永州府
Yuen-kiang-fou	沅江府
Yuen-yang-fou	郧阳府
Yu-ho	玉河（袁江）
Yung-ping-fou	永平府
Yu-ning-fou	汝宁府
Yun-nan	云南省

Yun-nan-fou					云南府

Z

Zélande					热兰遮

官职、机构、专有名词译名对照表

原文 译文

A

albâtre 白玉

Arbre de caſſe 山扁豆树

Aſſeſſeurs de ſix Cours ſouveraines 侍郎

Azimes 逾越节

B

Bannieres Tartares 满八旗

Ben-tſiaa 番茶

Bereſith 《创世记》

C

Calao 阁老

Cardinal 大臣、主教

Cartching 科尔沁

Cha-men 沙门

Cham-kiao 掌教

Chang-ti 上帝

Chang-tien 上天

Ché-ché 世室

Chef du Conſeil de l'Empereur 首席军机大臣

Chel-cum-pai-ſe 十二宗派子

Chen & Cheng	神和圣
Cheng-mou	圣母
Cheng-tchou	圣主
Cheou-pei	守备
Cheou-ſiang	首相
Chi-king	《诗经》
Chim-gins	先祖
Chin-han	辰韩
Chin-y-king	《神异经》
Chi-ouen	辞文
Chou king	《书经》(《尚书》)
Choue-ouen	《说文》
Choui-hing	水杏
Choui-ta-che	税大使
Choui-ting	水钉
Commentaire Impérial	《日讲书经解义》
Conſeil privé de l'Empereur	军机处
Conſeil ſouveraine de Pe-king	刑部
Co-tao	科道
Couei-chin	鬼神
Coulon-nor	古龙诺尔湖
Cours ſouveraines	全权机构

D

Députés	御史
Dieu-Fo	佛
Docteurs	翰林

doctrine extérieure	外教义
doctrine intérieure	内教义

E

Eleuthes	厄鲁特族
Eloge de Moukden	《盛京赋》
Eſprit créateur et conſervateur du Monde	创物和守护神灵
eſprit de la cuiſine	灶神
Eſprit du travail & de la diligence	勤勉之神(芒神)
Eſprit éternel	永恒神灵

F

Fen-chou	鼢鼠
Fiatta	菲亚塔语
Ficki-tʃiaa	粉茶
Foë	佛
Fong-choui	风水
Fong-hoang	凤凰
Fong-kio-to	风脚驼
Fou choui-ta-che	副税大使
Fou-liu	茯苓
Fou-tʃiang	副将

G

gazette	告示
Géographie de Moukden	《奉天地理》
gin	仞

Gouverneur général	总督
Grand-Conʃeil de l'Empereur	议政王大臣会议
Grand Tréʃorier	大司库

H

Haddebarim	《申命记》
Hai-ʃeng	海参
Hai-tang	海棠
Hai-tao	海道
Hai-tʃing	海青
Han-lin-yuan	翰林院
Heou	侯
Hi	希
Hiang-che	响石
Hiang-tchang-tʃe	香獐子
Hia-tʃao-tong-kong	夏草冬虫
Hien	县
Hien-tcheng	县丞
Hio-Koüan	教官
Hiong-nou	匈奴
Hio-tcheng	学正
Hiun-kien	巡检
Hiun-tao	训导
Hoa-che	滑石
Hoang-ti	黄帝
Ho-tao	河道
Hou-pou	户部

Houtouctou	活佛
Huns	匈人

I

inſectes à ſoie	柞蚕
Inſpecteurs-Juges	吏部长官

J

Jin-ting	人丁
Jong	戎
Jong-tching-fou	将军府
jou-po	乳钵

K

Kaiel Tcha	砖茶
kalabour	噶勒布尔
Kalka-pira	喀尔喀–皮拉河
Kalkas	喀尔喀人
Kallmouks	卡尔穆克族
Kalmouks	加尔姆克
Kang	缸
Kao-kiouli	高句丽
Kerlon	盖尔龙河
Ketcheng-taſe	喀尔喀鞑子
Khi	夷
Kiao	郊
Kiao-cheou	教授

Kiao-yu	教谕
Kien-ʃens	进士
Kien-tcheou	茧绸
Kims	经书
King	经书
King-ly	经历
Kin-hing	金杏
Kin-kouang-ʧee	金光子
Kin-kouan-kinen	金冠杏
Kiu-gin	举人
Kiu-hoa	菊花
Koʃaks	克色克
Kou-chu	构树
Kou-kiao	古教
Kou-ta-che	库大使
Kuen	书卷

L

La Dixme Royale	《王国什一税》
La-moë	腊梅
Lien-hoa	莲花
Lieou-chon-ʧing-hoen	《六书音韵表》
Lieutenants-Généraux	中将
Li-hing	李杏
Lij-pou	吏部
Li-ki	《礼记》
Li-ky	《礼记》

limons	里蒙果
Lin-kio	菱角
Lipaï-fou	礼拜寺
Li-pou	礼部
Livres canoniques	法典
Loulh-men	鹿耳门
Lou-ngan Tcha	陆安茶
Lo-ya-ʃong	落叶松
lyʃimachia	珍珠菜
Ly-mou	吏目
lys	里

M

Magistrat	法官
Ma-han	马韩
Mahométan	回族人、伊斯兰教徒
mandragore	曼德拉草根
Mé	貘
Meʃʃie	弥赛亚
Miao-tʃé	苗寨
Miengou	棉鼓
Mi-hiang	米香
milice	卫队
Ming-fou-yu	明腹鱼
Ming-tang	明堂
Miniʃtres	大臣
Ministres d'Etat	国务大臣

Min-to	明驼
Miʃʃion des Iroquois	易洛魁使团
Molien	墨莲
Mong-fan	蒙藩
Mont de Piété	公营当铺
Mou-hing	毛杏
Moungales	蒙噶尔
mou-nu	木奴
Muʃa	穆萨

N

Nan-mou	楠木
Ngo-kiao	阿胶
nieou-hoang	牛黄
Nieou-yeou-che	牛油石
Nomi	糯米

O

Officiers de la milice	领侍卫内大臣
Ortous	鄂尔多斯人
Ou-poey-tʃe	五倍子
Ouai-ouei	外委
Ouei	微
Ouen-ti, de la dynastie Ouei	魏文帝
Ou-tong-chu	梧桐木,梧桐树

P

Pa-coua ou Ta-coua	八卦或打卦
Pan-tʃée	板子
Pao-teou	包头
Pa-tan	巴旦杏
pathma	帕特马
Pa-tʃoung	把总
Pé-gé-hong	百日红
Pe-hing	白杏
Pe-tong	白铜
Pe-tun-tʃe	白不子
philaris	金丝雀草
Pien-han	弁韩
Pimou-yu	比目鱼
Ping-pi-tao	兵备道
Ping-pou	兵部
Pi-tʃe	荸荠
Pou-eul Tcha	普洱茶
pouliot	除蚤薄荷
Pou-lou	氆氇
Préſidents des Cours ſouveraines	尚书
Préſidents des Tribunaux ſupérieurs	巡抚

Q

Quang-yu-ki	《广舆记》

R

raque	白干
Recueil Impérial	《古文渊鉴》
Regulo	法王
Regulos	法王
Relation Chinoiſe	《中国故事》
Relations	《故事集》
réunion des Eglises	合并新教和天主教
Roi	王，公

S

Salle de la grande union	太和殿
Salle des Ancêtres	先人祠
San-tʃi	三七
Scieou-tʃai	秀才
Secte d'athées	无神论教派
Sée-ki	《史记》
See-yo	四岳
See-yu	司狱
Seigneur du lieu où l'on demeure	土地爷
Selingué	色林格河
Siang	橡子树
Siang-cong	相公
Sien-gin	三清
Sieou-tʃai	秀才
ʃi-fan	西蕃
ʃi-fans	西蕃

Sin-ʃin	猩猩
Solons	索伦族
Song-Lo Tcha	松萝茶
Souan-ming	算命
ʃycomore	埃及无花果、西克莫槭

T

Tael-pi	獭皮
Tagouris	塔古里族
Tai-chan	泰山
Tai-tʃing y-toung-tche	《大清一统志》
Ta-kim	大经
Tai-ho-tien	太和殿
Talmudiʃtes	塔木德信奉者
Tan	坛
Tang-pou	当铺
Tao Ssée	道教
Tao-te	《道德经》
Tchahar	察哈尔人
Tcha-hoa	茶花
Tcha ké	查兑
Tcha-koan	闸官
Tchang-Tchai	长斋
tcharake	查拉克
Tche-ly-ting	直隶厅
Tcheou-pan	州判
Tcheou-toung	州同

Tchi-fou	知府
Tchi-hien	知县
Tchi-tʃong	秩宗
Tcho-kia-yu	穿甲鱼
Tchokobaches	绰克巴什
Tchong-chueo	中枢
Tchoung-ou	重屋
Tchou-pou	主簿
Teao-van-voe-tché	造万物者
Te-hioʃe	大学士
tenke	腾格
Teou-pan-hiang	豆瓣香
Tiao-kien	秋茧
Tiao-kin-kiao	挑筋教
Tié-ly-mou	铁力木
Tien	天
Tien-che	典史
Tien-kiao	天教
Tien-ʃʃé	天师
Tien-tan	天坛
Tie-tʃée	帖子
Ti-hoang	地黄
Ti-tan	地坛
Tong-tʃao	通草
Too-tʃiaa	华茶
Toula	图拉河
Toung-pan	通判

Toung-tche	同知
Tou-ʃee	都司
Tou-tché-yuen	都察院
Touy	杜一河
Tribunal de Finances	财政部
Tribunal des crimes	大理寺
Tribunal des fermes de l'empire	《汇奏各省民数谷数清册》
Tribunal des Mandarins	吏部
Tribunal des Mathématiques	钦天监
Tribunal des Princes	宗人府
Tribunal des Rits	礼部
Tribunal des Subʃides	户部
Tribunaux ʃupérieurs	高级官署
Tʃai	菜
Tʃang-ta-che	仓大使
Tʃan-tʃiang	参将
Tʃa-fou	左府
Tʃay-tou	察度
tʃe-lay-tong	自来铜
Tʃe-ʃong-yuen-pe	紫松云柏
Tʃe-tan	紫檀
Tʃe-tʃe	柿子
Tʃi	祀
Tʃiampa	占城
Tʃi-chu	漆树
Tʃien-fou	前府

Tʃien-tʃoung	千总
Tʃing	顷
Tʃing-miao	清庙
Tʃing-ʃsëe	进士
Tʃong-gin-fou	宗人府
Tʃong-tou	总督
Tʃouen-kien	春茧
Tʃoung-ping	总兵
Tun-tien-tao	屯田道
tutenague	生锌
Typa	第巴
Ty-ting	地丁
Ty-tou	提督

V

Vaiedabber	《民数记》(希伯来语)
Vaiicra	《利未记》(希伯来语)
Van-ʃui-pai	万岁牌
Van-voe-tchu-tcai	万物主宰
Veelesemoth	《出埃及记》(希伯来语)
véronique	婆婆纳
Vice-Roi	总督
Viʃiteur	巡按
Viʃiteur de Province	巡按御史
Voyage au nord de l'Amerique	《北美游记》
Vou-Y-Tcha	武夷茶

Y

Ye-fei	叶飞
Yé-hiang-hoa	夜香花
Yen-fou-tʃe	盐肤子
Yeou-ki	游击
Yeou-fou	右府
Y-king	《易经》
Yʃelals-kiao	一赐乐业教
Y-tcheng	驿丞
Y-tchuen-tao	驿传道
Y-tʃao	医草
Yu-che	玉石
Yu-lan	玉兰
Yupi-taʃe	鱼皮鞑子

Z

Zinghiskan	金伊斯汗

人名、朝代译名对照表

原文 译文

A

Aaron	亚伦
Abbé du Bos	杜博思教士
Abbé Gallois	加卢瓦
Abbé Grosier	格鲁贤
Adrien	哈德良
Adam Schaal	汤若望
Akoui	阿桂
Amiot	钱德明
Anderson	安得松
Andrada	安德拉达
Antonin	安敦尼
Arlington	阿灵顿

B

| Bertin | 贝尔坦 |
| Bourgheſe | 布尔格兹 |

C

Cadinal de Tournon	图尔农红衣主教
Caligula	卡里古拉
Cao	高（氏）
Chang	商朝

Chang-hi	康熙
Chang-tché	尚质
Chang-ti	上帝（炎帝）
Chaoting	邵庭
Che	石（氏）
Chi-hoang	秦始皇
Chin-nong	神农
Chit-ʃou	世祖
Chouantzée	文子
Chrétien Enriquez	恩理格
Chu-mony	朱蒙
Chun	舜
Coblai-han	忽必烈
Con-fou-tʃée	孔夫子
Coufucius	孔夫子
Contancin	龚当信
Cornelius Bontekoe	高诺留斯·彭特克
Coʃta	高斯达

D

Danti d'Iʃnard	丹迪·迪斯那尔
Darius	大流士
De la Tour	德拉图尔
de Prémare	马若瑟
Docteur Fothergill	佛则吉尔博士
Dominitien	图密善
Dortous de Mairan	德奥图斯·德马兰

Dracon	德拉古
Duc de Chaulnes	德首尔诺公爵
Duc de Northumberland	淖尔通贝尔郎公爵
Duc Régent	雷让公爵
Du Halde	杜赫德
Duhamel	杜哈麦尔

E

Entrecolles	殷弘绪
Epicure	伊壁鸠鲁
Eſdras	以斯得拉
Ezéchiel	以西结

F

Fan-ouen	范文
Fan-y	范逸
Fo-hi	伏羲氏
Fontaney	洪若翰
Frapperie	弗拉泊里

G

Gagliardi	噶格力亚尔迪
Gaubil	宋君荣
Geoffroi	热夫鲁瓦
Geoffroy	若夫鲁瓦
Gerbillon	张诚
Gozani	骆保禄

Gordan	高尔丹

H

Han	汉（朝）
Héliogabale	埃拉伽巴路斯
Hia	夏（朝）
Hiao-ouen	孝文
Hiao-tʃong	明孝宗
Hien-tʃong	唐宪宗
Hoai-nan-tʃée	《淮南子》
Hoë	魏（朝）
Hoei-hoei	回族
Hoei-tchang	会昌
Hoei-tʃong	徽宗
Horta	奥赫塔

I

Iʃac	以撒
Itataha	伊塔塔哈

J

J. Ellis	埃利斯
Jacob	雅各
Jacquemin	彭加德
Janffen	让范
Jartoux	杜德美
Jean Struys	让·斯特路易斯

Jean-Philippe Breynius	让-菲利普·布雷纽斯
Jonas	乔纳斯
Joʃué	约书亚
Juges	士师
Juʃʃieu	朱西厄

K

Kaldan	噶尔丹
Kaldan-Tʃereng	噶尔丹-策零
Kalm	卡尔木
Kang-hi	康熙
Kang-vang	康王
Kao-tʃong	高宗皇帝
Kao-yao	皋陶
Kia-chan	贾山
Kié	桀
Kin	金(氏)
Kipé	箕子
Kœmpfer	孔普菲
Kong-Kong	共工
Kouan-tʃé	管子
Kouchi	固始
Kouei	夔
Kulien	区连

L

Labat	拉巴

Lao-tʃée	老子
Latʃa han	拉藏汗
Lauréati	利国安
Leang	梁（朝）
Le Comte	李明
Le Couteux	乐谷德
Lemeri	勒梅里
Li	李（氏）
Licong-tʃe	李自成
Lieou-mong	刘猛
Li-vang	厉王
Long	龙
Long-han	松赞
Ly-eul	李耳
Lyli	黎利
Ly-ning	黎宁
Ly-ouei-ki	黎维祺
Ly-ouei-tao	黎维裪
Ly-ouei-tching	黎维正
Ly-tchuang	李闯

M

Mahométans	马哈莫得
Marc-Aurele	马克奥里略
Martini	卫匡国
Matteo Ricci	利玛窦
Mayven	马援

Mazarin	马萨林
Mencius	孟子
Ming-ti	汉明帝
Mo-heou-lo	罗睺罗
Moïſe	摩西
Mon-ha-hon	蒙哈宏（穆和兰）
Moo-kia-yé	摩柯迦叶
Mo-teng-yong	莫登瀛
Moyé	摩耶
Moyriac de Mailla	冯秉正

N

Néron	尼禄
Ngai	艾（氏）
Ninus	尼努斯
Noé	诺亚

O

Offory	奥佛利
Olopuen	奥劳普恩
O-mi-to	阿弥陀
Ouei	卫（朝）
Ouen	文
Ou-en-fou	温福

P

P. Ko	郭神甫

Parennin	巴多明
Paramino	帕拉米诺
Paʃʃepa	八思巴
Paw	鲍
Pe-kouen	鯀
Pe-y	伯夷
Pline	普林尼
Poukouri-yongchon	布库里雍顺
Pouti	菩提
Princeʃʃe Galles	嘉乐公主

R

Réaumur	雷欧穆尔
Rechteren	雷斯特兰
Regis	雷孝思
Rhodes	罗德
Rodrigo de Figueredo	费乐德
Romé de Liʃle	罗梅·德·利斯勒
Rouffet	鲁飞

S

S. Laurent	圣·洛朗
Saint François Xavier	圣方济各·沙勿略
Sémiramis	塞米拉米斯
Se-tong	瑟彤
Sirach	西拉
Solon	梭伦

Song	宋（朝）
Sonnerat	索诺拉
Sotou	唆都
S. Jérôme	圣哲罗米
Supao-koang	徐葆光
Surate	苏拉特

T

Tai-tʃong	太宗
Tchang-Yu	张宇
Tchao-vang	昭王
Tchèou	纣
Tcheou	周朝
Tcheou-kong	周公
Tchin	秦（朝）
Tchin-chin	陈胜
Tching-tang	成汤
Tching-tʃou	明成祖
Tching-ty	汉成帝
Tchin-hao	陈嚣
Tchin-koan	贞观
Tchin-ouei-oven	贞惠文子
Tchin-van	成王
Tchong-kar	准噶尔
Tchou	周（朝）
Tchou	楚王英
Tchu-i	朱熹

Tʃang-pa-han	藏巴汗
Thao	赵(氏)
Theophraſte	泰奥弗拉斯特
Tibere	提比略
Tien-fey	天妃
Ting-kong	定公
Titus	提图斯
Trajan	图拉真
Trey-ouer	特雷乌尔
Trigault	金尼阁
Tʃi	齐(朝)
Tʃin	晋(朝)
Tʃin-chi-hoang-ti	秦始皇帝
Tʃong	武宗
Tʃong-kepa	宗喀巴
Tʃong-te	崇德

V

Vauban	沃邦
Ven-ti	文帝
Ven-vang	文王
Verbieſt	南怀仁
Vou-ti	武帝
Vou-vang	武王

X

Xerxés	薛西斯

Y

Yao   尧

Yn   殷朝

Yng-tʃong   英宗

Yong-tching   雍正

Yu   禹

后 记

译完《中国通典》,有以下三个方面的感怀:

一、他者的独特视角。看过《中国通典》,掩卷之余,我的脑海中呈现出完整的 300 年前的中国形象,和康乾时代的中国社会的方方面面,为作者和传教士们的如椽之笔而震撼。传教士们通过在华的所见所闻,亲身经历,所做的考察、测量、计算,以及物理、化学实验,自然地同他们所熟悉的欧洲实际进行比较。正是通过这样的比较,我们获得了对于中国历史状况的新认知,同时拓展了我们对原来未知领域的认识。这便是他者视角的价值和意义。哪怕他们有时也会误读和误解中国,但它像一面镜子,通过反射他人眼中三百年前的中国,进而令我们更好地反思和认识真实的历史、真实的国家状况和民族面貌,以及中国文化在东西方交流中所处的时代地位。以历史为镜,知兴衰得失。同样,要研究 18 世纪欧洲的"中国热"与同时代中国在西方人眼中的状况,除了要读杜赫德的《中华帝国全志》,更要读格鲁贤的《中国通典》。

二、耶稣会士的学问、才干和工作能力令人赞叹。入华的耶稣会传教士都是学有所长,有的甚至来华之前就已是著名学者、研究家,他们忠于传教,也忠于利用传教机会发挥所长调研,观察,观测,计量,考察,记录,撰写通讯报告,定期地向巴黎、梵蒂冈以及相关科学院汇报。他们有的谙熟汉文,甚至满文、蒙古文,深通汉文典籍。为便于传教,也便于随机活动收集各方面信息,从利玛窦开始就做到入乡随俗,穿汉服,吃中国饭菜,广交官场和民间人士。他们几乎能够无孔不入,利用各自所长"为所欲为"。他们认真求索,方法周到全面,细致入微,成果斐然。他们精通中国情况,但在向欧洲反馈中国情况之时,还是会有利益的取舍,例如中国人对"天"和"上帝"的认知。尽管如此,《中国通典》像《中华帝国全志》一样为我们提供了不可或缺的历史资料,可以视之为传统文化和国学内容的补充。了解过往,便于更好地认知现在,展望更美好的未来。

三、《中国通典》不啻为百科全书式的知识库。中国本来就是一本大书,通过耶稣会传教士万花筒式地观察和描述,我们不仅可以获得文史哲诸方面的基本知识,也能得到五花八门的趣闻和信息,诸如满族、蒙古族、朝鲜族的起源和传说;各民族的性格特征、生活习俗、语言特色;皇帝诏书的形式和风格;中国皇帝木兰围场猎虎;乾隆皇帝1759年率军征服厄鲁特王国过程;苗寨生活习俗;西藏八思巴、宗喀巴、达赖喇嘛1642年赴北京接受崇祯皇帝保护,获金印,确认称号;1782年台湾大灾难悲惨事件;哈密国的哈密瓜于1779年在巴黎试种成功;奥赫塔神甫发现东京国山坡上旱稻只靠雨水生长,颗粒洁白如雪,高产,移植法兰西岛成功;钱德明神甫用证据和推理回答欧洲人对中国人口的最大质疑;景德镇瓷坯原料制作过程和名字的由来;中国菜园技术工艺远超过欧洲;山东阿胶的故事;中国特有的树木:油脂树、蜡树、铁力木或铁树、楠木等;大同江以远的地方存在鼢鼠,重达千斤(取自《康熙几暇格物编》);宫廷请安仪式;皇帝亲耕开犁仪式;中国佛教、道教状况;广西有犀牛;西安府有种蝙蝠个头像母鸡,肉味鲜美,可美容……如此等等,不一而足。上述似可供读者根据自己的兴趣发挥想象力,质疑,提问,求索。

译者
2018年12月